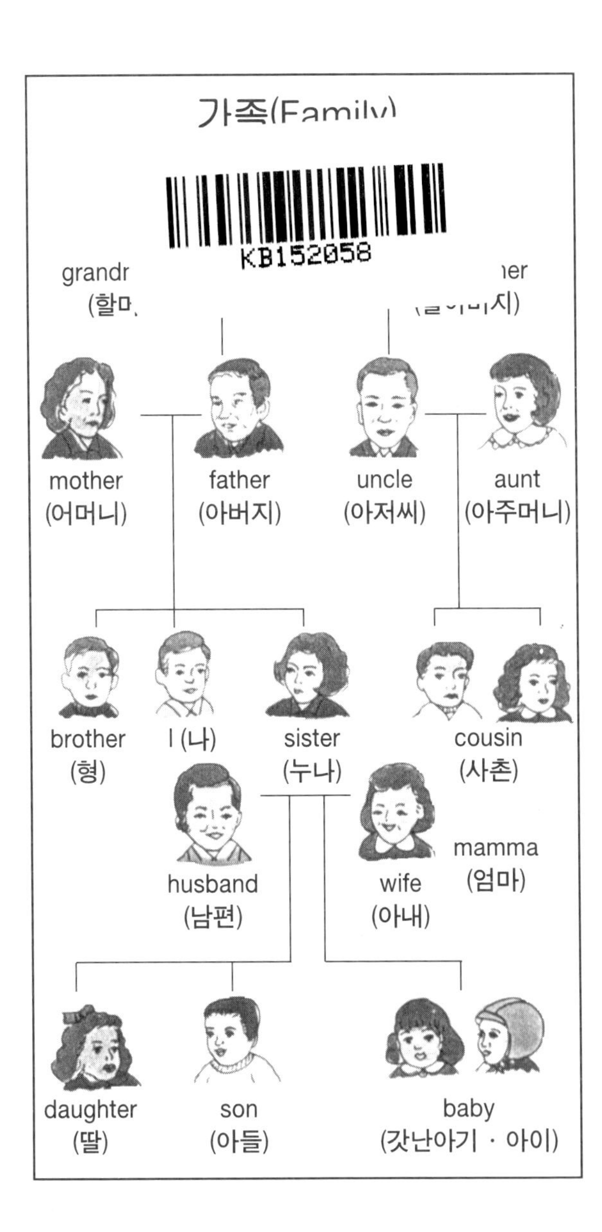
가족(Family)
mother
(어머니)
father
(아버지)
uncle
(아저씨)
aunt
(아주머니)
brother
(형)
I (나)
sister
(누나)
cousin
(사촌)
husband
(남편)
wife
(아내)
mamma
(엄마)
daughter
(딸)
son
(아들)
baby
(갓난아기 · 아이)

초등학교

새 영어사전

전학년용

삼성서관 사서부 엮음

새 교육 과정에 따라 영어를 재미있고,

알기 쉽게 배우도록 꾸몄습니다.!

■ 이 사전의 특색

- 제7차 새 교육 과정에 맞추어 생활 영어 중심의 회화적 장면으로 구성.
- 실생활에서 자연스럽게 배워지는 행동이나 동작 중심의 문장 용례.
- 표제어는 교육 인적 자원부 기본 단어 (800어)를 포함, 중학용 기본 어휘까지 1800여 단어 수록.
- 영어적 방식으로 새 교과서와 함께 학습이 가능하도록 프로그램을 설정.
- 부록으로 기본 일상 회화, 어법, 기초 문법 등 수록으로 폭 넓은 학습 자료 제공.

삼성서관

머리말

1997년부터 초등학교에서도 영어가 정규 교과로 편입되어 교육을 실시하게 됨으로 본 삼성서관에서는 초등학생 영어 입문에 관심을 갖고 교육부에서 선정한 초등학교 어휘 800 단어와 중학교 어휘 1,000여단어를 중심으로 하여 쉽고도 편리하게 단어마다 예문을 2~3가지 정도로 구성하여 수록 하였습니다.
어린이를 사랑하시는 부모님과 선생님들의 성원을 부탁드리오며 이 사전의 특징을 말씀드리겠습니다.

첫째, 초등학생들의 실제적 생활의 상황을 흥미와 호기심을 주어, 영어를 익히는데 부담을 느끼지 않도록 구성하였습니다.

둘째, 언어를 배우는데에는 먼저 음성을 귀에 익힌 후 문자를 배우는 것이 자연스럽게 익히는 좋은 교육방법이라 하겠으며 정확한 발음을 위하여 단어마다 발음기호에 한글표기를 피하였습니다.

셋째, 우리 주위의 생활속에서 실제 행동과 동작을 중심으로 문장을 구성하였습니다.

넷째, 언어를 배우기 위해서는 먼저 말하기, 듣기, 쓰기, 읽기를 함께 하는 것이 문법을 자연스럽게 익히는 방법이므로 문장을 함께 배울 수 있도록 구성하였습니다.

다섯번째, 각 단어마다 예문을 자세하게 2~3 문장을 구성하여 수록하였습니다.

2001년 9월
삼성서관 사전편찬실

차 례

삼성영어사전 사용법

1. 왼쪽과 오른쪽 상단에 있는 단어는 쪽수에 수록된 첫번째 단어입니다.

2. 알파벳 순서대로 초중학생용 기본어휘 약 1,800단어를 수록하였습니다.

3. 발음기호표에 발음을 쉽게 익힐 수 있도록 각 기호마다, 같은 발음의 단어를 3가지 이상 수록하였습니다.

4. 각 단어의 의미를 한글로 수록하였습니다.

5. " ◈ " 는 참고로 알아두어야 할 내용입니다.

6. " ♣ " 는 관련 숙어를 나타냅니다.

7. " 동 " 는 동의어 표시입니다.

8. " 반 " 는 반의어 표시입니다.

9. " ☞ " 는 관련어 표시입니다.

10. "* **attention**"의 *는 중학교용 기본어휘입니다.

9. " ⁑ **baby** "의 ⁑는 초등학교용 기본어휘입니다.

삼성영어사전 사용법

왼쪽 페이지에 실린 첫번째 단어

flag

My dad is good at ***fixing*** things.
우리 아빠는 뭐든지 수리를 잘해요.

삽화

* **flag** [flæg] flag ㉮ 기, 깃발

This is a Korean ***flag***.
이것은 한국 국기이다.

표제어에 관련된 해설

◆ 미국의 국기인 성조기는 50개의 주를 나타내는 별과 국기 제정 당시의 독립 13주를 나타내는 13줄의 줄무늬로 이루어져 있고 이름은 the Stars and Stripes로 쓴다.

F

발음기호

flame [fleim] flame ㉮ 불꽃, 화염

The car burst into ***flames***.
그 차는 갑자기 화염에 휩싸였다.

예문 및 해석

A ***flame*** came into her cheeks.
그녀의 볼이 빨개졌다.

flash [flæʃ] flash

단어의 뜻

① ㉮ 섬광, 순간

a ***flash*** of lightning. 번갯불

② ㉶㉷ 번쩍이다, 확 불붙다

The lightning ***flashed***.

오른쪽 페이지에 실린 마지막 단어

번개가 번쩍했다

♣ **in a flash** 순식간에

숙어

flashlight [flǽʃlàit] flashlight

명 플래시, 회중 전등

flew [flu:] flew

표제어 (a, b, c 순)

자타 **fly**(날다, 날리다)의 과거

F

flight [flait] flight 명 비행, (비행기) 편

float [flout] *float*

이탤릭체

자타 뜨다, 띄우다 (반 sink 가라앉다)

반의어

A cork ***floats*** on the water.
코르크는 물에 뜬다.

Idle thoughts ***floated*** in his mind.
그의 마음에 한가로운 생각이 떠올랐다.

flock [flɑk] flock

명 (양 · 코끼리, 새 따위의) 떼
(동 crowd)

동의어

발음 기호표

모 음

기 호		예	
[iː	이이]	see	[siː]
[i	이]	pig	[pig]
[e	에]	pen	[pen]
[æ	애]	man	[mæn]
[ɑː	아아]	father	[fɑ́ːðər]
[ɑ	아]	box	[bɑks]
[ɔː	오오]	tall	[tɔːl]
[uː	우우]	moon	[muːn]
[u	우]	put	[put]
[ʌ	어]	come	[kʌm]
[ə	어]	about	[əbáut]
[əːr	어어]	girl	[gəːrl]
[ei	에이]	cake	[keik]
[ai	아이]	ice	[ais]
[ɔi	오이]	boy	[bɔi]
[au	아우]	house	[haus]
[ou	오우]	go	[gou]
[ɛər	에어]	chair	[tʃɛər]
[iər	이어]	ear	[iər]
[uər	우어]	poor	[puər]
[ɔər	오어]	or	[ɔːr]

자 음

기 호		예	
[p	ㅍ]	paint	[peint]
[b	ㅂ]	book	[buk]
[t	ㅌ]	team	[tiːm]
[d	ㄷ]	desk	[desk]
[k	ㅋ]	keep	[kiːp]
[g	ㄱ]	get	[get]
[s	ㅆ]	sun	[sʌn]
[z	ㅈ]	zoo	[zuː]
[ʃ	쉬]	she	[ʃiː]
[ʒ	ㅈ]	usual	[júːʒuəl]
[tʃ	취]	cherry	[tʃéri]
[dʒ	지]	job	[dʒɑb]
[f	ㅍ]	fire	[faiər]
[v	ㅂ]	very	[véri]
[θ	ㅆ]	think	[θiŋk]
[ð	ㄷ]	they	[ðei]
[m	ㅁ]	milk	[milk]
[n	ㄴ]	nose	[nouz]
[ŋ	ㅇ]	king	[kiŋ]
[l	ㄹ]	little	[lítl]
[r	ㄹ]	rose	[rouz]
[h	ㅎ]	hear	[hiər]
[w	우]	wish	[wiʃ]
[j	이]	year	[jiər]
[ts	ㅊ]	pants	[pænts]
[dz	즈]	hands	[hændz]

* **a** [ə, (강)ei] *a*

① 관 **하나의, 한 사람의**

This is ***a*** hat 이것은 모자예요.

◆ 한 개, 두 개, 세 개로 셀 수 있는 것 앞에 붙이는데, 보통은 「하나의」라고 번역하지 않아도 된다.

I had ***a*** cup of coffee.
나는 커피를 한 잔 마셨다.

◆ one의 뜻이며 특히 수량을 나타낼 때에는 보통 「하나의」라고 번역한다.

② **혈액형의 A형**

A

My blood is type ***A***.
나의 혈액형은 A형이다.

◆ a는 자음으로 시작되는 명사 앞에, 발음상 모음으로 시작되는 명사 앞에는 an을 쓴다.
a boy, an apple

ability [əbíləti] *ability* ㊔ 능력, 재능

She has ***ability*** as an artist.
그녀는 화가로서 재능이 있어요.

* **able** [éibl] *able*

① ㊞ …할 수 있다 (동 can)

She is ***able*** to swimming
그녀는 수영을 할 줄 알아요.

② 능력이 있는, 수완이 있는

Mary is an ***able*** student.
메리는 능력있는 학생입니다.

aboard [əbɔ́ːrd] *aboard*

㊀ (배 · 비행기 · 버스 등의) 안에 타다

go ***aboard*** a car 차에 타다

* **about** [əbáut] *about*

① 전 …**에 관하여** (동 of)

This is a book ***about*** animals.
이것은 동물에 관한 책이다.

Tell me ***about*** your friends.
네 친구들에 대해 나에게 말해 줘

② 부 **둘레에, 주위에** (동 around)

He like to walk ***about***.
그는 걸어 다니기를 좋아한다.

③ 《시간 · 거리 따위》 **대략, 약**

She is going to leave ***about*** noon.
그녀는 대략 정오 쯤에 떠날 것이다.

It is ***about*** three o'clock.
한 3시쯤 됐어요.

♣ **be about to** 막 ~ 하려고 하다

* **above** [əbʌ́v] *above*

전 …**의 위에(로, 를)** (반 below …아래에)

An eagle is flying ***above*** the clouds.

독수리가 구름위를 날고 있다.

The temperature was ***above*** 38℃
기온이 38도를 넘었다

◆ on은 물건에 닿아서 위에, over은 바로 위에, above는 높낮이를 나타낸다.

♣ **above all** 무엇보다도

abroad [əbrɔ́ːd] *abroad* ㉮ **외국에(으로)**

Is he still ***abroad***?
그는 아직도 외국에 있습니까?

* **absent** [ǽbsənt] *absent*

㉻ 결석한, …이 없는 (㉯ present 출석한)

He is ***absent*** today because he is sick.
그는 오늘 아파서 결석했어요.

How many students are ***absent*** today?
오늘 몇 명이 결석했나요?

academy [əkǽdəmi] *academy*

㉺ **대학, 학당, 학회**

military ***academy*** 육군사관학교

* **accept** [əksépt] *accept*

㊋ **받아들이다, 응하다**

Will you ***accept*** this little present?
너 이 작은 선물을 받아줄래?

I ***accepted*** his invitation.
나는 그의 초대를 받아들였어요.

* **accident** [ǽksədənt] *accident*

㊔ **뜻밖의 사건, 사고**

I had an ***accident*** yesterday
어제 사고를 당했어요.

The ***accident*** happened because Tom rode his bike too fast.
톰이 자전거를 너무 빨리 몰다가 사고를 냈어요.

♣ **be accident** 우연히, 뜻밖에

*according to

[əkɔ́ːrdiŋtə] *according to*

① 전 …에 의하면

According to her passport, the old lady is American.
여권을 보면 그 할머니는 미국인이예요.

② …에 따라서, 대로

They all played the game ***according to*** the rules.
그들 모두는 규칙에 따라 경기를 했어요.

account [əkáunt] *account*

① 명 계산, 계산서

② 이유, 설명

She gave an ***account*** of his trip.
그녀는 그녀의 여행담을 이야기 하였다.

He was absent on ***account*** of illness.
그는 병 때문에 결석하였다.

♣ **on account of** ~의 이유로, ~때문에

* **ache** [eik] *ache*

㉶ 아프다, (이 · 머리 등이) 쑤시다

I have a stomach ***ache***.
배가 아파요.

My tooth ***aches***. 이가 아프다

◆ ache는 head, heart, tooth 등에 붙어서 …통, …아픔을 나타내는 뜻으로 쓰이는 경우가 많다.
backache (등의 아픔, 요통), headache (두통), stomachache (복통, 위통), toothache (치통)

* **achieve** [ətʃíːv] *achieve*

㉷ 성취하다, (공을) 세우다,

We cannot ***achieve*** everything.
우리는 모든 것을 다 해낼 수 없어요.

We have ***achieved*** a great success.
우리는 대성공을 거두었습니다.

* achievement

[ətʃíːvmənt] *achievement*

① 명 성취, 성공

Work hard for the ***achievement*** of your goals.
너의 목표를 이루려면 열심히 노력하라.

② 업적, (학업) 성적

his ***achievements*** as a scientist
과학자로서의 그의 업적

acorn [éikɔːrn] *acorn* 명 도토리

Huge oak trees grow from tiny ***acorns***.
커다란 참나무도 작은 열매에서 자라나요.

*** across** [əkrɔ́(ː)s] *across*

① 전 …을 가로질러, …을 건너서

We ran ***across*** the bridge.
우리는 뛰어서 다리를 건너갔다.

② …의 저쪽(편)에, 맞은편에

Her house is just ***across*** the street.
그녀의 집은 거리의 바로 맞은 편에 있었습니다.

♣ **come across** 뜻밖에 만나다
go across ~을 건너다

**** act** [ækt] *act*

① 명 행위

It is a brave ***act***.
그것은 용감한 행동이었어요.

② 타자 행동하다, 행하다, 맡아하다

He ***acts*** like his elder brother.
그는 그의 형처럼 행동한다.

He ***acted*** bravely.
그는 용감하게 행동하였다.

A

action [ǽkʃən] *action* ㉠ 행동, 활동, 작동

a man of ***action*** 활동가

the ***action*** of heat 열의 작용

activity [æktívəti] *activity* ㉠ 활동

club ***activities*** 클럽 활동

actor [ǽktər] *actor* ㉠ (남자)배우

A.D. [éidíː] *a.d.*

서기, 기원후 서력 (반 B.C. 기원전)

* **add** [æd] *add* 타자 더하다, 보태다

Add four and six and you get ten.
4에 6을 더하면 10이 되요.

Add eight to seven.
7에 8을 더하시오.

⁑ **address** [ədrés] *address*

① ㉠ 보내는 곳, 주소

Write your name and ***address***.

당신의 이름과 주소를 쓰세요.

② 인사말, 연설

He gave an ***address*** over the TV.
그는 TV에서 연설을 하였다.

③ ㉖ 주소를 쓰다, 연설하다 (동 speak to)

He came to ***address*** us.
그는 우리들에게 와서 연설을 하였다.

admiration [æ̀dməréiʃən] *admiration*

명 감탄, 칭찬

admission [ædmíʃən]
admission

명 입장, 입학

adult [ədʌ́lt, ǽdʌlt] *adult* 명 성인, 어른

Clara suddenly behaved like an ***adult***.
클라라가 갑자기 어른처럼 행동했어요.

The price of a ticket for ***adults*** is one dollar.
어른용 표의 가격은 1달러이다.

adventure [ædvéntʃər] *adventure*

㉨ **모험, 뜻하지 않은 일**

Jungle ***adventure*** is our dream.
정글탐험은 우리의 꿈이다

He had many ***adventures*** in Africa.
그는 아프리카에서 많은 모험을 하였다.

* **advice** [ædváis] *advice* ㉨ **충고, 조언**

The doctor ***advised*** him to stay in bed.
의사는 그에게 침대에 누워 있으라고 충고하였습니다.

I asked for his ***advice***.
나는 그의 조언을 구하였다.

♣ **give advice** 충고를 하다

* **afford** [əfɔ́ːrd] *afford* ㉵ **여유가 있다**

I can't ***afford*** a car.
나는 자동차를 가질 여유가 없어요.

Africa [ǽfrikə] *Africa* ㊔ 아프리카

Africa is far from our country.
아프리카는 우리나라에서 멀어요.

There are many kinds of animals in ***Africa***.
아프리카에는 수많은 종류의 동물이 서식합니다.

* **after** [ǽftər] *after*

① ㉠ **…의 뒤에** (㉡ before …의 앞에)

Shut the door ***after*** you.
들어온 뒤에 문을 닫으세요.

the day ***after*** tomorrow 모레

② **…을 뒤쫓아, …을 구하여**

He ran ***after*** the dog.
그는 그 개를 뒤쫓았다.

③ ㊀ **뒤에(서)**

They lived happily ever ***after***.
그들은 그 후 행복하게 살았다.

♣ **after all** 결국
after you 먼저하세요.
day after day 매일, 날마다

:afternoon [ǽftərnúːn] *afternoon*

[명] 오후, 하오

School ends at three in the ***afternoon***.
학교는 오후 3시에 끝나요.

on Monday ***afternoon***.
월요일 오후에

afterward(s)
[ǽftərwərd(z)] *afterward(s)*

[부] 그 후, 후에, 나중에 ([동] later)

I studied during the morning, and went to the movies ***afterwards***.
나는 오전에 공부하고 그 후 영화를 보러 갔습니다.

:again [əgén] *again* [부] 다시, 또, 본래대로

Let me try it ***again***.
내가 다시 해 볼께요.

Never do that ***again***.

다시는 그런 짓 하지마라.

♣ **again and again** 몇번이고
once again 한 번 더

* **against** [əgénst] *against*

㉢ …에 맞서, …을 거슬러,
…와 대조하여

You can't kick a ball in tennis.
It's ***against*** the rules.
너는 테니스 할 때 공을 차면 안된다.
그건 규칙에 어긋난다.

We played hard ***against*** the other team.
우리는 상대팀에 맞서 열심히 싸웠어요.

⁑ **age** [eidʒ] *age*

① ㉢ 나이

They asked me my ***age***.
그들은 내 나이를 물었어요.

② 시대

the space ***age*** 우주 시대

♣ **for ages** 오랫동안

∗ **ago** [əgóu] *ago*

[부] **지금부터, …전에, …이전에**

◆ ago는 기간을 나타내는 표현 뒤에 쓰이고, before는 과거의 어느 때를 기준으로 「그 이전에」라는 뜻으로 쓰인다.

∗ **agree** [əgríː] *agree*

① [자] **동의하다, 이견이 일치하다**

I ***agree*** with you
나는 네 말에 동의한다.

② **승인하다, 승낙하다**

He ***agreed*** to do the task.
그는 그 일을 하기로 승낙하였다.

∗ **ahead** [əhéd] *ahead* [부] **앞으로, 전방에**

We walked on ***ahead*** of the others.
우리는 다른 사람들보다 앞서서 걸어 갔다.

Go ***ahead***! 어서 계속하시오!

⁑ **air** [εər] *air*

① ㉮ 공기

We cannot live without ***air***.
우리는 공기 없이 살 수 없다.

② 공중, 하늘

A bird is flying high up in the ***air***.
새가 하늘 높이 날고 있다.

airline [έərlàin] *airline*

㉮ 정기 항공로, 항공회사

The ***airline*** announced that the flight would be late.
항공사에서 그 비행기가 연착할 거라고 방송했어요.

airplane [έərplèin] *airplane* ㉮ 비행기

We went to Africa by ***airplane***.
우리는 비행기로 아프리카에 갔다.

An ***airplane*** is flying on the sky.
비행기가 하늘을 날고 있다.

A

♣ **by airplane** 비행기로

* **airport** [έərpɔ̀ːrt] *airport*

㊔ 공항, 비행장

There are many airplanes in the ***airport***.
비행장에는 많은 비행기가 있어요.

alarm [əláːrm] *alarm* ㊔ 경보, 경보기

a fire ***alarm*** 화재 경보기

alarm clock [əláːrm klɑ̀k]

alarm clock ㊔ 자명종

What time shall I set the ***alarm clock*** for?
알람시계를 몇 시에
맞춰 놓을까요?

* **album** [ǽlbəm] *album*

㊔ 앨범, 사진첩

a photo ***album*** 사진첩

a stamp ***album*** 우표첩

alcohol [ǽlkəhɔ̀(ː)l] *alcohol*

㉮ 알코올, 음료, 술

alien [éiljən] *alien*

㉮ 외국인 (동 foreigner)

alike [əláik] *alike* ㉱ 서로 같은, 비슷한

They look very much ***alike***.
They are sisters.
그들은 매우 비슷해 보인다.
그들은 자매이다.

My brother and I look ***alike.***
형과 나는 닮았어요.

alive [əláiv] *alive*

㉱ 살아 있는 (동 living 반 dead 죽은)

I wonder if we' ll be ***alive*** in 2100.
우리가 2100년에도 살아 있을지 궁금해요.

I kept the fire ***alive***.

나는 불을 꺼지지 않게 해
두었다.

all [ɔːl] *all*

① [형] **전부의, 모든**

Not ***all*** men are wise.
모든 사람이 현명한 것은 아니다.

② [대] **전부, 모두**

All of us want to go.
우리 모두 가고 싶어한다.

♣ **all day** 하루종일
above all 무엇보다도
after all 결국
not at all 별말씀을, 천만에요

allow [əláu] *allow* [타] **허락하다**

Are we ***allowed*** to sit down?
우리는 앉아도 됩니까?

Smoking is not ***allowed*** here.
여기서는 금연으로 되어 있다.

almost [ɔ́ːlmoust] *almost*

[부] 거의, 거지반 ([동] nearly)

Have you finished? - ***Almost***.
끝났니? - 거의 끝났어요.

I ***almost*** forgot his name.
나는 그 사람 이름을 거의 잊었어요.

* **alone** [əlóun] *alone* ⓗ 혼자서, 홀로

I am ***alone***. 나는 혼자다

He ***alone*** came. 그사람 혼자만 왔다.

⁑ **along** [əlɔ́ːŋ] *along*

① ⓙ …을 따라서, …을 좇아

Jane is running ***along*** the road.
제인이 길을 따라 달려갑니다.

② ⓑ 전방으로, 여기(거기)로

A man came ***along***. 사람이 왔다.

♣ **along with** ~와 함께
get along 지내다

aloud [əláud] *aloud*

ⓑ 큰 소리로, 소리내어

Tom reads Susan' s letter ***aloud***.

톰은 수잔의 편지를 큰 소리로 읽습니다.

⁑ **alphabet** [ǽlfəbèt] *alphabet*

㊔ 알파벳

Alps [ælps] *Alps*

㊔ 알프스 산맥

* **already** [ɔːlrédi] *already*

㊕ 이미, 벌써

It is ***already*** past ten O' clock
벌써 10시가 넘었다.

They have ***already*** played the game.
그들은 이미 그 시합을 끝마쳤어요.

* **also** [ɔ́ːlsou] *also* ㊕ (…도) 또한, 또

I know him. I ***also*** know his mother.
나는 그를 알아요. 또한 그의 엄마도 알아요.

I ***also*** like the flower.
나도 또한 그 꽃을 좋아한다.

always [ɔ́ːlwəz, ɔ́ːlweiz] *always*

㊦ 늘, 언제나

We *always* go the the mountain in vacation.
우리는 항상 방학때 산에 간다.

You are *always* late.
너는 언제나 지각한다.

am [(강) æm, əm] *am*

① ㉶ …이다

I *am* a boy 나는 소년입니다.

② ㉹ …에 있다

I *am* in the kitchen.
나는 부엌에 있습니다.

a.m., A.M. [éiém] *a.m. A.M.*

오전 (㉥ p.m., P.M. 오후)

I got up at 7 *a.m.*
나는 오전 7시에 일어났다.

amateur [ǽmətʃùər] *amateur*

명 아마추어, 비전문가
(반 professional 전문가)

The actors in the play are ***amateurs***.
그 연극의 배우들은 아마추어들이다.

amazing [əméiziŋ] *amazing*

형 놀랄만한, 굉장한

* **America** [əmérikə] *America*

명 미국, 아메리카

The United States of America
미합중국

She lives in ***America***.
그녀는 미국에 산다.

* **American** [əmérikən] *American*

① 형 미국 (사람)의

② 명 미국 사람

He is an ***American***.
그는 미국 사람이다.

⁑ **among** [əmʌ́ŋ] *among*

㉮ (셋 이상) 중에(서), 사이에

Anna is the most pretty girl ***among*** us.
우리들 중에서 안나가 제일 귀엽다.

Tom is popular ***among*** his friends.
톰은 친구들 사이에 인기가 있어요.

* **amount** [əmáunt] *amount*

㉳ 분량, 총계, 총액

He has a large ***amount*** of money.
그는 돈이 엄청나게 많다.

The ***mount*** of the bill was ten dollars.
계산서 총액은 10달러였다.

amusement [əmjú:zmənt] *amusement*

㉳ 즐거움, 오락

outdoor ***amusement*** 옥외놀이

amusing [əmjú:ziŋ] *amusing*

㉻ 재미있는, 우스운

an ***amusing*** story

재미있고 우스운 이야기

⁑ **an** [ən, (강) æn] *an* [관] **하나의**

I have ***an*** apple
나는 사과 한개를 갖고 있다.

There is ***an*** old man in the room.
노인 한 분이 방안에 계십니다.

ancestor [ǽnsestər] *ancestor*
[명] **조상, 선조**

ancient [éinʃənt] *ancient*

[형] **옛날의, 고대의**

ancient history 고대사

⁑ **and** [ənd, ən, (강) ænd] *and*

[접] **…와, 그리고**

He speak ***and*** reads korean.
그 사람은 한국말로 말하고 읽고 있어요.

You ***and*** I are good friends.
너와 나는 좋은 친구야.

♣ **and so** 그러므로

and yet 그럼에도 불구하고
by and by 차차

angel [éindʒəl] *angel* ⓜ **천사**

Her mind is very beautiful as an ***angel***.
그녀의 마음씨는 천사처럼 아주 아름답다.

She is like an ***angel***.
그녀는 천사같아요.

⁑ **angry** [ǽŋgri] *angry*

ⓗ **성난, 화를 낸**

Jane got ***angry***.
제인은 화가 났다.

He is ***angry*** about it
그는 그 일로 화를 내고 있어요.

⁑ **animal** [ǽnəməl] *animal* ⓜ **동물, 짐승**

Cats, fish, and birds are all ***animals***.
고양이, 물고기, 새들은 모두 동물들이다.

wild ***animals*** 야생 동물

anniversary [æ̀nivə́ːrsəri] *anniversary*

㉮ 기념일, 기념제

announce [ənáuns] *announce*

㉥ 발표하다, 알리다

The principal ***announced*** that there is no class today.
교장선생님께서 오늘 수업은 없다고 방송하셨습니다.

announcer [ənáunsər] *announcer*

㉮ 아나운서

She is an radio ***announcer***.
그녀는 라디오의 아나운서입니다.

* **another** [ənʌ́ðər] *another*

㉯㉱ 또 하나(의), 또 한 사람(의)

Give me ***another*** ice cream.
아이스크림 하나 더 주세요.

Show me ***another*** cap.
다른 모자를 보여 주세요.

⁑ **answer** [ǽnsər] *answer*

① 타 **대답하다, 답변하다**
(동 reply 반 ask 묻다)

She ***answered*** my question.
그녀는 내 질문에 답하였다.

② 명 **답변, 회답**
(동 reply 반 question 물음)

Will you ***answer*** me. please?
대답해 주시겠어요?

ant [ænt] *ant* 명 개미

Ants always work very hard.
개미는 항상 열심히 일해요.

antenna [ænténə] *antenna* 명 안테나

anthem [ǽnθəm] *anthem*

명 찬송가, 축가, 성가

* **anxious** [ǽŋkʃəs] *anxious*

① 형 **근심하는, 걱정하는**

I feel ***anxious*** about my sisters.
나는 여동생 일이 걱정이다.

② **열망하는**

My brother is ***anxious*** to have his birthday party.
내동생은 생일파티를 몹시 하고 싶어한다.

:any [əni, éni] *any*

① ㉹ **얼마간의, 몇 사람의**

Do you know ***any*** French song?
프랑스 노래를 아는 것이 있니?

② 《부정문》 **조금도, 아무것도 (아니다)**

I did not find ***any*** friends there.
그곳에는 내 친구가 아무도 없어요.

③ 《긍정문》 **어떤, 무엇이든**

Any girl can do it.
어떤 소녀도 그것을 할 수 있어요.

④ 《조건문》 **조금이라도**

If you are ***any*** better, come and see me.
기분이 좀 좋아지면 놀러 오세요.

anybody [énibàdi] *anybody*

㊥ 누군가, 아무도, 누구든지

(동 anyone ☞ somebody 누군가)

Anybody can do it.
누구라도 그것은 할 수 있다.

I did not meet ***anybody***.
나는 아무도 안 만났다.

anyone [éniwʌ̀n] *anyone*

㊥ 누군가, 아무도, 누구든지

There isn't ***anyone*** in the house.
집안에 아무도 없다.

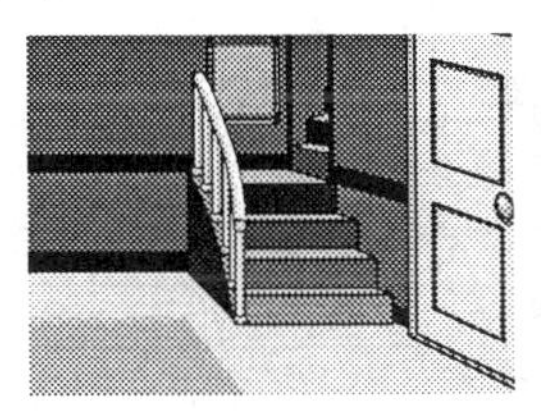

anything [éniθìŋ] *anything*

㊥ 무엇이고, 아무것도 …(없다)

I didn't eat ***anything***.
나는 아무것도 먹지 않았다.

Can I do ***anything*** for you, sir?
무엇을 드릴까요?

anytime [énitàim] *anytime*

㊇ **언제든지** (동 at any time)

anyway [éniwèi] *anyway*

㊇ **아무튼** (동 anyhow)

anywhere [éni(h)wὲər] *anywhere*

㊇ **어딘가에, 어디든지, 아무데도**

Did you go ***anywhere*** yesterday?
어제 어딘가 갔었나요?

⁑ **apartment** [əpá:rtmənt] *apartment*

명 아파트의 방 《영국에서는 flat》

We live in ***apartment***.
우리는 아파트에 살고 있다.

There are a lot of ***apartments*** in the city.
도시에는 많은 아파트가 있다.

* **appear** [əpíər] *appear*

① 자 **나타나다** (반 disappear 사라지다)

The sun ***appears*** slowly through

the clouds.
해가 구름 사이로 천천히 나타나요.

② …처럼 보이다 (동 seem, look)

She ***appears*** young for his age.
그녀는 나이에 비해 젊어 보여요.

applaud [əplɔ́ːd] *applaud*

자타 **박수갈채하다**

⁑**apple** [ǽpl] *apple* 명 **사과**

Apple are red, yellow or green.
사과는 빨강, 노랑, 혹은 초록색이다.

This ***apple*** has a worm in it.
이 사과안에는 벌레가 들어 있어요.

appointment [əpɔ́intmənt]

appointment 타 **약속** (동 promise)

I have an ***appointment*** with Mr. Jones.
존스씨와 약속이 있다.

* **April** [éiprəl] *April*

명 4월 (Apr.로 줄여 쓴다)

Today is ***April*** Fools' Day.
오늘은 만우절이예요.

In ***April***, We plant trees.
4월에 우리는 나무를 심어요.

April fool [éiprəl fúːl] *April fool*

명 **4월 바보** (만우절에 속는 사람)

apron [éiprən] *apron*

명 **에이프런, 턱받이, 앞치마**

The cook's ***apron*** was made of yellow cloth.
그 요리사의 앞치마는 노란 천으로 만들었어요.

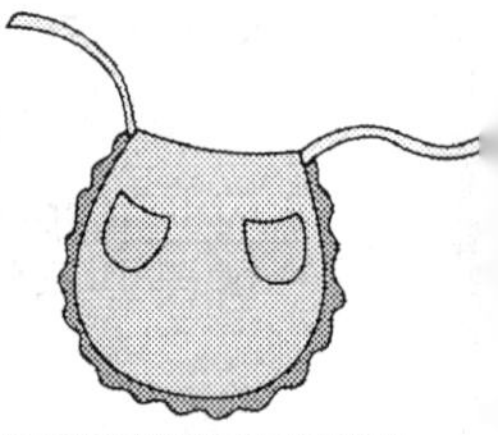

Arbor Day
[áːrbər dèi] *Arbor Day*

명 **식목일**

* **are** [ər, (강) ɑːr] *are*

① 자 《성질 · 상태》 **…이다**

We ***are*** football players of our school.
우리는 학교 축구 선수이다.

② 《존재》 …있다

You ***are*** beautiful!
당신은 아름답습니다.

area [ɛ́əriə] *area* ⓜ **면적, 지역**

He lives in the city ***area***.
그는 시 지역에 산다.

Please do not litter in the play ***area***.
놀이구역에 쓰레기를 버리지 마세요.

Argentina [àːrdʒəntíːnə] *Argentina*

ⓜ **아르헨티나**

⁑**arm** [ɑːrm] *arm* ⓜ **팔**

She had a baby in her ***arms***.
그녀는 갓난아이를 안고 있었다.

Orangutan have long ***arms***.
오랑우탄의 팔은 길어요.

♣ **a baby in arms**

젓먹이

arm in arm

서로 팔을 끼고

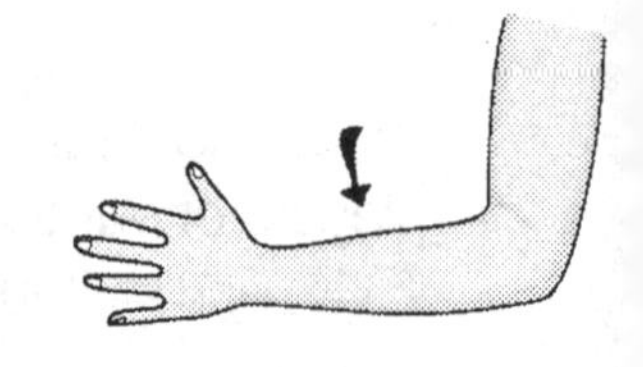

armchair [ɑ́ːrmtʃ ὲər] *armchair*

㉡ 안락의자

Grandpa sits in an ***armchair***.

할아버지는 안락의자에 앉아 계세요.

* **army** [ɑ́ːrmi] *army*

㉡ 육군, 군대

(☞ navy 해군, air force 공군)

The ***army*** fights for our country.

군대는 나라를 위해 싸운다.

army and navy 육해군

⁑ **around** [əráund] *around*

㉥ 둘레에, 주변에, 빵 돌아, 사방에

The earth moves ***around*** the sun.

지구는 태양주위를 돕니다.

She looked ***around***.
그녀는 주위를 둘러봤다.

arrange [əréindʒ] *arrange*

① 타 **배열하다, 정리하다** (동 put in order)

She can ***arrange*** flowers very well.
그녀는 꽃꽂이를 아주 잘한다.

② **마련하다, 조정하다**

③ 자 **준비하다, 예정을 세우다**

I ***arranged*** the party.
나는 파티를 준비하였어요.

arrival [əráivəl] *arrival* 명 **도착, 입항**

The time of ***arrival*** is 5 o' clock.
도착시간은 5시이다.

⁑**arrive** [əráiv] *arrive*

자 **다다르다, 도착하다**
(반 depart, start 출발하다)

The train ***arrives*** at six o' clock.
그 기차는 6시에 도착한다.

She will ***arrive*** in paris tomorrow

morning.
그녀는 내일 아침 파리에 도착할 것이다.

arrow [ǽrou] *arrow*

명 **화살**(☞ bow), **화살표**

He shoots ***arrows*** with a bow.
그는 활로 화살을 쏜다.

He shot an ***arrow*** at the wolf.
그는 늑대를 겨누어 화살을 쏘았다.

* **art** [ɑːrt] *art*

① 명 **미술, 예술**

We draw pictures in the ***art*** lesson.
우리는 미술 시간에 그림을 그렸다.

② 기술, 기교, 기능

She knows the ***art*** of making clothes.
그녀는 옷 만드는 방법을 안다.

artist [ɑ́ːrtist] *artist* 명 **예술가, 화가**

⁑ **as** [əz, (강) æz] *as*

① 접 …와 처럼

Do ***as*** you like.
네가 하고 싶은 대로 해라.

② 전 …으로서

He is known ***as*** a great artist.
그 사람은 위대한 예술가로 알려져 있다.

③ 부 …와 같이, …같은 정도로

I can' t run ***as*** fast as he.
나는 그 만큼 빨리 달리지 못한다.

♣ **as far as** ~의 한에서는
as far ~은 어떤가 하면
as if 마치 ~인 듯이
as soon as ~하자마자
as well as ~와 같이

ash [æʃ] *ash* 명 재

Many houses were burnt to ***ashes***.
많은 집이타서 재가 되었다.

ashamed [əʃéimd] *ashamed*

형 부끄러워하다

Lisa was ***ashamed*** of what she had

done.
리사는 자기가 한 일을 부끄러워했다.

ashore [əʃɔ́ːr] *ashore* [부] **해변에, 육지에**

* **Asia** [éiʒə] *Asia* [명] 아시아

Korea is in East ***Asia***.
한국은 동아시아에 있습니다.

There are many countries in ***Asia***.
아시아에는 여러나라가 있어요.

Asian [éiʒən] *Asian*

[형] 아시아의, 아시아인

aside [əsáid] *aside*

[부] **곁에, 옆으로, 별도로**

♣ **lay aside** 치우다, 그만두다, 옆에 있다
aside from ~은 제쳐놓고

⁑ **ask** [æsk] *ask*

① [자][타] **…을 물어보다, 청하다**
([반] answer 대답하다)

My grandma ***asked*** me the way to the station.
할머니는 역으로 가는 길을 나에게 물어보셨다.

② 묻다, 구하다

Ask her to come.
그녀에게 와달라고 부탁했다.

* **asleep** [əslíːp] *asleep*

[형][부] **잠자고** ([동] sleeping [반] awake 깨어)

My brother is ***asleep***.
동생은 자고 있어요.

aspirin [ǽspərin] *aspirin*

[명] 【약】 아스피린, 해열

ass [æs] *ass* [명] **나귀** ([동] donkey)

assemble [əsémbl] *assemble*

[자][타] 모으다, 모이다

All the students were ***assembled*** in the playground.

전교생이 운동장에 집합하였다.

assembly [əsémbli] *assembly*

명 **집회, 집합, 모임** (동 meeting)

association [əsòusiéiʃən] *association*

명 **연합, 협회, 조합**

astronaut
[ǽstrənɔ̀ːt] *astronaut*

명 **우주비행사**

The ***astronaut*** landed safely on the moon.
우주비행사들은 무사히 달에 착륙했습니다.

⁑ **at** [ət, (강) æt] *at*

① 전 《장소》 …에서, …에

Paul is ***at*** home. 폴은 집에 있어요.

② 《때 · 연령 따위》 …에

The shop opens ***at*** nine o' clock
그 상점은 9시에 문을 연다.

③ 《방향, 목표》 …에

Don' t throw stones ***at*** the cat.
고양이에게 돌을 던지지 마라.

④ …중인

The students are now ***at*** school.
학생들은 지금 수업중입니다.

◆ 일반적으로 at는 때의 한점, in은 어느 기간 동안, on은 특정한 날에 쓴다.
at 7(7시에), in the morning(아침에), on Saturday(토요일에)

ate [eit, (영) et] *ate*

[자][타] **eat(먹다)의 과거**

I studies while I ***ate***.
먹으면서 공부했다.

Athens [ǽθənz] *Athens*

[명] **아테네** (그리스의 수도)

athlete [ǽθli:t] *athlete*

[명] 운동선수, 경기자

athletic [æθlétik] *athletic*

㊔ 운동 경기의

Do you like ***athletic*** sports?
너는 운동 경기를 좋아하니?

Atlantic [ətlǽntik] *Atlantic*

㊔ 대서양의 (☞ Pacific 태평양)

atlas [ǽtləs] *atlas* ㊔ 지도책

atmosphere [ǽtməsfìər] *atmosphere*

㊔ 대기, 공기, 환경

Most cities no longer have a clean ***atmosphere***.
대부분의 도시들은 이제 더 이상 쾌적한 환경을 갖고 있지 않다.

atom [ǽtəm] *atom* ㊔ 〖물리 · 화학〗 원자

atomic [ətámik] *atomic* ⓗ 원자의

attach [ətǽtʃ] *attach*

① ⓣ 붙이다, 부착하다

He ***attached*** a stamp to the envelope.
그는 봉투에 우표를 붙였어요.

② 사랑하다

attack [ətǽk] *attack*

① ⓣ 공격하다 (반 defend 방어하다)

The cat ***attacked*** the mouth.
고양이가 쥐를 공격했다.

② (병이 몸을) 침범하다

He was ***attacked*** by illness.
그는 병에 걸렸어요.

③ ⓜ 공격

The ***attack*** of the enemy frightened us.
우리는 적의 공격에 놀랐습니다.

* **attend** [ətέnd] *attend*

㉮㉯ 출석하다(㊐ be present at), 참석하다

Will you ***attend*** the meeting tomorrow?
당신은 내일 모임에 나오실 겁니까?

* **attention** [ətέnʃən] *attention*

㊔ 주의, 친절

Attention, please.
안내 말씀드립니다, 주목하세요

attitude [ǽtitjùːd] *attitude*

㊔ 태도, 자세

attraction [ətrǽkʃən] *attraction*

㊔ 끌어당김, 매력

attractive [ətrǽktiv] *attractive*

㊕ 매력 있는, 애교 있는

audience [ɔ́ːdiəns] *audience*

㉮ 청중, 관객,
(라디오 · 텔레비전의) 시청자

There was a large
audience at the concert.
연주회에는 많은 청중이 모였다.

*** August** [ɔ́:gəst] *August*

㉮ 8월

The summer vacation is in ***August***.

여름방학은 8월에 있어요.

⁑ aunt [ænt] *aunt*

㉮ 아주머니 (☞ uncle 아저씨)

I like my ***aunt***.
나는 우리 숙모를 좋아한다.

Australia [ɔ:stréiljə] *Australia*

㉮ 오스트레일리아

author [ɔ́:θər] *author*

㉮ 저자, 작가 (반 reader 독자)

William Shakespeare is the ***author***

of Romeo and Juliet.
윌리엄 세익스피어는 '로미오와 줄리엣'의 지은이이다.

automatic [ɔ̀:təmǽtik] *automatic*

[형] 자동식의

This door is ***automatic***.
이 문은 자동식입니다.

* **autumn** [ɔ́:təm] *autumn* [명] 가을

In ***autumn*** leaves change from green to brown.
가을에는 나뭇잎이 초록에서 갈색으로 변한다.

avenue [ǽvən(j)ù:] *avenue*

[명] 가로수 길 《미》 큰 거리

(Ave. 로 줄여 쓴다)

awake [əwéik] *awake*

① [자][타] 눈을 뜨다, 깨어나다

I will ***awake*** him.
나는 그를 깨우겠어요.

Are you ***awake***? 일어났어요?

② 형 깨어, 자지 않고 (반 asleep 잠들어)

The baby is ***awake***.
아이가 깨어있다.

aware [əwέər] *aware*

형 알고, 알아차리고

:away [əwéi] *away*

① 부 《위치》 멀리, 떨어져서 (동 off, far)

The town is two miles ***away***.
그 마을은 2마일 떨어져 있습니다.

② … 사라져, 없어져, 집에 없어

Go ***away***! 저리가!

He is ***away*** from home.
그는 집에 없다.

awe [ɔː] *awe*

① 타 두려움을 주다

② 명 두려움, 경외

awful [ɔ́ːfəl] *awful*

[형] 무서운, 대단한, 심한

I remember the ***awful*** sight.

나는 그 무서운 광경을 기억하고 있다.

awfully [ɔ́ːfli] *awfully*

[부] 무섭게, 굉장하게, 대단히

It' s ***awfully*** hot today.

오늘은 대단히 덥습니다.

awoke [əwóuk] *awoke*

[자][타] **awake(깨어나다)의 과거 · 과거분사**

ax, 《영》 **axe** [æks] *ax, axe* [명] 도끼

Axes are used to cut wood.

도끼는 나무를 자르는데 사용합니다.

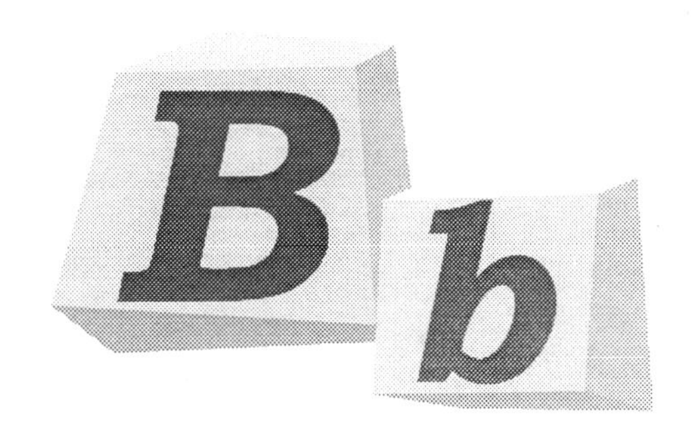

B, b [biː] *B, b*

① 명 알파벳의 두번째 문자

② (혈액형의) B형

My father' s blood type is ***B***.
아빠의 혈액형은 B형이다.

⁑ **baby** [béibi] *baby* 명 갓난아이

A ***baby*** is taking milk.
아기가 우유를 먹고 있다.

Please, look after
the ***baby*** on Monday.

월요일에 아기 좀 봐주세요.

baby-sitter

[béibi sìtər] *baby-sitter*

명 아이를 돌보는 사람

⁂ back [bæk] *back*

① 명 등, 뒤, 배후

He sat in the ***back*** of the bus.
그는 버스의 뒷자리에 앉았다.

② 부 뒤에, 뒤로

He will come ***back*** soon.
그는 곧 돌아올 것이다.

③ 형 뒤의

She went out the ***back*** door.
그녀는 뒷문으로 나갔다.

④ 자타 뒤로 물러서다, 후퇴하다, 돌아오다

background [bǽkgràund] *background*

명 배경

backward(s)

[bǽkwərd(z)] *backward(s)*

① 부 뒤에, 후방에, 거꾸로
(반 forward 앞에)

② 형 뒤쪽의, 발달이 늦은

backyard [bǽkjá:rd] *backyard*

명 뒤뜰, 뒷마당 (반 frontyard)

bacon [béikən] *bacon* 명 베이컨
(돼지고기를 소금에 절여 불에 그을려 만든 것)

bacon and eggs
베이컨 조각에 계란 반숙을 얹은 요리

bad [bæd] *bad*

① 형 나쁜 (반 good 좋은), 위험한, 상한

It' s ***bad*** behavior.
그것은 나쁜 행동입니다.

② (병 따위가) 심한, (날씨 따위가) 나쁜

The baby has a ***bad*** fever.
아이가 열이 심해요.

③ 서투른, 익숙하지 못한

I' m *bad* at math.
나는 수학에 서툴러요.

♣ **go bad** 썩다
That's too bad. 그것 참 안됐습니다.

---

* **badly** [bǽdli] *badly*

㉮ **나쁘게, 심하게, 몹시**

My hands hurt ***badly***.
나는 손을 심하게 다쳤다.

** **bag** [bæg] *bag* ㉰ **가방, 자루**

He carried her clothes in a ***bag***.
그는 옷을 가방에 넣어 왔다.

I have three books in my ***bag***.
내 가방속에 세권의 책이 있습니다.

---

baggage [bǽgidʒ] *baggage*

㉰ **(여행용) 수하물** (《영》 luggage)

Where is our ***baggage***?
우리 짐은 어디 있어요?

He took the ***baggage*** to the station.
그는 그 짐을 역까지 가져갔다.

bake [beik] *bake* ㉺ (빵 따위를) 굽다

My mom ***bakes*** bread.
엄마가 빵을 굽고 있습니다.

* **ball** [bɔːl] *ball*

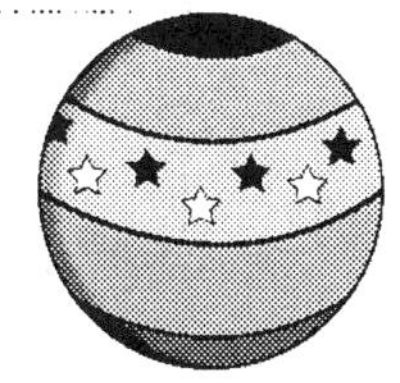

㉹ 공, (공 같이) 둥근 것, (야구 따위) 공놀이

Please throw the ***ball*** back to me!
그 공을 나한테 던져 주세요.

He caught the ***ball***.
그가 공을 잡았다.

ballet [bǽlei] *ballet*

㉹ 발레, 무용극, 발레단

* **balloon** [bəlúːn] *balloon*

㉹ 풍선, 기구

Balloons are filled with air or another gas.
기구는 공기나 다른 기체로 채워져 있다.

B

ball-point pen

[bɔ́ːlpɔint pèn] *ball-point pen*

명 볼펜 (동 ball pen)

bamboo [bæmbúː] *bamboo*

명 【식물】 대, 대나무

a ***bamboo*** cane 대나무 지팡이

* banana [bənǽnə] *banana*

명 바나나

Monkeys like ***bananas***.
원숭이들은 바나나를 좋아한다.

I like to eat ***bananas***.
나는 바나나 먹기를 좋아한다.

** band [bænd] *band*

① 명 띠, 끈, 밴드

The gift was tied with ***bands***.
그 선물은 끈으로 묶여 있었어요.

② 악단, (사람의) 한 떼

The ***bands*** plays beautiful music.

그 악단은 아름다운 음악을 연주합니다.

banjo [bǽndʒou] *banjo*

명 **밴조** (현악기의 일종)

⁑**bank** [bæŋk] *bank* 명 은행, 저금통

She works at the ***bank***.
그녀는 은행에 근무한다.

How much money do you have in the ***bank***?
당신은 은행에 돈이 얼마나 있습니까?

bar [bɑːr] *bar*

① 명 막대기

I' d like a chocolate ***bar***.
초콜릿 바를 먹고 싶어요.

an iron ***bar*** 쇠막대기

② (창문 · 문 따위의) 창살, 빗장

③ 술집, 바

barber [bɑ́ːrbər] *barber* 명 이발사

The ***barber*** cut his hair short.

이발사가 그의 머리카락을 짧게 잘랐다.

barbershop [bɑ́ːrbərʃɑ̀p] *barbershop*

[명] 이발소

He ***went*** to the barbershop.
그는 이발소에 갔다.

bare [bɛər] *bare*

① [형] 발가벗은 ([동] naked)

He is walking with ***bare*** feet.
그는 맨발로 걷고 있었다.

② 꾸미지 않은, 속이 빈

bargain [bɑ́ːrgin] *bargain*

① [명] 계약, 거래, 매매

make a ***bargain*** 거래하다

② 싼 물건, 특매품

a ***bargain*** sale 대염가 판매

bark [bɑːrk] *bark*

① [자] 짖다

The dog gave a ***bark***. 개가 짖었다.

② 개 짖는 소리

◆ 사자가 으르렁거리는 소리는 roar, 늑대가 짖는 것은 howl이라고 한다.

barley [bá:rli] *barley* 명 보리

barn [ba:rn] *barn* 명 헛간, 광, 외양간

He puts the cows in the ***barn***.
그는 소를 외양간에 넣어 둔다.

⁑**base** [beis] *base*

① 명 밑, 기슭, 기초

That lamp has a wooden ***base***.
저 램프의 바닥은 나무이다.

② 〚야구〛 베이스

He hit the ball to second ***base***.
그는 2루로 공을 쳤다.

③ 타 …에 기초를 두다

The novel was ***based*** on actual events.
그 소설은 실제 사건을 기초로 했다.

baseball [béisbɔːl] *baseball*

명 〖스포츠〗 야구
(☞ a baseball park 야구장)

basement [béismənt] *basement*

명 지하실

basic [béisik] *basic* 형 기초의, 기본의

a ***basic*** aim 기본 목표

basin [béisn] *basin* 명 세면기, 대야

* **basket** [bǽskit] *basket* 명 바구니

There are apple in the ***basket***.
바구니 안에 사과가 있습니다.

basketball
[bǽskitbɔ̀ːl] *basketball*

명 〖스포츠〗 바스켓볼, 농구(공)

They played ***basketball*** in the afternoon.
그들은 오후에 농구를 하였다.

Tom is a ***basketball*** player of our school.
톰은 우리 학교 농구선수입니다.

bat [bæt] *bat*

① 명 (야구 따위의) 배트

He hit the ball with a ***bat***.
그는 야구방망이로 공을 쳤다.

② 명 〖동물〗 박쥐

Bats fly at night.
박쥐는 밤에 날아다닌다.

:bath [bæθ] *bath*

명 목욕탕, 욕실, 욕조(동 bathtub), 목욕
(☞ bathe 목욕하다)

He takes a ***bath***.
그는 목욕 중이다.

bathroom [bǽθrù(:)m] *bathroom*

명 목욕탕, 욕실

There is a ***bathroom*** on the second floor.

이층에 욕실이 있습니다.

B

batter [bǽtər] *batter*

㊔ 〖야구〗 타자, 배터

battery [bǽt(ə)ri] *battery*

㊔ 전지, 배터리

battle [bǽtl] *battle* ㊔ 싸움, 전투

battlefield [bǽtlfìːld] *battlefield*

㊔ 싸움터, 전장

*B.C.** [bíːsíː] *B.C.* 기원전

(☞ A.D. 기원, 서력)

be [(강) biː, (약) bi] *be*

① …이다, …이 되다

Be careful when you use the scissors.

가위를 사용할 때 조심해야 해요.

② …이 있다, 존재하다

It will ***be*** fine tomorrow.
내일은 날씨가 좋을 것이다.

Be careful, please. 조심하시오.

B

***beach** [biːtʃ] *beach*

㊄ 물가, 바닷가, 해변

In summer we often go to the ***beach***.
여름에 우리는 종종 해변에 갑니다.

bean [biːn] *bean* ㊄ 콩, 강낭콩

⁑bear[1] [bɛər] *bear* ㊄ 곰

I saw a ***bear*** at the zoo.
동물원에서 곰을 보았다.

⁑bear[2] [bɛər] *bear*

① ㊀ (아이를) 낳다, (열매 따위를) 맺다

② 참다, 견디다

I can' t ***bear*** swimming on cold water.
찬물에서 수영하는 것은 참을 수 없어요.

I can' t ***bear*** the loud noises.
나는 저 시끄러운 소리를 참을 수 없다.

B

beard [biərd] *beard* ㊔ **턱수염**

My grandfather has a long ***beard***.
우리 할아버지는 긴 턱수염이 있다.

* **beast** [biːst] *beast*

㊔ **야수, 짐승** (동 animal)

beat [biːt] *beat*

① ㊎ **(잇달아) 치다, 때리다**
(동 strike, knock)

② **(적을) 지게 하다, 이기다**

We could not ***beat*** them at football.
우리는 축구를 이길수 없었다.

* **beautiful** [bjúːtəfəl] *beautiful*

㊌ **아름다운, 예쁜** (반 ugly 못생긴)

She is ***beautiful***! 그녀는 예쁘다.

The ***beautiful*** music moved her.
아름다운 음악이 그녀를감동시켰다.

beautifully [bjúːtəfəli] *beautifully*

[부] 아름답게, 훌륭하게

∗ **beauty** [bjúːti] *beauty*

[명] 아름다움, 미, 미인

My mother was a ***beauty*** when she was young.
엄마는 젊었을때 미인이셨다.

became [bikéim] *became*

[자] become(…이 되다)의 과거

She ***became*** a teacher.
그녀는 선생님이 되었다.

We ***became*** friends soon.
우리는 곧 친구가 되었다.

⁑ **because** [bikɔ́ːz] *because*

[접] 왜냐하면, …때문에

We stayed at home, ***beause*** it rained hard.
비가 몹시 왔기 때문에 집에 있었어요.

B

⁑ become [bikʌ́m] *become*

㉕㉖ …이 되다

It has ***become*** difficult to get fresh air.
신선한 공기를 얻는 것이 어려워졌다.

⁑ bed [bed] *bed* ㉺ 침대

I go to ***bed*** at 11 o' clock.
나는 11시에 잔다.

bedroom [bédru(ː)m] *bedroom* ㉺ 침실

There are two ***bedrooms*** in my house.
나의 집에는 침실이 2개 있다.

bedside [bédsaid] *bedside*

㉺ 침대 옆, (환자의) 머리맡

bedtime [bédtàim] *bedtime* ㉺ 취침 시간

bee [biː] *bee* ㉺ 꿀벌
(☞ the queen 여왕벌, the worker 일벌)

Bees make honey.
벌들은 꿀을 만듭니다.

B

beef [bi:f] *beef* 명 쇠고기
(☞ pork 돼지고기, chicken 닭고기)

I love ***beef***.
나는 소고기를 아주 좋아한다.

I like ***beef*** better than pork.
나는 돼지고기보다 쇠고기를 좋아합니다.

been [bin] *been*

자 …까지 줄곧 …하고 있다
(be동사의 과거분사형)

My uncle had ***been*** a policeman.
나의 삼촌은 경찰관을 지냈었지.

Have you ever ***been*** to Japan?
일본에 가본 적이 있니?

beer [biər] *beer* 명 맥주

⁑ **before** [bifɔ́:r] *before*

전 (위치가) …의 앞에
(반 behind …의 뒤에)

Dan eats breakfast ***before*** he goes to school.

댄은 학교 가기 전에 아침을 먹습니다.

He arrived ***before*** noon.
그는 정오 전에 도착하였다.

* **beg** [beg] *beg*

㉶㉻ **(용서 · 물건 따위를) 청하다, 구하다**
(㉭ ask)

A beggar ***begs*** for food.
거지가 음식을 구걸합니다.

♣ **I beg your pardon.**
(말끝을 올려서) 한번 더 말씀하여 주십시오.
(말끝을 내려서) 미안합니다. 실례했습니다.

began [bigǽn] *began*

㉶㉻ **begin(시작하다)의 과거**

beggar [bégər] *beggar* ㊔ 거지, 가난뱅이

⁑ **begin** [bigín] *begin*

① ㉻ **시작하다**
(㉭ start ㉶ finish 끝마치다)

The movie ***begins*** in ten minutes.
영화가 10분 후에 시작해요.

Which shall I ***begin*** with ?
어느 것부터 시작할까 ?

② ㉶ **시작되다**

School ***begins*** at eight thirty.
학교는 8시 반에 시작된다

The word ***begins*** with a vowel.
그 단어는 모음으로 시작된다.

beginner [bigínər] *beginner*

㉢ **초심자, 초보자**

beginning [bigíniŋ] *beginning*

㉢ **시초, 시작** (㉤ end 끝)

This industry had its ***beginning*** in the discovery of coal.
이 산업은 석탄의 발견에서 비롯되었다.

the ***beginnings*** of science
과학의 초창기.

behalf [bihǽf] *behalf* ㉢ 이익

He is speaking in ***behalf*** of you.
그는 당신을 위해 말하고 있는 겁니다.

B

I will speak to your father on ***behalf*** of you.
내가 네 대신 아버님에게 말해 드리지.

♣ **in behalf of** ~을 위하여
on behalf of ~ ~을 대신하여

behave [bihéiv] *behave*

[자][타] **행동하다** ([동] act)

teach the children how to ***behave***
아이들에게 버릇을 가르치다

The car won't ***behave***.
차가 말을 듣지 않아요.

behavior [bihéivjər] *behavior*

[명] **행위, 행실**

His sullen ***behavior*** showed that he was angry.
그의 시무룩한 태도는 화가 났음을 나타내고 있었다.

⁑ **behind** [biháind] *behind*

[전] 《위치가》 **…의 뒤에,** 《시간이》 **늦어**

(반 before …의 전에)

The child hid ***behind*** the door.
그 아이는 문 뒤에 숨었다.

He stayed ***behind*** me for a few days.
그는 내가 떠난 후에도 며칠 더 묵었다.

belief [bilíːf] *belief* 명 **신앙, 믿음, 신용**

I have no great ***belief*** in doctors.
나는 의사를 그다지 신용하지 않는다.

⁑ **believe** [bilíːv] *believe*

자타 **믿다, 사실이라고 생각하다**

We ***believe*** in him.
우리는 그의 인격을 믿어요.

He is ***believed*** to be honest.
그는 정직한 사람이라고 생각되고 있다.

♣ **belief in** ~을 믿다

⁑ **bell** [bel] *bell* 명 **방울, 종, 벨**

We stood up at the ***bell***.
우리는 종소리를 듣고 일어섰다

There's the ***bell***.
초인종이 울린다(손님이 왔다).

* **belong** [bilɔ́:ŋ] *belong*

㉶ **속하다, …의 것이다**

She ***belongs*** to this school.
그녀는 이 학교 학생이다

The button ***belongs*** to my coat.
그 단추는 내 옷에서 떨어진 것이다

* **below** [bilóu] *below*

㉷ **…의 아래에, 아래쪽에**
(반 above …의 위에, under 바로 밑에)

The eraser fell on the floor ***below***.
지우개가 아래의 마루에 떨어졌다.

The hint is given ***below***.
힌트는 아래에 있다.

♣ **down below** 아래쪽에

belt [belt] *belt* ㉴ **띠, 벨트, 지대**

a championship ***belt*** 권투 챔피언 벨트

a forest ***belt*** 삼림 지대

an oil ***belt*** 석유 지대

* **bench** [bentʃ] *bench*

[명] 벤치, (여러명이 앉는) 의자
(☞ chair 의자)

a park ***bench*** 공원의 벤치.

a players' ***bench*** 선수석

bend [bend] *bend*

[자][타] 구부리다, 구부러지다

bend the head 머리를 숙이다

bend a piece of wire into a ring
철사를 구부려 고리를 만들다.

beneath [biníːθ] *beneath*

[부][전] …의 밑에 ([동] below, under)

the sky above and the earth ***beneath***
위에 있는 하늘과 밑에 있는 땅

I heard someone cry ***beneath***.
아래쪽에서 누군가가 소리치는 것을 들었어

요.

Berlin [bəːrlín] *Berlin*

㉮ **베를린** (독일의 수도)

berry [béri] *berry*

㉮ **딸기(strawberry)따위의 열매**

⁑**beside** [bisáid] *beside*

㉶ **…의 곁에** (㉯ by)

Her house is ***beside*** the river.
그녀의 집은 강가에 있다.

beside the question
문제에서 벗어나

besides [bisáidz] *besides* ㉶ **…외에도**

She is clever and pretty ***besides***.
그녀는 영리하고 게다가 예쁘기까지 하다.

There were three more people ***besides*** me.
나 말고도 세 사람이 더 있었다

best [best] *best*

① 형 가장 좋은 (반 worst 가장 나쁜)

the ***best*** seller
가장 잘 팔리는 책, 베스트 셀러

② 부 가장 잘, 제일

the ***best*** job for you
당신에게 가장 알맞은 일

③ 명 최선, 전력

the ***best*** judgment 최선의 판단

♣ **do one's best** 최선을 다하다
make the best of
~을 최대한 이용하다

best seller [best sélər] *best seller*

명 베스트 셀러
(어떤 기간에 가장 많이 팔린 책 · 음반 등)

better [bétər] *better*

형 더 우수한, 보다 나은

The sooner, the ***better***.
빠르면 빠를수록 좋다

That would be ***better***.

그것이 더 좋겠다

♣ **get better** 좋아지다
had better (do) ~하는 편이 더 낫겠다.

between [bitwíːn] *between*

㉑ 《시간 · 장소 · 위치》 **…의 사이에**

I sat ***between*** him and her.
나는 그와 그녀 사이에 앉았다

The Mediterranean Sea is ***between*** Europe and Africa.
지중해는 유럽과 아프리카 사이에 있다.

the time ***between*** ten and twelve
10시와 12시 사이의 시간

* **beyond** [bi(j)ánd] *beyond*

㉑ 《장소》 **…의 저쪽(편)에, …을 넘어서**

beyond the horizon
지평선 너머에

We stayed ***beyond*** the time limit.
우리는 제한 시간 이상으로 머물렀다.

Bible [báibl] *Bible* ㉑ **(기독교의) 성서**

⁑ **bicycle** [báisikl] *bicycle* ⓜ 자전거

a duplex ***bicycle*** 2인승 자전거

a racing ***bicycle*** 경주용 자전거

⁑ **big** [big] *big* ⓗ 큰 (ⓑ small, little 작은)

a ***big*** box 큰 상자

a ***big*** fleet 대함대

have a ***big*** heart
마음이 너그럽다

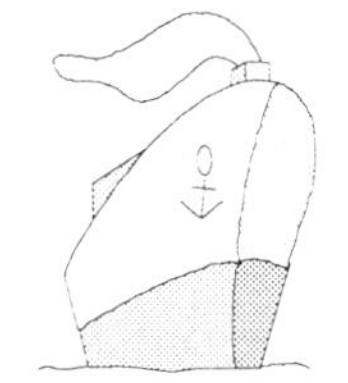

◆ big은 크다고 할 때 보통 쓰는 말이다. 그리고 위대하다, 대단하다는 의미를 담아 쓰기도 한다. large는 면적, 수량이 크다는 뜻이다. great는 위대한, 훌륭한의 뜻으로 존경심과 같은 감정을 갖고 있다.

Big Ben [bíg bén] *Big Ben* ⓜ 빅 벤
(영국 국회의사당의 탑 위에 있는 큰 시계)

bike [baik] *bike* ⓜ 자전거

bill[1] [bil] *bill* ⓜ 계산서, 청구서

a ***bill*** for new clothes
새 양복의 대금(청구서)

Could I have the ***bill***?
계산서를 주십시오.

bill[2] [bil] *bill* 명 (새 따위의) 주둥이, 부리

bind [baind] *bind* 타 매다, 묶다

He was ***bound*** hand and foot.
그는 손발을 묶였다

bind a bandage about the head
머리에 붕대를 감다

biology [baiáləʤi] *biology* 명 생물학

:bird [bəːrd] *bird* 명 새

Every ***bird*** likes its own nest best.
(속담) 어느 새나 자기 둥지를 가장 좋아한다. (내 집보다 좋은 곳은 없다)

birth [bəːrθ] *birth* 명 출생, 탄생

the ***birth*** of a child
아이의 탄생

He is a man of noble ***birth***.

그는 명문 태생이다

birthday [bəːrθdèi] *birthday* ㉡ 생일

a ***birthday*** cake
생일 케이크

The United States celebrates her ***birthday*** on July 4.
미국은 7월 4일에 건국을 축하한다.

biscuit [bískit] *biscuit*

㉡ 비스킷, 과자 빵

bit[1] [bit] *bit* ㉡ 조금, 약간

Let's have a ***bit*** of fun. 좀 놀자.

Wait a ***bit***! 잠깐 기다려

bit[2] [bit] *bit*

㉮㉯ bite(물다)의 과거, 과거분사

bite [bait] *bite* ㉮㉯ 물다, 물어뜯다

I ***bit*** my tongue. 나는 혀를 깨물었다

The dog ***bit*** me on the hand.

개가 내 손을 물었어요.

⁑black [blæk] *black*

① ⓗ 검은, 어두운

a ***black*** knight 흑기사

He is not so ***black*** as he is painted.
그는 소문만큼 나쁜 사람은 아니다.

② 흑인의

③ ⓜ 검정, 흑인

black races 흑인종

***blackboard**
[blǽkbɔ̀ːrd] *blackboard*

ⓜ 칠판

blacksmith [blæksmìθ] *blacksmith*

ⓜ 대장장이

***blame** [bleim] *blame*

① ⓣ 책망하다, 나무라다, 비난하다

The accountant was ***blamed*** for the

mistake.
회계원은 잘못을 저질러 책망받았다.

② 명 **책망, 비난, 책임, 죄**

I will bear the ***blame***.
내가 그 책임을 지겠다

The ***blame*** lies with him.
죄는 그에게 있다.

blanket [blǽŋkit] *blanket* 명 **모포, 담요**

blaze [bleiz] *blaze* 명 **불꽃, 화염, 섬광**

the ***blaze*** of a forest fire
산불의 불길.

The main street of the town is a ***blaze*** of lights in the evening.
저녁때 그 도시의 큰 거리는 전등불이 휘황하게 빛난다

blessing [blésiŋ] *blessing*

명 **축복, 은혜** (반 curse 저주)

blew [bluː] *blew* 자타 **blow(불다)의 과거**

blind [blaind] *blind*

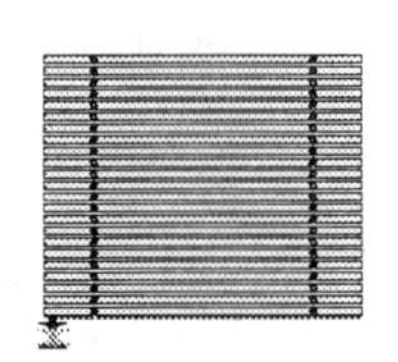

① 형 눈먼

a ***blind*** man 장님

② 명 블라인드

draw up the ***blinds*** 블라인드를 올리다.

block [blɑk] *block*

① 명 시가의 한 구획

The house is a few ***blocks*** away.
그 집은 1,2블럭 더 가야 합니다.

② (나무 · 돌 따위의) 덩이

a ***block*** of stone 석재

blond [blɑnd] *blond*

① 형 금발의

② 명 금발

blood [blʌd] *blood* 명 피, 혈액

the circulation of ***blood***
혈액 순환

Love of the sea runs in my ***blood***.

바다를 사랑하는 정신이 내 핏속에 흐르고 있습니다.

bloom [blu:m] *bloom*

명 꽃 (주로 관상용 꽃)
(☞ blossom, flower 꽃)

The roses are in full ***bloom***.
장미꽃이 만발해 있다

These flowers ***bloom*** all the year round.
이 꽃들은 일년 내내 핀다.

blossom [blásəm] *blossom*

명 꽃 (주로 과실나무 꽃)

⁑blow [blou] *blow*

① 자 (바람이) 불다

The wind is ***blowing*** from the east.
동쪽에서 바람이 분다.

② 타 (불 · 나팔 따위를) 불다

The siren ***blows*** at noon.
정오에 사이렌이 울린다.

⁑blue [bluː] *blue*

① ㉻ 푸른, 우울한

clean ***blue*** sky 맑고 푸른 하늘

He looked a bit ***blue*** tonight.
오늘밤 그는 좀 우울해 보였다.

② ㉴ 파랑, 푸른빛

deep ***blue*** 짙은 청색

dark ***blue*** 암청색, 감색

light ***blue*** 담청색.

bluebird [bluːbəːrd] *bluebird* ㉴ 파랑새

blunt [blʌnt] *blunt*

㉻ 무딘, 둔한 (㉶ dull ㉭ sharp 날카로운)

The knife is too ***blunt*** to be of any service.
그 칼은 너무 무뎌 아무 쓸모도 없다.

***board** [bɔːrd] *board*

① ㉴ 판자, 게시판

an advertising ***board*** 광고판

② (배의) 갑판

She is on ***board*** of the ship.
그녀는 그 배에 타고 있다

♣ **on board** 승선하여, 승차하여

⁑boat [bout] *boat*

명 보트, 작은배, 기선

a pleasure ***boat*** 유람선

a fishing ***boat*** 어선

◈ boat는 보통 sail(돛)을 단 배, 소형의 기선 등을 이르며, ship은 대양을 항해하는 대형 선박이나 군함을 말한다.

⁑body [bádi] *body*

① 명 몸, 육체

I have a big ***body***. 나는 몸집이 크다.

② 단체, 집단

boil [bɔil] *boil* 자타 끓이다, 삶다, 찌다

Water ***boils*** when heated.

물은 가열하면 끓는다

The kettle is ***boiling***.
주전자의 물이 끓고 있다

bomb [bam] *bomb* ㊔ **폭탄**

an A-***bomb*** 원자 폭탄 (atomic bomb)

an H-***bomb*** 수소 폭탄
(hydrogen bomb)

bond [band] *bond*

① ㊔ **묶는 것, 속박, 구속**

The members of the club are joined by the ***bonds*** of fellowship.
클럽의 회원들은 친구 관계로 맺어져 있다.

② **(차용) 증서, 채권**

* **bone** [boun] *bone* ㊔ **뼈, 골격, 신체**

His ***bones*** are buried here.
그의 유해는 이 곳에 묻혀 있다.

⁑ **book** [buk] *book* ㊔ 책, 서적

I have a picture ***book***.

나는 그림책을 갖고 있다.

I ordered English
books from that store.
저 서점에 영어 서적을 몇 권 주문했다.

bookcase [búkkeis] *bookcase* ㊎ 책장

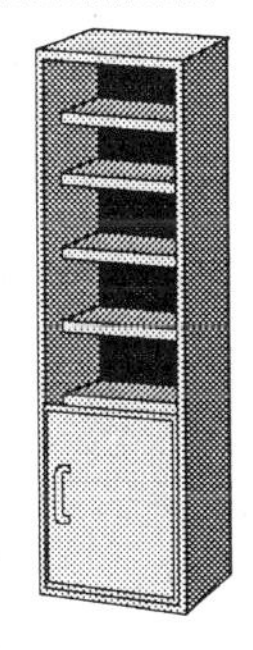

bookshelf [búkʃelf] *bookshelf*

㊎ 책꽂이

bookshop [búkʃɑ̀:p] *bookshop*

㊎ 서점, 책방

bookstore [búkstɔ̀:r] *bookstore*

㊎ 서점, 책방

boot [bu:t] *boot* ㊎ 목이 긴 구두, 장화

He is wearing ***boots***.
그는 장화를 신고 있어요.

booth [bu:θ] *booth*

㊎ (공중) 전화 박스, 매점

a telephone ***booth*** 전화실(박스)

a broadcasting ***booth*** 방송실

bore[1] [bɔːr] *bore*

㉺ **bear(낳다, 견디다)의 과거**

bore[2] [bɔːr] *bore*

㉺ **(터널 · 구멍 따위)를 뚫다**

A tunnel was ***bored*** through the mountain.
산을 뚫고 터널이 파졌다.

We ***bored*** through the cold darkness.
우리는 차가운 어둠을 뚫고 한발한발 나아갔다.

bore[3] [bɔːr] *bore*

㉺ **따분하게 하다, 싫증나게 하다**

I was ***bored*** by his tedious talk.
그의 재미없는 이야기에 진절머리났다.

born [bɔːrn] *born* ㉺ **태어나다**

A baby was ***born*** yesterday.

아기가 어제 태어났어요.

He is a Parisian ***born*** and bred.
그는 파리 토박이다.

boss [bɔːs] *boss* [명] 사장, 두목

* **both** [bouθ] *both*

① [형] **양쪽의**

The children ***both*** laughed.
아이들은 둘 다 웃었다.

② [대] **양쪽, 쌍방**

Both belong to him.
둘 다 그의 것이다

Both the boys passed the examination.
그 소년들은 둘 다 시험에 합격했다

* **bother** [bɑ́ðər] *bother*

[타] **…을 괴롭히다, 귀찮게 굴다**

Don't ***bother*** me, please.
제발 귀찮게 하지 마세요.

⁑ **bottle** [bátl] *bottle* 명 병

I drank two ***bottles*** of soda.
나는 소다수 두 병을 마셨습니다.

* **bottom** [bátəm] *bottom*

① 명 밑바닥, 기슭

He explored the ***bottom*** of the sea.
그는 바다 밑바닥을 탐험했습니다.

② 마음 속, 속

Sam is an honest man at ***bottom***.
샘의 근본은 정직한 사내이다.

♣ **at bottom** 마음속은, 근본은

bought [bɔːt] *bought*

타 **buy** (사다)의 과거, 과거분사

bound [baund] *bound*

① 자 (사람 · 동물이) 뛰어오르다
(동 jump)

The kid ***bounded*** about the pasture.
새끼 양이 목장 안을 뛰어다녔다

He ***bounded*** into fame.
그는 일약 유명해졌다

② 튀다, 되튀다

③ ㉥ 튐, 도약

bow[1] [bau] *bow*

① ㉧ 절하다, 머리를 숙이다

The boy ***bowed*** to me.
그 소년은 내게 인사를 했다

② ㉥ 절, 인사

She made a very polite ***bow*** to me.
그녀는 아주 공손하게 내게 인사를 했다.

bow[2] [bou] *bow*

㉥ 활

a ***bow*** and arrows
활과 화살

* **bowl** [boul] *bowl* ㉥ 사발, 주발, 볼

I ate a ***bowl*** of soup.
나는 스프 한 그릇을 먹었습니다.

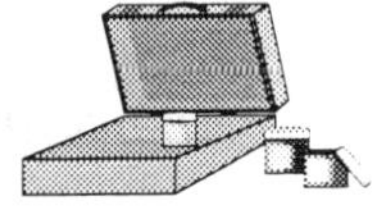

box[1] [baks] *box* ⓜ 상자

Here is a ***box*** of chocolates.
초콜릿 한 상자가 있습니다.

box[2] [baks] *box*

① ⓜ **따귀 때리기**

I gave him a ***box*** on the ear.
나는 그의 따귀를 때렸다.

② ⓙⓣ **따귀를 때리다, 권투하다**

Jim has ***boxed*** since he was only 10.
짐은 겨우 열 살 때부터 권투를 해왔다.

boxing [báksiŋ] *boxing*

ⓜ 〖스포츠〗 **권투, 복싱**

boy [bɔi] *boy* ⓜ **소년, 아들**

He is quite a ***boy*** in his actions.
그의 행동은 마치 어린애 같아요.

Dan is a good ***boy***.
댄은 착한 소년입니다.

boyfriend [bɔ́ifrènd] *boyfriend*

명 (여성의) 남자 친구

boyhood [bɔ́ihud] *boyhood*

명 소년 시절

bracelet [bréislit] *bracelet* 명 팔찌

brain [brein] *brain*

명 뇌, 두뇌, 지력

You are a ***brain***.
너는 머리가 아주 좋아.

He hasn't much ***brains***.
그는 머리가 그다지 좋지 않다

brake [breik] *brake* 명 브레이크, 제동기

branch [bræntʃ] *branch*

① 명 가지

Look at the ***branches*** on that tree.
저 나무의 가지들을 보아라.

② 지점, 지류

They ***branched*** out into new manufacture.
그들은 새로운 생산 분야로 사업을 확장했습니다.

brave [breiv] *brave* ⓐ 씩씩한, 용감한

Dan is a ***brave*** boy.
댄은 용감한 소년입니다.

⁑ **bread** [bred] *bread* ⓝ 빵

Give me some ***bread***.
빵 좀 주세요.

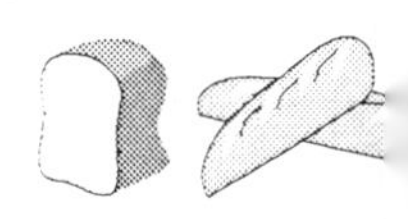

⁑ **break** [breik] *break*

① ⓣ 깨뜨리다, 부수다, 어기다

Glass ***breaks*** easily.
유리는 깨지기 쉬어요.

When does school ***break*** up ?
학교는 언제부터 방학입니까 ?

Just then he ***broke*** into a conversation.
바로 그때 그가 우리의 대화에 끼어들었다.

② 명 깨짐, 파괴

♣ **break out** (전쟁, 불 따위가) 일어나다

⁑ breakfast [brékfəst] *breakfast*

명 아침식사

Anna is having ***breakfast***.
애나는 아침을 먹고 있습니다.

♣ **have breakfast** 아침식사

breast [brest] *breast*

명 가슴, 흉부, (여성의) 유방

breath [breθ] *breath* 명 호흡, 숨

Not a ***breath*** was heard.
숨쉬는 소리도 들리지 않았다.

I took a deep ***breath*** and jumped into the water.
나는 심호흡을 하고 물 속에 뛰어들었어요.

breathe [briːð] *breathe* 자타 호흡하다

Give me a chance to ***breathe***.
좀 쉬도록 해주십시오.

The roses ***breathe*** fragrantly.
장미에서 향기가 풍기고 있다.

breed [bri:d] *breed*

㉮㉲ (새끼를) **낳다, 양육하다, 사육하다**

Mice ***breed*** rapidly.
쥐는 급속히 번식한다.

Ignorance ***breeds*** prejudice.
무지는 편견을 낳는다.

breeze [bri:z] *breeze* ㉢ **미풍, 산들바람**

A ***breeze*** came up.
바람이 일었다

The ***breeze*** died away.
바람이 차차 멎었다.

brick [brik] *brick* ㉢ **벽돌**

Some walls are made of ***bricks***.
어떤 벽은 벽돌로 되어 있다.

bride [braid] *bride*

㉢ **신부, 새색시** (반 bridegroom 신랑)

⁑bridge [bridʒ] *bridge*

명 다리

We have to cross the ***bridge***.
우리는 다리를 건너야 합니다.

A common language is a ***bridge*** between different cultures.
공통어는 다른 문화간의 다리 노릇을 한다.

brief [bri:f] *brief*

형 짧은, 간결한 (동 short)

How ***brief*** the life of man is !
인생이란 얼마나 짧은 것인가!

I'll be ***brief***. 짤막하게 이야기하겠다.

⁑bright [brait] *bright*

① 형 밝은, 빛나는
(동 light 반 dark 어두운)

I like ***bright*** colors.
나는 밝은 색깔을 좋아합니다.

② (빛깔이) 선명한, 산뜻한

Her voice sounded ***bright*** and gay.
그녀의 목소리는 명랑하고 즐겁게 들렸다.

③ 영리한, 재치있는, 훌륭한

⁑ **bring** [briŋ] *bring*

㊍ 가져오다, 데려오다
(☞ take 데려(가져)오다)

Bring your homework tomorrow.
내일 숙제해서 가져오세요.

What has ***brought*** you here ?
무슨 일로 여기에 왔느냐 ?

♣ **bring about** ~을 초래하다
bring up 기르다, 교육하다

* **British** [brítiʃ] *British* ⓗ 영국의

broad [brɔːd] *broad* ⓗ 폭이 넓은
(ⓑ narrow 좁은)

He have ***broad*** shoulders
그는 어깨가 넓다.

broadcast [brɔ́ːdkæst] *broadcast*

① ㉤㊍ 방송하다

② 명 방송, 방송 프로그램

We listened to his ***broadcast*** over the radio.
우리들은 라디오에서 그의 방송을 들었다.

broke [brouk] *broke*

자타 **break(부수다)의 과거**

broken [bróukən] *broken*

자타 **break(부수다)의 과거분사**

bronze [brɑnz] *bronze* 명 **청동, 구리**

broom [bru(ː)m] *broom*

명 **(긴 손잡이가 달린) 비**

Bring the ***broom***.
빗자루를 가져오너라.

brother [brʌ́ðər] *brother*

명 **형제** (☞ sister 자매)

I have two ***brothers***.
나는 남자 형제가 둘 있습니다.

an elder ***brother*** 형

a young ***brother*** 동생, 아우

brought [brɔːt] *brought*

㊀ **bring의 과거, 과거분사**

brow [brau] *brow* ⓜ **이마, 눈썹** (㊀ eyebrow)

⁑ **brown** [braun] *brown*

① ⓗ **갈색의**

Her hair is ***brown***.
그녀의 머리는 갈색이다.

② ⓜ **갈색**

Anna is wearing a ***brown*** skirt.
애나는 갈색 스커트를 입었습니다.

* **brush** [brʌʃ] *brush*

① ⓙⓣ **솔질하다, 솔로 닦다**

I ***brush*** my hair in the morning.
아침에 나는 머리를 빗는다.

② ⓜ **솔, 붓, 페인트 붓**

I bought a hair***brush***.
나는 머리솔을 샀다.

♣ **brush up** 솔로 닦다, 털다

bucket [bʌ́kit] *bucket* ⓜ **양동이**

I carried water in a ***bucket***.
나는 양동이로 물을 날랐습니다.

Buckingham Palace
[bʌ́kiŋəm pǽlis] *Buckingham Palace*

ⓜ **버킹엄 궁전** (런던에 있는 왕궁)

bud [bʌd] *bud* ⓜ **싹, 꽃봉오리**

The roses are still in ***bud***.
장미꽃은 아직 봉오리 상태예요.

Buddhism [bú:dizm] *Buddhism*

ⓜ **불교**

bug [bʌg] *bug* ⓜ **곤충**

I like ***bugs***. 나는 곤충을 좋아한다.

bugle [bjúːgl] *bugle* ⓜ (군대의) 나팔

⁑**build** [bild] *build* ⓣ 세우다, 짓다

Birds ***built*** nests.
새들이 둥지를 지었습니다.

The carpenter has ***built*** his own house.
그 목수는 자기 자 신의 집을 지었다.

building [bíldiŋ] *building* ⓜ 건물, 빌딩

There are many tall ***buildings*** in Seoul.
서울에는 높은 건물이 많습니다.

What a tall ***building*** this is!
이 건물은 참 높기도 하구나!

built [bilt] *built*

ⓣ **build**(세우다)의 과거, 과거분사

bulb [bʌlb] *bulb* ⓜ 전구

⁑**burn** [bəːrn] *burn*

ⓙⓣ 불타다, 불태우다

Don't ***burn*** that bulgogi.
그 불고기를 태우지 말아라.

The furnace is ***burning***.
난로불이 타고 있다.

*** * burnt** [bəːrnt] *burnt*

(자)(타) **burn(불타다)의 과거, 과거분사**

*** bus** [bʌs] *bus* (명) **버스, 합승 자동차**

Where's the bus stop?
버스 정류장은 어디에 있습니까?

I go to school by ***bus***.
나는 버스로 통학한다.

*** business** [bíznis] *business*

(명) **장사, 사업, 용무, 직업**

My father is a ***business*** man.
나의 아버지는 사업가입니다.

What's his ***business***?
그의 사업(직업)은 무엇입니까 ?

*** busy** [bízi] *busy* (형) **바쁜**

I am ***busy*** Saturday.
나는 토요일에 바쁩니다.

He is ***busy*** at this work.
그는 이 일로 바쁘다.

∗∗but [bʌt] *but*

[접] **그러나, …지만, 그렇지만**

You are tall, ***but*** I am not.
당신은 키가 큽니다.
그러나 나는 그렇지 않습니다.

I can ride a bicycle, ***but*** I can't drive a car.
난 자전거는 탈줄 아는데, 자동차는 운전할 줄 몰라.

∗butter [bʌ́tər] *butter* [명] **버터**

Pass me the ***butter***, please.
버터 좀 건네 주십시오.

peanut ***butter*** 땅콩 버터

---

butterfly [bʌ́tərflài] *butterfly*

[명] 〖곤충〗 **나비**

In spring, there are many ***butterflies***.
봄에는 나비들이 많습니다.

* **button** [bʌ́tn] *button*

㉮ (의복의) 단추, (초인종의) 누름 단추

** **buy** [bai] *buy* ㉰ 사다 (㉯ sell 팔다)

Let's go ***buy*** milk. 우유 사러 가자.

You can ***buy*** it nowhere else.
다른 곳에서는 그것을 사지 못할 것이다

buzz [bʌz] *buzz*

㉮ (벌 따위의) 윙윙거리는 소리,
(기계) 소음

** **by** [bai] *by*

① ㉱ 《장소 · 위치》 …의 곁에(에서)
(㉲ near, beside)

The hotel stands ***by*** the railroad station.
그 호텔은 역 부근에 있다

② 《수단 · 방법》 …로, …에 의해서

I went to Pusan ***by*** plane.
나는 비행기를 타고 부산에 갔습니다.

③ 《기한》 …**까지는** (☞ till …까지)

I will be here ***by*** six o' clock.
나는 여섯 시까지는 여기에 올라올 것이다.

④ 《정도 · 차이》 …**만큼**

He is older than I ***by*** five years.
그는 나보다 다섯 살 위다.

⑤ 《경로》 …**을 지나서**

He left his house ***by*** a side door.
그는 옆문을 통해서 집을 나왔다

♣ **by and by** 이윽고, 잠시 후

---

bye [bai] *bye* ㉠ 안녕!

---

bye-bye [báibài] *bye-bye*

㉠ 잘가!, 안녕!

Anna said to me, "***Bye-bye***."
애나는 내게 "안녕"이라고 말했습니다.

C [siː] c 알파벳의 세번째 문자

cabbage [kǽbidʒ] *cabbage*

명 양배추, 배추

Dan likes ***cabbage***.
댄은 양배추를 좋아합니다.

cabin [kǽbin] *cabin*

① 명 (나무로 지은) 오두막집 (동 hut)

That is an old ***cabin***.
저것은 낡은 오두막집입니다.

② 선실, (비행기의) 객실

cabinet [kǽbənit] *cabinet*

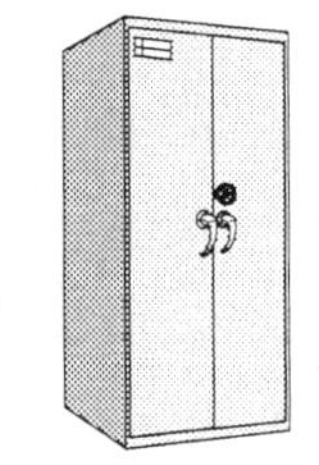

㊔ 장식장, 캐비닛

a bedroom ***cabinet*** 침실장.

cable [kéibl] *cable*

㊔ 굵은 밧줄, (전화 · 전기 따위의) 선

a ***cable*** car 케이블 카

cage [keidʒ] *cage* ㊔ 새장, (짐승의) 울

A bird is in a ***cage***.
새 한 마리가 새장 안에 있습니다.

* **cake** [keik] *cake*

① ㊔ 과자, 케이크

Please give me a piece of ***cake***.
케이크 한 조각 주세요.

② (고체물의) 한 개

a ***cake*** of soap 비누 한 개

calendar [kǽləndər] *calendar*

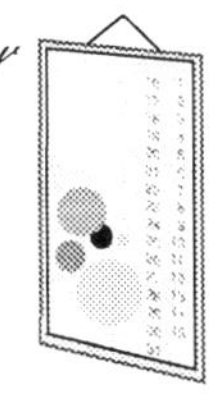

㊔ 캘린더, 달력

This is a 1997 ***calendar***.
이것은 1997년 달력입니다.

a wall-***calendar*** 벽에 거는 달력

C

call [kɔːl] *call*

① ㉶㉷ (큰소리로) 부르다

Anna, your mother is ***calling*** you.
애나야, 엄마가 부르신다.

② 방문하다

I ***called*** on him at his office yesterday.
나는 어제 그의 사무실로 그를 방문하였다.

③ …에게 전화를 걸다

I'll ***call*** you later.
나중에 전화할께.

④ ㊔ 부르는 소리, 전화의 호출

♣ **call at** 방문하다, 들르다
call up 전화로 불러내다, 전화하다

calm [kɑːm] *calm*

① 형 잔잔한, 고요한, (마음이) 가라앉은

It was a ***calm*** autumn day.
어느 고요한 가을날이었습니다.

② 자타 진정시키다, 진정하다, 가라앉히다

Calm yourself!
진정하세요!

③ 명 잔잔함, 정적, 평온

After a storm comes a ***calm***.
(속담) 폭풍 뒤에 고요가 온다.

came [keim] *came* come(오다)의 과거

camel [kǽməl] *camel* 명 〖동물〗 낙타

⁑**camera** [kǽm(ə)rə] *camera*

명 사진기, 카메라

Smile for the ***camera***.
사진찍게 미소지어.

*****camp** [kæmp] *camp*

① 명 야영, 캠프

Let's go ***camping***. 야영가자.

② 자타 야영하다, 캠프를 치다

They are ***camping*** out.
그들은 야영 중이다.

C

campaign [kæmpéin] *campaign*

명 (사회적) 운동, 선거운동

campfire [kǽmpfàiər] *campfire*

명 야영의 모닥불, 캠프파이어

* **campus** [kǽmpəs] *campus*

명 (대학 따위의) 교정, 학교 구내, 캠퍼스

She lives on ***campus***.
그녀는 교내에서 산다.

** **can**[1] [kən, (강) kæn] *can*

① 조 …할 수 있다 (동 be able to)

Can you speak French?
불어 할 수 있어요?

② …해도 좋다 (동 may)

You ***can*** come with him.
그와 함께 와도 좋습니다.

C

③ 《의문문》 과연 …일까

Can he be hiding ?
그는 도대체 숨어 있는 것일까 ?

What ***can*** that mean ?
도대체 그것은 무슨 뜻일까 ?

can² [kæn] *can* 명 양철통, 깡통

Canada [kǽnədə] *Canada*

명 캐나다 (수도 Ottawa)

canal [kənǽl] *canal* 명 운하

the Panama (Suez) ***Canal***
파나마(수에즈) 운하.

* **candle** [kǽndl] *candle* 명 양초

Blow out the ***candle***. 촛불을 꺼요.

** **candy** [kǽndi] *candy* 명 사탕과자, 캔디

Don't eat too much ***candy***.
사탕을 너무 많이 먹지 마.

a piece of ***candy***
캔디 한 개

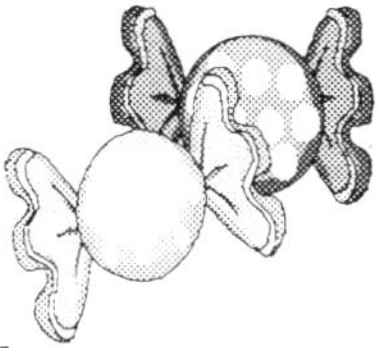

cane [kein] *cane* [명] 지팡이

cannot [kənát, kǽnat] *cannot*

[조] …할 수 없다, …일 리가 없다

* **cap** [kæp] *cap*

① [명] (테가 없는) 모자
(☞ hat (테가 있는) 모자)

This is my favorite ***cap***.
이것은 내가 제일 좋아하는 모자입니다.

② 뚜껑, 마개

Where is the ***cap*** of my fountain pen?
내 만년필 뚜껑이 어디있지?

** **capital** [kǽpətl] *capital*

① [명] 서울, 수도

Seoul is the ***capital*** of Korea.
서울은 한국의 수도입니다.

② 대문자
(동 capital letter 반 small letter)

C

③ 자본(금)

Good health and energy are his ***capital***.
건강과 힘이 그의 밑천이다.

⁑ captain [kǽptin] *captain*

① 명 선장, 우두머리

Who is the ***captain*** of the ship?
그 배의 선장은 누구입니까?

② (육군) 대위, (해군) 대령

⁑ car [kɑːr] *car* 명 자동차

Get in the car. 차에 타요.

♣ **by car** 자동차로

*** card** [kɑːrd] *card*

① 명 카드, 명함, 초대장

Here is your birthday ***card***.
자, 너의 생일 카드야.

a post ***card*** 우편엽서

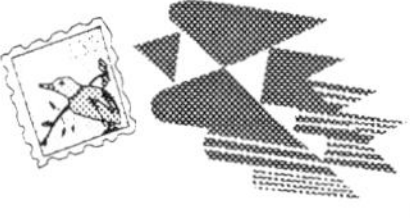

② **트럼프**

* **care** [kɛər] *care*

① 명 **근심, 걱정, 조심**

Take ***care***. 조심해라.

② **돌봄, 보호**

The children were under her ***care***.
그 아이들은 그녀가 돌보아 주었습니다.

③ 자 **걱정하다, 돌보아 주다**

Tom ***cares*** about nobody but himself.
톰은 자기 자신의 일만을 걱정하고 있다

Do you ***care*** for the result ?
어떤 결과가 될지 걱정되십니까 ?

♣ **take care** 조심하다
take care of ~을 돌보아주다

careful [kɛ́ərfəl] *careful*

형 **주의깊은** (반 careless 부주의한)

Be ***careful!*** 조심해!

Tom is a ***careful*** driver.
톰은 조심스럽게 자동차를 운전한다.

C

carefully [kɛ́ərfəli] *carefully*

[부] 주의 깊게, 신중하게

careless [kɛ́ərlis] *careless*

① [형] 부주의한 ([반] careful 주의 깊은)

Don't make such a ***careless*** mistake again.
그런 부주의한 잘못을 다시 되풀이하지 말아라.

② 무관심한

He is ***careless*** about his clothes.
그는 의복에는 무관심해요.

carnation [kaːrnéiʃən] *carnation*

[명] 〖식물〗 카네이션

carnival [káːrnəvəl] *carnival*

명 카니발, 사육제

carol [kǽrəl] *carol* 명 환희의 노래, 송가

Christmas ***carol*** 크리스마스 송가

carpenter [kɑ́ːrpəntər] *carpenter*

명 목수, 대목

My dad is a ***carpenter***.
우리 아빠는 목수예요.

carpenter's shop 목수의 일터, 목공소

carpet [kɑ́ːrpit] *carpet* 명 카펫, 양탄자

My house is ***carpeted***.
우리 집에는 카펫이 깔려 있습니다.

carrot [kǽrət] *carrot* 명 【식물】 당근

⁑ **carry** [kǽri] *carry*

① 타 나르다, 가지고 가다

Please help me ***carry*** these books.
이 책들 나르는 것을 좀 도와 주세요.

② (소식 따위를) 전하다

C

I *carried* a message to Mr. Smith.
나는 스미스씨에게 전갈을 전하였다.

♣ **carry on**
(일 등을) 계속하다, (사업을) 경영하다

⁑ **case** [keis] *case* (명) 상자 (동 box)

♣ **in case** 만약 ~라면
in case of ~의 경우에는

cash [kæʃ] *cash* (명) 현금, 돈

I paid for it in ***cash***.
나는 그것을 현금으로 지불했습니다.

* **cassette** [kəsét] *cassette*

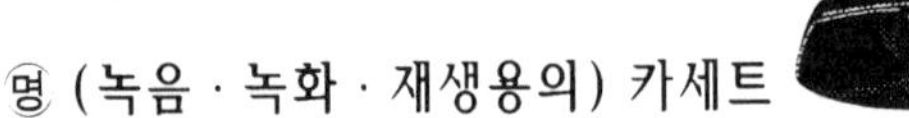

(명) (녹음 · 녹화 · 재생용의) 카세트

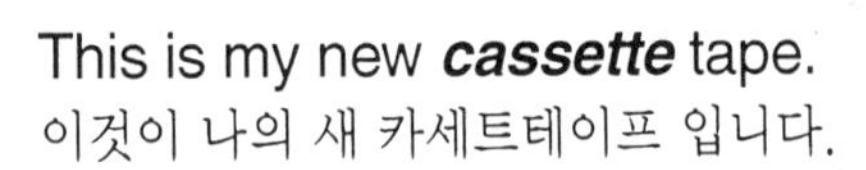

This is my new ***cassette*** tape.
이것이 나의 새 카세트테이프 입니다.

castle [kǽsl] *castle* (명) 성, 성곽

The prince lived in a big ***castle***.
왕자는 큰 성에 살았습니다.

The ***castle*** stands on the hill.

성은 언덕위에 있다.

⁑ **cat** [kæt] *cat* ⓜ 【동물】 고양이

My ***cat's*** name is Mozart.
내 고양이의 이름은 모차르트입니다.

We have a ***cat***.
우리는 고양이 한 마리를 기르고 있어요.

⁑ **catch** [kætʃ] *catch*

① ⓣ 붙들다, 잡다

The boy himself could not ***catch*** a thief.
그 아이는 직접 도둑을 잡을 수 있었다.

② (차 시간에) 대다

You can ***catch*** the first train.
너는 첫차 시간에 댈 수 있다.

③ (병에) 걸리다

I ***catch*** a cold easily
나는 감기에 잘 걸린다

♣ **catch up with** ~을 따라잡다

catcher [kǽtʃər] *catcher*

[명] 〖야구〗 포수, 캐처

C

Catholicism
[kəθálisìzm] *Catholicism*

[명] 가톨릭교, 천주교

* **cause** [kɔːz] *cause*

① [명] 원인 ([반] effect 결과), 이유

We have ***cause*** for joy.
우리에게는 기뻐할 까닭이 있어요.

② [타] …의 원인이 되다

His ruin was ***caused*** by his faults.
그의 파멸은 그의 결점에 의한 것이었다

The rain ***caused*** the river to overflow.
비 때문에 강이 범람했다

cave [keiv] *cave* [명] 동굴

CD [síːdíː] *CD* [명] 콤팩트 디스크

∗ **ceiling** [síːliŋ] *ceiling*

명 천장 (반 floor 바닥)

This house has a low ***ceiling***.
이 집은 천장이 낮습니다.

He looked up at the ***ceiling***.
그는 천장을 올려다 보았다.

cello [tʃélou] *cello* 명 『악기』 첼로

cement [simént] *cement* 명 시멘트

⁑ **center** [séntər] *center*

명 중앙, 중심(지)

Sit in the ***center*** of the circle.
원의 한가운데에 앉아라.

New York is the theatrical ***center*** of the American people.
뉴욕은 미국인의 연극의 본고장이다.

central [séntrəl] *central*

형 중앙의, 중심의 (반 local 지방의)

The sun has the ***central*** place in

the solar system.
태양은 태양계의 중심을 이루고 있습니다.

C

century [séntʃəri] *century* [명] 세기, 백년

We are living in the 21th ***century***.
우리는 21세기에 살고 있어요.

This building was built in the nineteenth ***century***.
이 빌딩은 19세기에 지어졌다.

* **certain** [sə́:rtn] *certain*

① [형] **확실한** ([동] sure)

Are you ***certain*** of that?
너는 그것을 확신하니?

② **어떤, 일정한** ([동] one, some)

A ***certain*** person called on you yesterday.
어떤 사람이 어제 너를 찾아왔어.

certainly [sə́:rtnli] *certainly*

① [부] **반드시, 틀림없이, 확실히** ([동] surely)

He will ***certainly*** succeed.

그는 틀림없이 성공할 거예요.

② (대답할 때) 여부가 있겠습니까, 좋구말구요

May I have this book ? - ***Certainly***.
이 책을 가져도 되요? - 되고말고.

chain [tʃein] *chain*

① 명 쇠사슬

The dog is kept on a ***chain***.
그 개는 사슬에 묶여 있습니다.

② 연쇄, 연속

A ***chain*** of events took place.
일련의 사건이 발생하였습니다.

⁑**chair** [tʃɛər] *chair* 명 (1인용) 의자
(☞ bench 긴의자, armchair 팔걸이가 있는 의자, 안락의자)

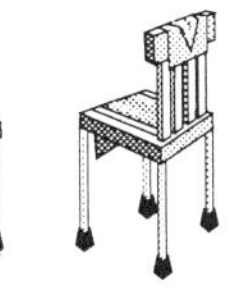

Sit in your ***chair***.
의자에 앉으세요.

He is sitting on a ***chair***.
그는 의자에 앉아 있었습니다.

chairman [tʃέərmən] *chairman*

㉮ 의장, 사회자, 위원장

C

⁑**chalk** [tʃɔːk] *chalk* ㉮ 분필, 초크

Can you get me some ***chalk***?
분필 좀 가져다 주겠니?

Where is the ***chalk*** box?
분필갑은 어디 있습니까?

◆ 셀 때는 a piece of chalk (한 자루의 분필), three piece chalk (세 자루의 분필)이라고 한다.

⁑**chance** [tʃæns] *chance*

㉮ 기회, 호기

I have a ***chance*** to go camping.
나에게 캠핑을 갈 수 있는 기회가 생겼다.

He may have a ***chance*** of becoming principal.
그는 교장이 될지도 모릅니다

♣ **by chance** 우연히

⁑**change** [tʃeindʒ] *change*

① ㉶㉻ 변하게 하다, 변하다

Summer ***changes*** to fall.
여름이 가면 가을이 온다

② (딴 것으로) 바꾸다, 교환하다

At night, I ***change*** into pajamas.
밤에는 잠옷으로 갈아입어요.

③ ㉧ 변화, 변경, 바꿈

She went to the movies for a ***change***.
그녀는 기분 전환을 위해서 영화보러 갔다.

④ 잔돈, 거스름돈

Keep the ***change***.
거스름돈은 그냥 두세요.

⁑ **cheap** [tʃi:p] *cheap*

㉭ 값이 싼, 가치 없는
(㉥ dear, expensive 값비싼)

This sofa is ***cheap***. 이 소파는 싸다.

I got it ***cheap***.
나는 그것을 싸게 샀다.

· check [tʃek] *check*

① 타 저지하다, 검문하다, 점검하다

My brother ***checked*** me in my work.
동생은 내 일을 방해했다.

② 명 저지, 점검

♣ **check in** (호텔 등에) 투숙하다
check out 계산을 치르고 나오다

cheek [tʃi:k] *cheek* 명 뺨

cheer [tʃiər] *cheer*

① 자타 기운을 돋우다, 기운을 내다

Cheer up! 기운을 내라!

② 명 환호, 갈채, 응원

· cheese [tʃi:z] *cheese* 명 치즈

May I have a piece of ***cheese***?
치즈 한 조각 먹어도 돼요?

cherry [tʃéri] *cherry* 명 벚나무, 버찌

chess [tʃes] *chess* ㉢ 체스, 서양 장기

chestnut [tʃésnʌ̀t] *chestnut*

㉢ 〖식물〗 밤나무, 밤

chick [tʃik] *chick*

㉢ 병아리, 새 새끼 (㊂ chicken)

chicken [tʃíkin] *chicken*

㉢ 병아리, 닭(고기)

(☞ cock 수탉, hen 암탉)

Today, we had ***chicken*** for dinner.
오늘, 우리는 저녁으로 닭고기를 먹었습니다.

Mary is feeding her ***chickens***.
메리는 병아리에게 모이를 주고 있다.

chief [tʃi:f] *chief*

① ㉧ 으뜸가는, 주요한
(㊂ main, principal)

② ㉢ 장, 우두머리 (㊂ leader)

the ***chief*** of a family 가장

the ***chief*** of police 경찰 서장.

⁑child [tʃaild] *child* ㊔ **아이, 어린이**
(☞ baby 갓난아이, boy 소년, girl 소녀)

Paul is a ***child***.
폴은 어린이예요.

I know that ***child***.
나는 저 아이를 안다.

childhood [tʃáildhùd] *childhood*

㊔ **유년시절, 어릴 때**
(☞ boyhood 소년시절, girlhood 소녀시절)

He was a delicate hoy in his ***childhood***.
그는 어릴 때에는 유약한 아이였다.

chimney [tʃímni] *chimney* ㊔ **굴뚝**

Santa Claus comes down a ***chimney***.
산타 클로스는 굴뚝으로 내려옵니다.

chin [tʃin] *chin* ㊔ **턱**

I hurt my ***chin***. 나는 턱을 다쳤다.

China [tʃáinə] *China* ⓜ 중국

* **choose** [tʃuːz] *choose*

ⓣ 뽑다, 결정하다

I ***choose*** this one. 이거 가질게요.

Choose one. 한 개만 선택해.

chop [tʃɑp] *chop*

① ⓣ (고기를) 자르다 (ⓢ cut)

I ***chopped*** down the shady tree.
그늘을 만드는 나무를 잘라 넘어뜨렸다

② ⓜ 절단

* **chopsticks** [tʃápstìks] *chopsticks*

ⓜ 젓가락

a pair of ***chopsticks***. 젓가락 한 벌

chorus [kɔ́ːrəs] *chorus*

명 〖음악〗 합창(대), 코러스

They sang in ***chorus***.
그들은 합창하였다.

Christ [kraist] *Christ* 명 그리스도

Christian [krístʃən] *Christian*

명 기독교인, 기독교 신자

Christmas [krísməs] *Christmas*

명 크리스마스, 성탄절

A Merry ***Christmas***!
성탄절을 축하합니다!, 메리 크리스마스!

on ***Christmas*** Eve 성탄 전야에

⁑**church** [tʃəːrtʃ] *church* 명 교회

She was at ***church*** this morning.
그녀는 오늘 아침 예배에 참석했다.

⁑**circle** [sə́ːrkl] *circle*

① 명 원, 고리

We sat in a ***circle***.
우리는 빙 둘러 앉았다.

② 자타 원을 그리다, 선회하다, 둘러싸다

The earth ***circles*** the sun.
지구는 태양의 둘레를 돈다

circus [sə́ːrkəs] *circus* 명 곡마단, 서커스

citizen [sítəzn] *citizen*

① 명 시민, 주민

We are ***citizens*** of Seoul.
우리들은 서울 시민이다.

② 국민

an American ***citizen*** 미국 국민

⁑ **city** [síti] *city* 명 시, 도회지, 도시

a ***city*** hall 시청

Rome is a big ***city***. 로마는 대도시다.

◆ 보통 town은 city보다 작고 village보다 는 크다.

clap [klæp] *clap* ㉮㉯ **탁 치다, 박수하다**

He ***clapped*** his hands, when the maid appeared.
그가 손뼉을 치자 하녀가 나타났다.

A bird ***claps*** its wings.
새가 날개를 친다

:class [klæs] *class*

① ㊐ **학급, 클래스**

Everyone in the ***class*** was glad.
반의 학생은 모두 기뻐했다.

② **수업, 수업시간**

The ***class*** was carried on in English.
수업은 영어로 진행되었다.

:classmate [klǽsmèit] *classmate*

㊐ **동급생, 급우**

Sam is my ***classmate***.
샘은 나의 급우이다.

classroom [klǽsrù(:)m] *classroom*

명 교실

⁑ **clean** [kliːn] *clean*

① 형 **깨끗한** (반 dirty 더러운)

With regard to personality he is always ***clean***.
그는 인품면에서 항상 깨끗합니다.

② 부 **깨끗이, 완전히**

wipe it ***clean*** of the finger prints
지문이 남지 않도록 그것을 깨끗이 닦다.

③ 타 **깨끗이 하다, 청소하다** (동 clear)

clean a window 유리창을 닦다

* **clear** [kliər] *clear*

① 형 **맑게 갠, 밝은** (동 fine)

a ***clear*** sky 맑게 갠 하늘

② **분명한, 명백한**

It is ***clear*** what the author is driving at.
작가가 무슨 말을 하려는가는 분명하다.

③ 부 **밝게, 분명하게**

④ 자타 (날씨가) 개다, 명백하게 하다

That ***clears*** it all up.
그것으로 모든 것이 밝혀진다.

clerk [kləːrk] *clerk* 명 사무원, 서기

clever [klévər] *clever*

① 형 영리한, 꾀 많은
(동 bright, wise 반 foolish 어리석은)

He is the ***cleverest*** boy in our class.
그는 우리 학급에서 제일 영리한 소년이예요.

② 손재주가 있는

She is ***clever*** at sketching people.
그녀는 초상화를 훌륭하게 그립니다.

cliff [klif] *cliff* 명 벼랑, 절벽

⁑ **climb** [klaim] *climb*

자타 오르다, 기어오르다 (동 go up)

climb to the top of a hill
언덕꼭대기까지 기어오르다.

The road ***climbed*** gradually.
길은 완만한 오르막이 되어 있었다.

climber [kláimər] *climber* ㊔ 등산가

:clock [klɑk] *clock*

㊔ **탁상시계, 괘종**
(☞ watch 회중시계, wrist watch 손목시계)

He is always watching the ***clock***.
그는 항상 시계만 보고 있습니다.

The ***clock*** is slow (fast).
시계가 늦다 (빠르다).

:close[1] [klouz] *close*

① ㉧㉤ **닫다** (㉥ open 열다, ㉦ shut)

The door wont ***close*** tight.
그 문은 꼭 닫히지 않아요.

The mist ***closed*** the airport.
안개 때문에 공항이 폐쇄되었다.

② 끝내다, 끝나다

The stock ***closed*** at 55.
그 주식은 55불로 끝났다.

③ 명 끝 (동 end)

The game came to a ***close*** just now.
시합이 방금 끝났습니다.

⁑ close[2] [klouz] *close*

① 형 가까운, 친한

My house is ***close*** to the school.
우리 집은 학교 가까이에 있어요.

② 친한 (동 dear)

He is a ***close*** friend of mine.
그는 나의 친한 친구입니다.

⁑ clothes [klouz, klouðz] *clothes*

명 옷, 의복

Fine ***clothes*** make the man.
(속담) 옷이 날개다.

◆ clothes는 일반적인 옷을 뜻하는 말로 쓰임새나 성별, 노소의 구별이 없이 쓰인다. dress는 원피스로 된 부인복이나 어린이 옷을 말하며 suit는 양복으로 남자는 재킷과

바지. 여자는 재킷과 치마를 한 벌로 입는 것이 보통이며 조끼를 더 입을 수 있다.

cloud [klaud] *cloud* [명] **구름**

wait till the ***clouds*** roll by
구름이 걷힐 때까지 기다리다

A ***cloud*** came over her face.
그녀의 얼굴에 그늘이 졌다.

cloudy [kláudi] *cloudy*

[형] **흐린, 구름이 많이 낀** ([반] fine 갠)

When it' s ***cloudy***, it isn' t easy to take good picture.
날씨가 흐리면 좋은 사진 찍기가 쉽지 않아요.

The river was ***cloudy*** with silt.
강은 진흙으로 흐려 있었다.

clown [klaun] *clown*

[명] **(곡마단의) 어릿광대, 익살꾼**

⁑**club** [klʌb] *club*

① [명] **클럽, 반**

a tennis ***club*** 테니스 클럽

an Alpine ***club*** 산악회

② 곤봉, 몽둥이, 골프채

A policeman has a short ***club***.
경찰관은 짧은 곤봉을 가지고 있었다.

clue [klu:] *clue* ㊔ 실마리, 단서

coal [koul] *coal* ㊔ 석탄

I laid in ***coals*** for winter.
나는 겨울에 대비하여 석탄을 사들였다.

coat [kout] *coat*

㊔ 웃옷, 상의, 저고리, 코트

Put on your ***coat***.
웃옷을 입으세요.

cock [kak] *cock*

① ㊔ 수탉
(㊐ rooster ☞ hen 암탉, chicken 병아리)

② (가스 · 수도 따위의) 꼭지

code [koud] *code*

① ㉮ 신호, 부호, 암호

a ***code*** telegram 암호 전보.

② 규칙, 관례, 법전

the religious ***code*** 종교적인 규약

⁑ **coffee** [kɔ́ːfi] *coffee* ㉮ 커피 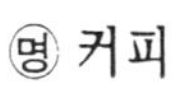 

coil [kɔil] *coil* ㉮ 고리, 【전기】 코일

⁑ **coin** [kɔin] *coin*

㉮ (지폐에 대해) 주화, 동전

a silver ***coin*** 은화

I haven't the ***coin*** to do it.
그것을 할 돈을 갖고 있지 않다.

◆ 동전의 인물상이 있는 면을 head, 숫자가 있는 면은 tail. 또 지폐는 paper money

⁑ **cold** [kould] *cold*

① ㉱ 추운, 차가운 (㉯ hot 더운)

It is ***cold*** today. 오늘은 춥다.

② ⓜ 추위, 감기

I have a bad ***cold***.
나는 지독한 감기를 앓고 있습니다.

♣ **catch cold** 감기 들다

collar [kálər] *collar* ⓜ 칼라, 옷깃

collect [kəlékt] *collect*

ⓣ **모으다, 수집하다** (ⓢ gather)

collect postage stamps
우표를 수집하다.

We ***collected*** contributions for a school
학교를 위한 기부금을 모았다.

collection [kəlékʃən] *collection*

ⓜ **수집, 모은 것**

I am interested in the ***collection*** of insects.
나는 곤충 채집에 흥미가 있다.

collector [kəléktər] *collector*

명 수집가, 채집자

* **college** [kálidʒ] *college*

명 (단과) 대학 (☞ university 종합 대학)

Danny studies history in ***college***.
대니는 대학에서 역사를 공부하고 있다.

She is in ***college***.
그녀는 대학 재학중이다.

* **color** [kʌ́lər] *color* 명 색깔

"What ***color*** is it?" "It is green."
그것은 무슨 색입니까? - 녹색입니다.

the ***colors*** of the rainbow
일곱빛깔 무지개색

column [káləm] *column*

명 (신문의) 난, 단

comb [koum] *comb* 명 (머리를 빗는) 빗

** **come** [kʌm] *come*

① ㉮ 오다, (어떤 목적지로) 가다

Come here, please.
이쪽으로 오십시오

Will you ***come*** to the dance tonight?
오늘밤 댄스 파티에 오시겠습니까?

② …하게 되다, …에 이르다

He ***came*** to understand it at last.
마침내 그는 그것을 이해하게 되었다.

③ (계절 · 때가) 오다

Easter ***comes*** once a year.
부활절은 일년에 한 번 돌아옵니다

④ (…의 상태에) 이르다

A bright idea ***came*** to my head.
멋진 생각이 머리에 떠올랐다.

♣ **come across** ~을 우연히 만나다
come after ~의 뒤를 쫓다
come along 따라오다
come back 돌아오다
come in 들어오다
come on 다가오다, 제발, 자 가자

comfort [kʌ́mfərt] *comfort*

명 위로, 위안, 평안

I ***comforted*** a person who is in sorrow
나는 슬픔에 잠겨 있는 사람을 위로했어요.

He will be ***comforted*** to learn that she was not hurt in the accident.
그 사고로 그녀가 다치지 않았다는 것을 알게 되면 그는 안심할 것이다.

comfortable [kʌ́mfərtəbl] *comfortable*

형 기분좋은, 안락한

This sofa is very ***comfortable***.
이 소파는 아주 안락하다.

command [kəmǽnd] *command*

① 타 명령하다, 지휘하다

I ***commanded*** that he should do it.
그에게 그것을 하도록 명했다

The captain ***commands*** his ship.
선장은 배를 지휘한다.

② 조망하다, 내려다보다

The hill gives you ***command*** of the entire city.
그 언덕에서 시 전체를 내려다볼 수 있다.

common [kɑ́mən] *common*

① ⓗ **보통의, 평범한, 흔한**

common sense 상식

② **공통의, 공유의, 일반의**

We play football on a village ***common***.
우리는 마을의 공용지에서 축구을 합니다.

company [kʌ́mp(ə)ni] *company*

① ⓜ **동료, 벗, 교제**

A man is known by the ***company*** he keeps.
친구를 보면 그 사람을 알 수 있다.

② **회사**

My father goes to his ***company*** every day.
아빠는 매일 회사에 나간다.

* **complain** [kəmpléin] *complain*

[자] **불평하다, 투덜거리다, 호소하다**

He is always ***complaining.***
늘 불평을 하고 있다

We have nothing to ***complain*** of.
우리에겐 아무런 불만이 없다

complaint [kəmpléint] *complaint*

[명] **보충물, 〖문법〗 보어**

* **complete** [kəmplíːt] *complete*

① [형] **완전한, 온전한**

The year is now ***complete***.
올해도 이제 끝났다

② [타] **완성하다, 끝내다** ([동] finish)

Lisa ***completed*** her homework early in the evening.
리사는 숙제를 저녁 일찍 끝내버렸습니다.

computer [kəmpjúːtər] *computer*

명 컴퓨터

concert [kánsə(:)rt] *concert*

명 음악회, 연주회

The ***concert*** will be held next Sunday.
음악회는 다음 일요일에 열린다.

conclusion [kənklú:ʒən] *conclusion*

명 결말 (동 end), 결론

♣ **in conclusion** 끝으로, 결론으로

concrete [kankrí:t] *concrete*

형 구체적인, 콘크리트로 만든

condition [kəndíʃən] *condition*

명 조건, 상황, 상태

His ***condition*** is improving.
그의 건강 상태는 좋아지고 있어요.

I am in good ***condition***.
나는 건강합니다.

conductor [kəndʌ́ktər] *conductor*

명 안내자, 지휘자

cone [koun] *cone* 명 원추형

conference [kɑ́nf(ə)rəns] *conference*

명 협의(회), 회의

The ***conference*** was held today.
회의는 오늘 열렸다.

congratulation [kəngræ̀tʃəléiʃən]
congratulation 명 축하

content[1] [kɑ́ntent] *content*

① 명 용적, 용량

② 내용, 목차

It was hard to understand the ***content*** of the lecture.
그 강의 내용은 이해하기가 힘들었다.

content[2] [kəntént] *content* 형 만족한

He ***contented*** himself with his

position.
그는 자기의 지위에 만족하고 있었다.

contentment

[kənténtmənt] *contentment*

㉮ 만족, 흡족

contest [kántest] *contest*

㉮ 경쟁, 경기, 콘테스트

a beauty ***contest*** 미인 선발 대회.

A speech ***contest*** was held last Saturday.
지난 주 토요일에 웅변 대회가 있었어요.

continue [kəntínjuː] *continue*

㉶㉷ 계속하다 (㉸ go on)

His speech ***continued*** an hour.
그의 연설은 1시간 동안 계속되었어요.

He ***continued*** with his work.
그는 자기 일을 계속했다.

♣ **to be continued** 다음에, 계속

control [kəntróul] *control*

① 타 지배하다, 관리하다, (감정을) 억제하다

A captain ***controls*** his ship and its crew.
선장은 배와 선원을 관리 감독합니다.

② 명 지배, 관리, 통제

I can see a ***control*** tower.
(비행장의) 관제탑이 보인다

⁑ cook [kuk] *cook*

① 자타 요리하다

The supper is ***cooking***.
지금 저녁을 짓고 있는 중이다.

② 명 요리사, 쿡

My mom is a good (bad) ***cook***.
엄마는 요리 솜씨가 좋다(서투르다).

⁑ cool [kuːl] *cool*

① 형 시원한
(☞ cold 추운, 반 warm 따뜻한)

It is ***cool*** here.
여기는 시원하다.

② 냉정한, 냉담한

③ 자타 신선해지다, 식다, 식히다

The coffee isn't ***cool***.
커피는 식지 않았어요.

copper [kápər] *copper*

명 구리, 동전 (동 copper coin)

copy [kápi] *copy*

① 명 베낀 것, 사본

I made a ***copy*** of the book.
나는 그 책의 사본을 만들었다.

② (서적 따위의) 권, 부

Send me three ***copies*** of the magazine.
그 잡지를 세 권 보내세요.

cord [kɔːrd] *cord*

명 밧줄, 가는 끈, (전기의) 코드

corn [kɔːrn] *corn* ㉧ 곡물

He told me how to plant ***corn***.
그는 나에게 옥수수 심는 법을 가르쳐 주었습니다.

Mary cut the ***corn*** with his family.
메리는 식구들과 함께 밀을 베었다.

⁑ **corner** [kɔ́ːrnər] *corner*

① ㉧ **모퉁이**

You will see the building on the ***corner***.
모퉁이에 그 건물이 보일 것입니다.

② **(방 따위의) 구석**

She stood a child in the ***corner***.
그녀는 벌로서 방 구석에 아이를 세워뒀다.

* **correct** [kərékt] *correct*

① ㉨ **정확한, 옳은** (㊂ right 옳은)

That clock shows the ***correct*** time.
저 시계는 정확한 시간을 가리키고 있다.

② ㉤ **바로잡다, 바르게 하다**

He ***corrected*** mistakes in an exercise
그는 연습 문제의 잘못을 고쳤습니다.

* **cost** [kɔ(:)st] *cost*

① 타 (비용이) 들다, 값이 …이다, (노력 · 시간 따위를) 요하다

It ***costs*** too much.
그것은 너무 비싸다

② 명 가격, 값, 비용, 희생

Each party to pay their ***costs***.
소송 비용은 쌍방 부담으로 한다.

cotton [kátn] *cotton*

명 무명, 솜, 목화 (☞ wool 양털, silk 명주)

This suit is made of ***cotton***.
이 옷은 무명으로 만들어진다.

* **cough** [kɔ(:)f] *cough* 명 기침

He has a bad ***cough***.
그는 기침을 심하게 한다.

could [kəd, (강)kud] *could*

① 조 《과거의 사실》 …**할 수 있었다**

They ***could*** not swim and had to be rescued.
그들이 헤엄칠 줄 몰랐기 때문에 구조해야만 했다

② 《가정》 …**할 수 있을 텐데**

He would have made a note if he ***could*** have found a pencil.
그가 연필을 찾을 수 있었다면 메모를 해두었을 텐데.

③ 《공손한 부탁》

Could you do that for me?
그 일을 해주실 수 있을까요?

⁑**count** [kaunt] *count*

자타 **세다, 계산하다**

Count the number of words in a dictionary.
사전의 어휘 수를 세다.

Count five before standing.

일어서기 전에 다섯을 세라.

♣ **count down** 카운트

⁑ **country** [kʌ́ntri] *country*

① 명 **나라, 국가**

So many ***countries***, so many customs.
나라마다 제각기 풍습이 다르기 마련이다.

② **시골, 지방, 고향**

It is far more ***country*** here than there.
그곳보다 이곳이 훨씬 시골이다.

countryside [kʌ́ntrisàid] *countryside*

명 지방, 시골

* **couple** [kʌ́pl] *couple* 명 **한 쌍, 부부**

♣ **a couple of** 한 쌍의

⁑ **course** [kɔːrs] *course*

① 명 **진로, 경로, 진행**

The ***course*** of this river often changes.
이 강의 수로는 종종 변합니다.

② 과정, 학과

She finished her college ***course***.
그녀는 대학 과정을 수료했습니다.

:cousin [kʌ́zn] *cousin* ㉰ 사촌

My ***cousin*** Tom is the child of my uncle.
사촌 톰은 아저씨의 아들이다.

:cover [kʌ́vər] *cover*

① ㉷ 덮다, 씌우다

The highway was ***covered*** with snow.
고속 도로는 눈으로 덮여 있었다

② ㉰ 뚜껑, 덮개, (책의) 표지

She put ***cover*** on the pot.
그녀는 항아리에 뚜껑을 덮었다.

:cow [kau] *cow*

명 암소 (반 ox 수소)

coward [káuərd] *coward*

명 겁쟁이, 비겁한 사람

He is too much of a ***coward*** to do such a thing.
그는 너무 겁쟁이라서 그런 짓은 못한다.

cowboy [káubɔ̀i] *cowboy*

명 목동, 카우보이

crack [kræk] *crack*

① 명 갑작스런 날카로운 소리, 탕! 우지직!

The ice ***cracked*** under the weight.
무게 때문에 얼음이 깨졌다.

② 갈라진 틈

cracker [krǽkər] *cracker*

① 명 〖과자〗 크래커

② 딱총, 폭죽

cradle [kréidl] *cradle*

㉢ 요람, 어린이 침대

a ***cradle*** song 자장가

crane [krein] *crane*

① ㉢ 〖조류〗 학

② 기중기

* **crayon** [kréiɑn] *crayon* ㉢ 크레용

draw in ***crayon(s)***
크레용으로 그리다

* **cream** [kri:m] *cream* ㉢ 크림

crocodile [krɑ́kədàil] *crocodile*

㉢ 〖동물〗 악어

crop [krɑp] *crop* ㉢ 농작물, 수확물

The potato ***crop*** was very small this year.
올해는 감자가 매우 흉작이었어요.

⁑ **cross** [krɔ(ː)s] *cross*

① ㉶㉷ 가로지르다, 횡단하다, 교차하다

His letter ***crossed*** mine.
그의 편지는 내 것과 엇갈렸습니다.

Linda stood with his arms ***crossed***.
린다는 팔짱을 끼고 서 있었다.

② ㉢ 십자가, 십자로

③ ㉧ 교차한, …와 엇갈린

crow [krou] *crow* ㉢ 〖조류〗 까마귀

* **crowd** [kraud] *crowd*

① ㉶ 모여들다

They ***crowded*** around the woman.
그들은 그 여자 둘레에 모였어요.

② ㉷ (꽉) 들어차게 하다

The bus is ***crowded***.
버스는 만원이예요.

③ ㉢ 군중, 다수

The ***crowd*** was dispersing.
군중은 뿔뿔이 흩어지고 있었다

crown [kraun] *crown* ㊔ **왕관**

The king has a ***crown*** on his head.
왕은 머리에 왕관을 쓰고 있다.

He took the ***crown*** in tennis.
그는 테니스에서 우승했습니다.

cry [krai] *cry*

① ㉶㉹ **큰 소리 지르다, 외치다** (㉺ shout)

I ***cried*** out with pain.
나는 아픈 나머지 소리를 질렀다.

② **(소리내어) 울다**

The old lady ***cried*** for joy at the news.
그 노부인은 그 소식을 듣고 기뻐서 울었다

③ ㊔ **고함 소리, 우는 소리**

A ***cry*** of protest was raised against his suggestion.
그의 제안에 반대하는 소리가 높았다.

♣ **cry for** ~을 울며 요구하다
cry out 큰 소리로 부르다, 소리지르다

:cup [kʌp] *cup*

㉮ 잔, 찻잔 한 잔, 우승컵

I drink a ***cup*** of tea.
나는 차를 한 잔 마신다.

We drink black tea out of a tea ***cup***.
우리는 홍차를 찻잔으로 마십니다.

cupboard [kʌ́bərd] *cupboard* ㉮ 찬장

***curtain** [kə́ːrtn] *curtain* ㉮ 커튼

The ***curtain*** is going up.
막이 오르고 있다.

The child hid himself behind the ***curtain***.
그 아이는 커튼 뒤에 숨었다.

curve [kəːrv] *curve*

① ㉮ 굽은 곳, 곡선, 커브

② ㉶㉵ 구부리다, 구부러지다

The road ***curves*** round the gas station.
도로가 그 주유소 주위를 에워싸고 있다.

custom [kʌ́stəm] *custom*

[명] **습관, 관습**

It is my ***custom*** to do so.
나는 늘 그렇게 하고 있다.

Custom is a second nature.
(속담) 습관은 제2의 천성이다.

◆ custom은 사회나 국가의 전통적인 관습을 말하고, 개인적이고 무의식적인 습관은 habit라고 한다.

⁑cut [kʌt] *cut*

① [타] **베다, 썰다, (머리털 따위를) 깎다**

Please ***cut*** me a slice of bread.
나에게 빵을 한 조각 썰어 주세요.

② [자] **베어지다**

This knife ***cuts*** well.
이 칼은 잘 들어요.

cute [kjuːt] *cute* [형] **예쁜, 귀여운, 영리한**

a ***cute*** child 귀여운 아이

D

D, d [diː] *D, d* 알파벳의 네번째 문자

⁑**dad** [dæd] *dad* ㉥ 아빠

dahlia [dǽljə] *dahlia* ㉥ 〖식물〗 달리아

The ***dahlias*** are now in full bloom.
달리아가 지금 활짝 피었다.

daily [déili] *daily*

㉧ 매일의, 나날의, (신문 따위) 일간의

This is a ***daily*** occurrence.
이런 것은 일상 일어나는 일입니다.

The newspaper appears ***daily***.
그 신문은 일간이다.

daisy [déizi] *daisy* ⓜ명 【식물】 들국화

⁑**dance** [dæns] *dance*

① 자타 춤추다, 무용하다, 뛰다

He ***danced*** her weary.
그는 계속 춤추어 그녀를 지치게 했다.

② 명 댄스, 춤

Let me ***dance*** with you.
춤추실까요.

dancer [dǽnsər] *dancer*

명 춤추는 사람, 무용가

⁑**danger** [déindʒər] *danger*

명 위험(한 상태), 위험한 것
(동 risk 반 safety 안전)

The ship was in ***danger*** of sinking.
배는 침몰할 위험이 있었다.

Nuclear weapons are a ***danger*** to human beings.
핵무기는 인류에 대한 위협입니다.

◆ danger는 정도에 상관없이 「위험」을 뜻하는 가장 일반적인 말이다. risk는 자기의 책임하에 무릅쓰는 위험을 가리킨다.

* **dangerous** [déindʒ(ə)rəs] *dangerous*

형 **위험한** (반 safe 안전한)

It is ***dangerous*** to play with matches.
성냥을 가지고 노는 것은 위험해요.

He looks ***dangerous***.
그는 무서운 표정을 짓고 있다.

** **dark** [dɑːrk] *dark*

① 형 **어두운** (반 light 밝은), **검은**

It is too ***dark*** to read.
어두워서 책을 읽을 수 없어요.

This theater is ***dark*** tonight.
이 극장은 오늘 밤 공연이 없습니다.

② **침울한, 암담한**

His face went ***dark***.

그의 얼굴이 시무룩해졌다.

date [deit] *date*

① 명 날짜, 연월일

What's the ***date***?
오늘은 며칠입니까?

② (이성끼리의) 만남, 데이트

I have a ***date*** this evening.
오늘밤에는 약속이 있습니다.

daughter [dɔ́ːtər] *daughter*

명 딸 (반 son 아들)

She is the ***daughter*** of a merchant.
그녀는 상인입니다.

day [dei] *day*

① 명 날, 하루

Twenty-four hours make a ***day***.
하루는 24시간입니다.

What ***day*** is it today?
오늘은 무슨 요일이지?

② 낮 (반 night 밤)

He works hard ***day*** and night.
그는 밤낮 열심히 일해요.

He has seen better ***days***.
그에게도 좋은 시절이 있었다

♣ **all day** 온종일
day by day 나날이, 매일
every day 매일
one day 어느 날
some day 언젠가
the day after tomorrow 모레
the day before yesterday 그저께

:dead [ded] *dead* 형 죽은
(☞ die 죽다, death 죽음
반 alive 산, living 살고 있는)

Dead men tell no tales.
(속담) 죽은 자는 말이 없다.

His face was ***dead*** white.
그의 얼굴은 새하얗게 질려 있었어요.

***deal** [diːl] *deal*

① 자 취급하다, 거래하다, 매매하다

The book ***deals*** with West Asia.
그 책은 서아시아를 다루고 있습니다.

How shall we ***deal*** with this problem?
이 문제를 어떻게 처리하면 좋을까요?

② 명 **많은 양**

We have a good ***deal*** of paper.
우리한테 종이가 많아요.

* **dear** [diər] *dear*

① 형 **귀여운, 사랑스러운**

You are all that is ***dear*** to me in the world.
온 세상에서 나에게 가장 소중한 사람은 당신입니다.

② 《편지 첫머리에》 **친애하는, 사랑하는**

Dear son 사랑하는 아들아

③ **값비싼, 비싼** (반 cheap 싼)

Its too ***dear***. 그것은 너무 비싸다.

④ 감 **어머나, 아이구**

Oh ***dear***, I forgot my purse.

어머, 핸드백을 두고 왔네.

Oh, ***dear***, no! 아이고 맙소사.

death [deθ] *death* ⓜ **죽음, 사망**
(☞ die 죽다, dead 죽은 ⓑ birth 탄생)

She is facing ***death***.
그녀는 죽음에 직면하고 있다.

⁑ **December** [disémbər] *December*

ⓜ 12월 (Dec.로 줄여 쓴다)

Christmas comes in ***December***.

크리스마스는 12월에 있다.

* **decide** [disáid] *decide*

ⓩⓣ **정하다, 결정하다**

I ***decided*** to be a lawyer.
나는 변호사가 되기로 결심했어요.

He ***decided*** that his son should become a musician.
그는 아들을 음악가로 만들기로 결심했습니다.

decision [disíʒən] *decision*

㉮ 결정, 결심

It is not easy to make a ***decision***.
결심을 한다는 것은 쉽지 않습니다.

⁑ **deep** [diːp] *deep*

① ㉻ 깊은 (㉷ shallow 얕은)

His hands were ***deep*** in his pockets.
그는 두 손을 호주머니에 깊숙이 넣고 있었습니다.

② 색깔이 짙은 (㉷ light 옅은)

a ***deep*** blue 짙은 청색

③ ㉸ 깊게

The stone sank ***deep***.
돌이 깊이 가라앉았습니다.

* **deer** [diər] *deer* ㉮ 〖동물〗 사슴

Look at the ***deer*** up there!
저 위의 사슴을 보세요!

delicious [dilíʃəs] *delicious* ㉻ 맛있는

How ***delicious***! 참 맛있구나!

dentist [déntist] *dentist*

㉢ 치과의사

department store
[dipáːrtmənt stɔ̀ːr] *department store*

㉢ 백화점

I bought toy at that ***department store***.
나는 저 백화점에서 장난감을 샀다.

depend [dipénd] *depend*

㉫ …에 의하다, …을 의지하다

I ***depend*** on your word.
나는 너의 말을 믿어.

He can be safely ***depended*** upon.
그에게는 마음놓고 의지할 수 있다.

desert [dézərt] *desert*

㉢ 사막, 거친 불모의 땅

design [dizáin] *design*

① 명 계획, 설계, 도안 (☞ designer)

② 자타 계획하다, 설계하다

He ***designed*** this house.
그가 이 집을 설계했다.

desk [desk] *desk*

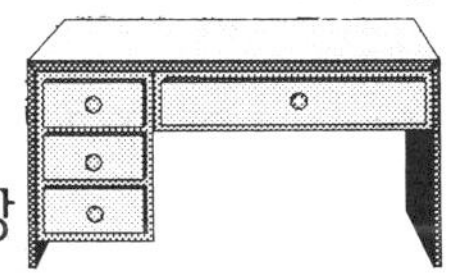

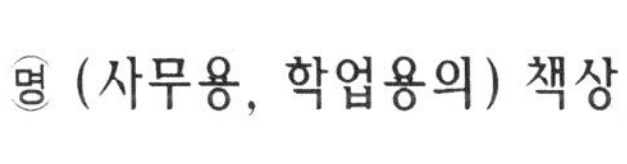
명 (사무용, 학업용의) 책상

◆ desk는 공부나 사무용 등에 쓰는 책상을 말하고, table은 식사 · 회의 · 게임 등에 쓰는 식탁, 회의 탁자를 말한다

detective [ditéktiv] *detective*

명 형사, 탐정

a police ***detective*** 형사

a private ***detective*** 사립 탐정

device [diváis] *device*

명 장치, 고안

a safety ***device*** 안전장치

devil [dévl] *devil* ㊔ 악마, 마왕

*** dial** [dáiəl] *dial*

D

① ㊔ (시계의) 글자판,
(전화기 · 라디오의) 다이얼

I ***dialed*** a wrong number.
다른 번호에 전화를 걸었어요.

② ㉶㉷ 다이얼을 돌리다, 전화를 걸다

Turn the ***dial*** of the radio.
라디오의 다이얼을 돌려라.

diamond [dái(ə)mənd] *diamond*

㊔ 다이아몬드

:diary [dái(ə)ri] *diary*

㊔ 일기, 일기장

I keep a ***diary*** in English.
나는 영어로 일기를 쓰고 있어요.

♣ **keep a diary** 일기를 쓰다

*** dictionary** [díkʃənèri] *dictionary*

명 사전

an English-Korean ***dictionary***
영한 사전

He is a walking ***dictionary***.
그는 걸어다니는 사전입니다.

did [did] *did* 자타조 do(하다)의 과거

: die [dai] *die* 자 죽다
(반 live 살고 있다 ☞ death 죽음)

The flower ***died*** at night.
그 꽃은 밤새 시들어 버렸어요.

His secret ***died*** with him.
그는 비밀을 지키고 죽었다.

*** different** [díf(ə)rənt] *different*

① 형 다른, 딴

The country air has a ***different*** feel.
시골 공기는 느낌이 다르다

② 종류가 다른, 가지각색의

They go to ***different*** schools.
그들은 각각 다른 학교에 다닌다.

Different people voiced ***different*** opinions.
온갖 사람이 가지각색의 의견을 말했다.

*** difficult** [dífikəlt] *difficult*

㉻ **어려운, 곤란한** (㉷ easy 쉬운)

Math is ***difficult*** for me.
수학은 내게는 어려워요.

She is a very ***difficult*** person.
그녀는 매우 까다로운 사람이다.

dig [dig] *dig*

㉬ **파다, 파내다, 조사하다**

Billy is ***digging*** the garden.
빌리는 뜰을 일구고 있다.

The bear ***digs*** a big hole
곰이 큰 구멍을 팝니다.

diligent [díləd**ʒ**ənt] *diligent*

형 부지런한 (반 idle, lazy 태만한)

He is a ***diligent*** boy.
그는 부지런한 소년입니다.

dining room [dáiniŋ rù(ː)m] *dining room* 명 (가정 · 호텔의) 식당

dinner [dínər] *dinner*

명 정찬, 성찬, 식사

She sat down to ***dinner*** dressed up.
그녀는 정장하고 만찬의 식탁에 앉았다.

My family eats ***dinner*** at six.
우리 식구는 6시에 저녁을 먹습니다.

◆ dinner는 하루의 주된 식사를 말하는 것으로 수프, 일품요리, 디저트가 나온다. 보통 저녁에 하지만 낮에 dinner를 하면 저녁은 간단한 식사(supper)를 하게 된다.

dinosaur [dáinəsɔːr] *dinosaur*

명 공룡

dipper [dípər] *dipper*

① ⓜ (국을 푸는) 국자

② 【천문】 북두칠성

D

direct [dirékt, dairékt] *direct*

① ⓗ 똑바른 (ⓓ straight), 직접의, 솔직한

She cast a ***direct*** look at me.
그녀는 나를 똑바로 바라보았다.

② ⓑ 곧장, 직접

His remarks were ***directed*** at you.
그는 너를 두고 그 말을 한 것이다.

③ ⓣ 지도하다, 지휘하다, 감독하다

Can you ***direct*** me to the library?
도서관으로 가는 길을 가리켜 주시겠습니까?

***dirty** [dɔ́ːrti] *dirty* ⓗ 더러운, 불결한 (ⓑ clean 깨끗한), 열등한, 비열한

Your hands are ***dirty***.
손이 더럽군요.

disappear [dìsəpíər] *disappear*

㉠ **보이지 않게 되다** (㊥ appear 나타나다), 사라지다, 없어지다

The cat has ***disappear***.
고양이가 없어졌어요

The sun ***disappeared*** behind the clouds.
태양이 구름뒤로 사라졌어요.

disaster [dizǽstər] *disaster*

㊔ 재해, 재난, 참사

discipline [dísəplin] *discipline*

㊔ 훈육, 훈련

discount [diskáunt] *discount*

① ㊋ 할인하다

Cash sales are ***discounted*** at five percent.
현금 구입에는 5퍼센트 할인합니다.

② ㊔ 할인

The commodity is sold at 10% ***discount***.
상품은 10% 할인 가격으로 판매됩니다.

discover [diskʌ́vər] *discover*

㉰ **발견하다, 알게 되다** (㊀ fine)

Columbus ***discovered*** America.
콜럼버스는 아메리카를 발견하였다.

Try to ***discover*** what is best to do.
어떻게 하는 것이 최선인가를 발견하도록 노력하세요.

discovery [diskʌ́v(ə)ri] *discovery*

㊔ **발견**

discuss [diskʌ́s] *discuss*

㉰ **논하다, 토의하다**

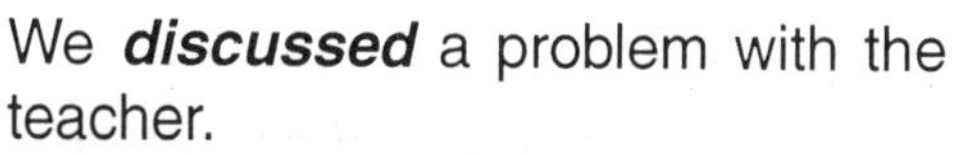

We ***discussed*** a problem with the teacher.
우리는 선생님과 문제를 검토했습니다.

I ***discussed*** politics with them.
그들과 정치에 관해서 토론했다.

discussion [diskʌ́ʃən] *discussion*

명 논의, 토의, 토론

We had a warm ***discussion*** on the subject.
우리는 그 문제에 관하여 맹렬한 토론을 하였다.

D

dish [diʃ] *dish* 명 (우묵한) 큰 접시

Lisa washes the ***dishes***.
리사는 접시를 닦습니다.

◆ dish는 음식을 많이 담아 여럿이 나눠 먹도록 식탁 한가운데 놓은 접시로 크고 깊으며, plate는 dish에서 각자 덜어 먹기 위한 얇고 작은 접시를 말한다.

disk, disc [disk] *disk, disc*

명 원반, 레코드

Disneyland [díznilæ̀nd] *Disneyland*

명 디즈니랜드

display [displéi] *display*

① 타 전시(진열) 하다

New books are ***displayed*** in the show window.
신간 서적이 진열장에 전시되어 있습니다.

② 명 나타냄, 진열, 전시

Jewels are on ***display***.
보석이 전시중이다.

distance [dístəns] *distance*

명 거리, 간격, 먼 곳

What is the ***distance*** from here to Chicago?
여기서 시카고까지의 거리는 얼마예요?

The bird flew away into the ***distance***.
새는 멀리 날아갔다.

♣ **at a distance** 상당히 떨어진 곳에

distress [distrés] *distress*

명 고통, 비탄 (동 great sorrow)

His behavior is a ***distress*** to his family.
그의 행동은 가족의 고민거리입니다.

The news ***distresses*** me.
그 소식을 들으니 슬픔을 가눌 수가 없다.

distress [distrés] *distress*

㉺ **지구, 구역, 지방**

dive [daiv] *dive*

㉶ **(머리부터 물에) 뛰어들다**

He ***dived*** beneath the water for pearls
그는 진주를 캐러 물밑으로 잠수했다.

Arnie ***dived*** into the river.
애니는 강물에 뛰어들었어요.

divide [diváid] *divide*

㉫ **나누다, 분배하다**

Mother ***divided*** the cake into ten portions.
엄마가 케이크를 10조각으로 나누셨어요.

Opinions were ***divided*** on the issue.
그 문제에 대해서는 여러 갈래로 의견이 갈라

졌다

DMZ *DMZ* ⓜ 비무장 지대
(demilitarized [diːmílətəràizd] zone의 줄임말)

⁑**do** [du, də, (강) duː] *do*

① ⓐⓣ …을 하다, 행하다

A teacher ***did*** the talking and I listened.
이야기는 선생님이 하고 나는 듣기만 했다.

Do it yourself. 직접 하세요.

② 의문문 · 부정문의 조동사

Do you like him? 그를 좋아해요?

Did you see him? - Yes, I ***did***.
그를 만났습니까 ? – 예, 만났습니다.

♣ **do one'ss best** 최선을 다하다
do without ~없이 해 나가다
have to do with ~와 관계가 있다

⁑**doctor** [dáktər] *doctor* ⓜ 의사, 박사

Dave wants to be a ***doctor***.

데이브는 의사가 되고 싶어한다.

I went to consult the ***doctor***.
나는 의사의 진찰을 받으러 갔다.

does [dəz, (강) dʌz] *does*

㉹㉸㉷ **do의 3인칭 · 단수 · 현재**

doesn't [dʌ́znt] *doesn't*

does not의 단축형

****dog** [dɔ(ː)g] *dog* ㊔ 개

Barking ***dogs*** seldom bite.
(속담) 짖는 개는 좀처럼 물지 않는다

Dogs are generally wise.
개는 대체로 영리하다.

***doll** [dɑl] *doll* ㊔ 인형

My aunt gave me a nice ***doll***.
아주머니가 나에게 귀여운 인형을 주셨다.

dollar [dɑ́lər] *dollar* ㊔ 달러

*dolphin [dálfin] *dolphin*

[명] 〖동물〗 돌고래

done [dʌn] *done*

[자][타] do(하다)의 과거 분사

"Are you ***done***?" "Yes, I am."
이제 끝났어요? – 네, 끝났어요.

donkey [dáŋki] *donkey* [명] 〖동물〗 당나귀

don't [dount] *don't* **do not의 단축형**

**door [dɔːr] *door* [명] 문, 출입구

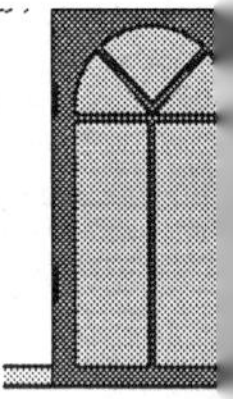

Someone is at the ***door***.
현관에 누군가가 왔다 (손님이다).

Open the ***door***, please.
문 좀 열어 주세요.

♣ **next door (to)** 바로 이웃에
out of doors 옥외에서

doorbell [dɔ́ːrbèl] *doorbell* [명] 초인종

doorway [dɔ́ːrwèi] *doorway*

명 문간, 입구

* **double** [dʌ́bl] *double*

① 형 두배의, 두곱의, 2인용의

There is a ***double*** bed in the room.
방 안에 2인용 침대가 있다.

② 명 갑절, 2배

Give him ***double***.
그에게 두 배를 주어라.

* **doubt** [daut] *doubt*

① 명 의심, 의문, 불신

I have no ***doubt*** that it will snow.
틀림없이 눈이 올거야.

② 자타 의심하다, 믿지 않다
(반 believe 믿다)

I do not ***doubt*** that you will win.
너의 승리를 믿고 있어.

♣ **in doubt** 의심하여
without doubt 의심할 나위 없이

dove [dʌv] *dove*

명 〖조류〗 **비둘기** (동 pigeon)

⁑**down** [daun] *down*

① 부 **아래로, 아래쪽으로** (반 up 위로)

Put ***down*** your load and rest.
짐을 내려놓고 쉬시오.

② 전 **…을 내려가서, 아래쪽으로**

The bus came ***down*** the hill.
버스는 언덕을 내려왔다.

He lives ***down*** stream.
그는 강의 아래쪽에 살고 있습니다.

downstairs [dáunstɛ́ərz] *downstairs*

부 **아래층으로** (반 upstairs 위층으로)

Jane is coming ***downstairs***.
제인이 2층에서 내고 오고 있어요.

Would you come ***downstairs***?
아래층으로 내려오시겠어요?

dozen [dʌ́zn] *dozen*

㉺ 다스, 12개 (doz, dz으로 줄여 쓴다)

Dr. [dáktər] *Dr.* ㉺ 박사

dragon [drǽgən] *dragon* ㉺ 용

drama [drɑ́ːmə] *drama* ㉺ 연극, 희곡

drank [dræŋk] *drank*

㉸㉵ **drink**(마시다)의 과거

draw [drɔː] *draw*

① ㉵ 끌다, 끌어당기다
(㊐ pull ㊍ push 밀다)

This horse ***draws*** well.
이 말은 짐을 잘 끈다.

The cart ***draws*** well.
그 수레는 끌기 쉽다

② (선 · 그림 따위를) 긋다, 그리다

He ***draws*** pictures very well.
그는 그림을 썩 잘 그린다.

◆ draw는 그림을 그리되 선으로 그리거나 가볍게 채색한 정도의 것을 말하고, paint는 물감을 이용해서 색깔을 내어 그리는 것을 가리킨다.

drawer [drɔːr] *drawer* ㊔ 서랍, 장롱

drawing [drɔ́ːiŋ] *drawing*

㊔ 제도, 그림 그리기

⁑**dream** [driːm] *dream*

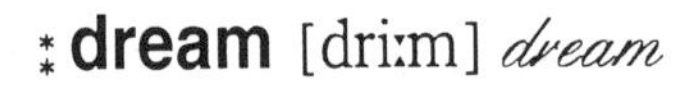

① ㊔ 꿈

My ***dream*** has come true.
나의 꿈이 이루어졌다

I have a ***dream*** of becoming a doctor.
나는 의사가 되겠다는 꿈이 있다.

② ㊆㊇ 꿈을 꾸다

He always ***dreams*** that he will be a statesman.
그는 언제나 정치가가 되겠다고 꿈꾸고 있습니다.

dress [dres] *dress*

명 복장, (원피스의) 여성복, 어린이 옷
(☞ clothes 의복)

She is wonderful in that ***dress***.
그녀는 그 드레스를 입으면 근사해요.

Trees put on their spring ***dress***.
나무들은 봄단장을 했다.

drink [driŋk] *drink*

① 자타 마시다

Give me something to ***drink***.
무엇인가 마실 것을 주십시오

② 명 마실 것, 음료, 술

Give me a ***drink*** of water.
물 한잔 주세요.

Would you like a ***drink***?
무엇 좀 마시겠습니까?

drive [draiv] *drive*

① 자타 운전하다, 몰다

They drove the injured people to the hospital.
그들은 부상자들을 병원까지 차로 운반했어요.

Clouds are driven by the wind.
구름이 바람에 흩날립니다

② ㉮ 드라이브

Judy enjoyed a ***drive***.
쥬디는 드라이브를 즐겼다.

driver [dráivər] *driver*

㉶㉷ 운전사, 운전 기사

:drop [drɑp] *drop*

① ㉶㉷ 떨어지다, 내리다, 넘어지다

Tears ***dropped*** from her eyes.
그녀의 눈에서 눈물이 떨어졌다.

Blossoms began to ***drop***.
꽃이 지기 시작했다

② ㉮ 방울, 한 방울

A ***drop*** of water fell on my head.
물 한 방울이 내 머리위로 떨어졌다.

drove [drouv] *drove*

[자][타] **drive(몰다)의 과거**

drown [draun] *drown*

[자][타] **물에 빠지게 하다**

He was ***drowned*** in the river.
그는강물에 빠져 죽었다.

His voice was ***drowned*** out by the roar of the waves.
그의 목소리는 파도 소리로 들리지 않았다.

drug [drʌg] *drug* [명] **약품, 약**

drugstore [drʌ́gstɔ̀ːr] *drugstore* [명] **약국**

◆ 미국의 drugstore는 약품뿐만 아니라 일용잡화와 신문도 팔고 또 간단한 식사까지 할 수 있다.

* **drum** [drʌm] *drum* [명] **북, 드럼**

dry [drai] *dry*

① [형] **마른 건조한**

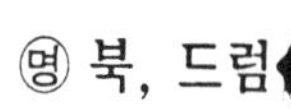

Your hair is wet.
- No, it's not. It's ***dry***.
네 머리가 젖었어. - 아니야, 마른 거야.

It's been ***dry*** for a week.
1주일 동안 비가 오지 않았다.

② 자타 **말리다, 마르다**

He ***dried*** his clothes by the fire.
그는 옷을 불에 말렸다.

dryer [dráiər] *dryer*

명 건조기, (헤어) 드라이어

duck [dʌk] *duck* 명 〖조류〗오리

Ducks go "guack, guack'
오리는 "꽥꽥" 웁니다.

A ***duck*** can swim well.
오리는 헤엄을 잘 칠 줄 안다.

dug [dʌg] *dug*

타 **dig(파다)의 과거, 과거분사**

*** dull** [dʌl] *dull*

① 형 (칼날 · 빛 · 소리 · 아픔 따위가) 무딘 (반 sharp 날카로운)

This knife is very ***dull***.
이 칼은 매우 무디다.

This knife ***dulls*** quickly.
이 주머니칼은 금새 무디어진다

② (머리 · 감각 · 동작 따위) 흐리멍덩한, 둔한

Wit ***dulls*** when unused.
재치는 써먹지 않으면 둔해진다.

*** during** [dú(ː)riŋ, djú(ə)riŋ] *during*

전 …동안(에) (☞ while …하는 동안)

During class, I study hard.
수업 시간 동안 나는 열심히 공부한다.

The sun shines ***during*** the day.
해는 낮에 비칩니다.

dust [dʌst] *dust* 명 먼지, 티끌

Daddy is ***dusting***.

아빠는 먼지를 털고 있어.

duty [d(j)ú:ti] *duty*

① 명 의무, 본분

It's my ***duty***. 그것은 나의 의무야.

A teacher' s ***duties*** are to teach.
교사의 임무는 학생을 가르치는 것이다.

② 세금, 관세

♣ **be off duty** 근무중이 아니다. 비번이다.

dwarf [dwɔ:rf] *dwarf* 명 (공중) 난장이

dying [dáiiŋ] *dying*

① 자 **die(죽다)의 현재 분사**

② 형 죽어가는

E

E, e [iː] E, *e* 알파벳의 다섯번째 문자

* **each** [iːtʃ] *each*

① 형 각각의, 각자의

Each of them wanted to try.
그들은 각자가 해보고 싶어했다

② 대 각자, 각각

The teacher gave two pencils to ***each*** boy.
선생님은 각 소년들에게 연필을 두 자루씩 주셨습니다.

◆ every는 전체에서의 하나하나를 말한다.

주로 두사람(개)일 경우에 쓰며, 세사람(개) 이상일 경우에는 one another를 쓴다.

eagle [íːgl] *eagle* 명 【조류】 **독수리**

Eagles hunt small animals.
독수리는 작은 동물을 사냥합니다.

Eagles fly high.
독수리는 높이 날아요.

⁑ **ear** [iər] *ear* 명 **귀**

We hear with our ***ears***.
우리는 귀로 듣는다.

My brother pulled me by the ***ear***.
내 동생이 내 귀를 잡아당겼어요.

⁑ **early** [ə́ːrli] *early*

① 형 **이른, 초기의** (반 late 늦은)

He is an ***early*** riser.
그는 일찍 일어난다.

② 부 **일찍, 초기에**

Early to bed, early to rise.
일찍 자고 일찍 일어나기.

◆ early는 어떤 정해진 시간보다 이른 경우이고, soon은 현재 또는 어떤 시점에서 「오래지 않아, 곧」을 뜻한다. fast와 quickly는 속도나 행동이 빠른 것을 말한다.

* **earn** [əːrn] *earn* ㊎ 벌다, 얻다

He is paid more than he really ***earns***.
그는 실제 능력 이상의 보수를 받고 있다.

** **earth** [əːrθ] *earth* ㊔ 지구, 땅

The ***earth*** is round.
지구는 둥글다

The ***earth*** goes round the sun.
지구는 태양 둘레를 돈다.

** **east** [iːst] *east*

① ㊔ 동쪽, 동부, 동양 (㊥ the West 서양)

The sun rises in the ***east***.
태양은 동쪽에서 뜹니다.

Korea is to the ***east*** of China.
한국은 중국의 동쪽에 있다.

② ㊕ 동쪽의

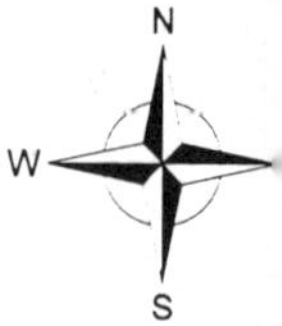

③ 부 동쪽으로

Go ***east***. 동쪽으로 가라.

He went ***east***. 그는 동쪽으로 갔다

Easter [íːstəːr] *Easter*

명 **부활절** (그리스도의 부활을 기념하는 명절로 3월 21일 이후 첫 보름달 직후의 일요일이다)

eastern [íːstərn] *eastern*

형 **동쪽의, 동방의** (반 western 서쪽의)

Our school is in the ***eastern*** part of the town.
우리 학교는 시내 동쪽 부분에 있다.

⁑ easy [íːzi] *easy*

① 형 **쉬운, 용이한**
(반 difficult ,hard 어려운)

The test was ***easy.***
시험은 쉬웠어

That is an ***easy*** question to answer.
그것은 대답하기 쉬운 질문이다

② 안락한, 마음 편한

Make yourself ***easy***.
편히 하세요.

⁑eat [iːt] *eat* ㉶㉷ 먹다, 식사하다

Eat your vegetables
야채도 먹어야지

What did you ***eat*** for lunch?
점심에 무엇을 먹었니?

◆ 일상어로서는 정중한 말이 못되므로, 타인에 대해서는 have를 쓴다.

educate [édʒukèit] *educate*

㉷ 교육하다 기르다

He ***educated*** himself.
그는 독학하였다.

***education** [èdʒukéiʃən] *education*

㉮ 교육

Mother received her ***education*** in America.

엄마는 미국에서 교육을 받으셨어요.

⁑**egg** [eg] *egg* ㉺ **달걀, 알**

I like fried ***eggs***.
나는 달걀 프라이를 좋아한다.

The mother bird is sitting on the ***eggs***.
어미닭이 알을 품고 있다.

Egypt [íːdʒipt] *Egypt* ㉺ **이집트**

⁑**eight** [eit] *eight*

㉺ 8, 여덟 시, 여덟 살, 8개

Anna has ***eight*** pieces of candy.
애나는 캔디 8개를 가지고 있다

I ate ***eight*** ice-cream cones.
나는 아이스크림 콘을 여덟 개나 먹었다.

eighteen [èitíːn] *eighteen*

㉺ 18, 열여덟 살

My brother is ***eighteen*** years old.
나의 오빠는 열여덟 살이다

eighteenth [èití:nθ] *eighteenth*

명 제18, 18번째의

eighth [eitθ] *eighth* 명 제8, 8번째

I am the ***eighth*** in height.
키 순서로 나는 여덟 번째예요.

eightieth [éitiiθ] *eightieth*

명 제80, 80번째

eighty [éiti] *eighty* 명 80, 80살

* **either** [í:ðər] *either*

형 **(둘 중) 어느 하나의, 어느 쪽이나**
(☞ neither …도 아니고 …도 아니다)

Either you or I should go.
너든지 나든지 둘 중에 하나는 가야해.

You may go by ***either*** road.
어느 쪽 길로 가도 좋아.

elbow [élbou] *elbow* 명 **팔꿈치**

He is putting his ***elbows*** on the desk.
그는 책상 위에 팔꿈치를 얹고 있다.

elder [éldər] *elder*

㉻ **손위의** (☞ old 나이 먹은)

I have an ***elder*** brother.
나는 형이 한 명 있어요.

Respect your ***elders***.
손윗 사람을 존경 해야 합니다.

eldest [éldist] *eldest* ㉻ **제일 손위의**

He is my ***eldest*** brother.
그는 나의 맏형입니다.

elect [ilékt] *elect*

㉣ **선출하다, 뽑다** (㉶ choose)

He was ***elected*** for Congress in 1970.
그는 1970년에 국회 의원으로 선출되었다.

They ***elected*** him President.
그들은 그를 대통령으로 뽑았다.

election [ilékʃən] *election* ㉮ 선거

electricity [ilèktrísəti] *electricity*

㉮ 전기

Most machines are run by ***electricity***.
대부분의 기계는 전기로 움직인다.

E

elementary school
[eləmént(ə)ri skù:l] *elementary school*

㉮ 초등학교

I go to ***elementary school***.
나는 초등학교에 다닙니다.

elephant [éləfənt] *elephant*

㉮ 〖동물〗 코끼리

An ***elephant*** is a very large animal.
코끼리는 매우 큰 동물입니다

elevator [éləvèitər] *elevator*

㉮ 엘리베이터, 승강기

Push the ***elevator*** button.

엘리베이터 버튼을 눌러주세요.

Let's take the ***elevator***.
엘리베이터를 타고 가요.

* **eleven** [ilévn] *eleven*

㊔ 11, 11시, 열한 살

It is ***eleven*** o'clock. 11시입니다.

E

eleventh [ilévənθ] *eleventh*

㊔ 제11, 열한 번째

* **else** [els] *else* ㊕ 그밖에

Do you want anything ***else***?
그 밖에 무엇이 필요합니까?

Is anyone ***else*** coming?
그밖에 누가 또 옵니까?

◆ else는 something, anything, nothing, somebody, anybody, nobody, what, who 등의 뒤에 붙는다.

emergency [iməːrdʒənsi] *emergency*

㊔ 비상사태, 비상시

A sudden ***emergency*** arose.
긴급 사태가 일어났다.

employee [implɔiíː] *employee*

㊔ **피고용인, 고용된 사람, 종업원**

employer [implɔ́iər] *employer*

㊔ **고용주, 사용자**

⁑**empty** [ém(p)ti] *empty*

㊗ **빈** (㊥ full 꽉찬)

It's ***empty***. 텅 비어 있다

I found myself ***empty***.
나는 시장기를 느꼈다.

⁑**end** [end] *end*

① ㊔ **끝, 마지막, 종료**

He lives at the ***end*** of the street.
그는 거리의 끝에 살고 있다.

② ㉶㉹ **끝내다, 끝나다**
(㊥ begin, start 시작하다)

E

The movie has ***ended***.
영화가 끝났다.

endeavor [indévər] *endeavor*

㉮ **노력** (㊕ effort)

Anyhow, he is ***endeavoring***.
여하튼 그는 노력하고 있다

All his ***endeavors*** were in vain.
그의 노력은 모두 수포로 돌아갔다.

ending [éndiŋ] *ending* ㉮ **종결, 결말**

enemy [énəmi] *enemy*

㉮ **적, 적군** (㉯ friend 친구)

The soldiers fought against the ***enemy***.
병사들은 적군에 대항하여 싸웠다.

Jealousy is an ***enemy*** to friendship.
시기는 우정의 적이다.

energy [énərdʒi] *energy* ㉮ **에너지, 활기**

Save ***energy*** 에너지 절약하기

He is full of ***energy***.
그는 활력이 넘쳐 흐른다.

* **engine** [éndʒin] *engine*

㊔ 엔진, 발동기

The ***engine*** is broken.
엔진이 고장났다.

The ***engine*** makes the motorcar run.
엔진이 자동차를 달리게 한다.

engineer [èndʒəníər] *engineer*

㊔ 기사, 엔지니어

My father is an electric ***engineer***.
그는 전기 기사다.

England [íŋglənd] *England*

㊔ 영국

He was born in ***England***.
그는 영국에서 태어났다.

Have you been to ***England***?

영국에 가 보셨어요?

◆ 영국의 정식 명칭은 United Kingdom of Great Britain and Northern Ireland 이다.

* **English** [íŋgliʃ] *English*

① 형 **영국의, 영국사람의, 영어의**

He is very ***English***.
그는 정말 영국인답다.

② 명 **영어, 영국사람**

Can you speak ***English***?
영어를 할 줄 아십니까?

Englishman [íŋgliʃmən] *Englishman*

명 **영국사람**

** **enjoy** [indʒɔ́i] *enjoy* 타 **즐기다**

Enjoy yourself. 즐기세요.

How did you ***enjoy*** your trip ?
여행은 얼마나 즐거웠느냐 ?

** **enough** [inʌ́f] *enough*

㊊㊤ 충분한, 충분히

He had ***enough*** to do.
그에게는 일이 잔뜩 있었다

I've had ***enough***. 잘 먹었습니다.

* **enter** [éntər] *enter*

㉵㉷ 들어가다, 입학하다

Do not ***enter***. 들어가지 마시오.

Some contestants ***entered***.
몇몇 경기자가 참가 신청을 했다.

entire [intáiər] *entire* ㊊ 전체의, 온

We cleaned the ***entire*** house.
우리는 집 전체를 청소했다.

The ***entire*** group was found safe.
그룹 전원이 안전하다는 것을 알게 되었다.

entrance [éntrəns] *entrance*

㊈ 입구, 입학

Where is the ***entrance***?
입구가 어디입니까?

The burglar forced an ***entrance*** into the house.
강도가 집에 침입했다.

envelope [énvəlòup] *envelope* ⓜ 봉투

Bring me an ***envelope***.
봉투를 가져오세요.

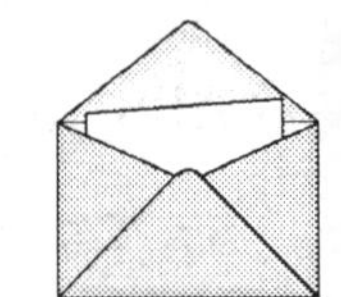

E

equal [íːkwəl] *equal*

① ⓗ 같은, 평등한

He speaks English and French with ***equal*** fluency.
그는 영어와 프랑스어를 똑같이 유창하게 말한다.

② ⓜ 동등한 사람, 동등한 것

He has no ***equal*** in tennis.
테니스에서는 그를 당할 사람이 없다.

③ ⓣ 같다, 동등하다

Two plus two ***equals*** four.
2 더하기 2는 4야.

* **eraser** [iréisər] *eraser* ⓜ 지우개

Can I borrow your ***eraser***?
지우개 좀 빌려 줄래?

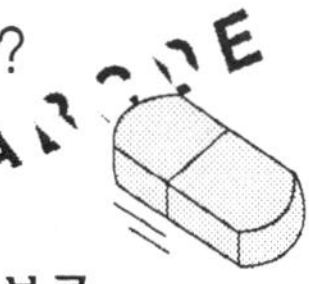

errand [érənd] *errand* ㊔ 심부름

He went to the post office on an ***errand***.
그는 심부름으로 우체국에 갔다.

error [érər] *error*

㊔ 잘못, 틀림 (㊂ mistake)

I've made an ***error***.
나는 실수를 했다.

The letter was sent to you in ***error***.
그 편지는 잘못하여 너에게 전해진 것이다.

escalator [éskəlèitər] *escalator*

㊔ 에스컬레이터

escape [iskéip] *escape*

① ㊅㊌ 달아나다, 도망가다, 벗어나다

Gas is ***escaping*** from the pipes.

가스가 파이프에서 새고 있어요.

② 명 탈출, 비상구

I had a lucky ***escape*** from death.
나는 다행히 죽음을 면했다.

* **especially** [ispéʃəli] *especially*

부 **특히, 유달리** (동 specially)

Dave is ***especially*** interested in music.
데이브는 특별히 음악에 관심을 갖고 있다.

◆ specially는 어떤 특별한 용도목적에 "특히"라는 뜻이고, especially는 다른 것과 비교하여 그것보다 훨씬 정도가 높고 우수함을 뜻한다.

Europe [jú(ə)rəp] *Europe* 명 **유럽**

We are going to ***Europe***.
우리는 유럽에 가는 중이다.

eve [iːv] *eve*

명 **(명절 따위의) 전날 밤, 전날**

*** even** [íːvən] *even*

① 부 …조차, …마저

You can ski ***even*** in summer.
여름에도 스키를 탈 수 있어요.

The flood was ***even*** with the floor.
홍수로 물이 마루 높이까지 올라왔다.

② 형 평평한, 동일한, 짝수의
(반 odd 홀수의)

The two scales hang ***even***.
두 저울 접시는 평형을 이루고 있다.

**** evening** [íːvniŋ] *evening* 명 저녁

Good ***evening*** 안녕하세요(저녁인사)

event [ivént] *event*

명 사건, 행사, (경기의) 종목

It is quite an ***event***.
그것 참 큰일이로군.

Marriage is one of the biggest ***events*** in a person's life.
결혼은 인생에서 가장 큰 행사 중의 하나입니다.

* **ever** [évər] *ever*

① 명 전에, 이제까지

Have you ***ever*** seen a panda?
판다를 본 적이 있습니까?

② 언제나

E

Come to see me if you should ***ever*** come this way.
이곳으로 오시는 경우에는 들러 주십시오.

Everest [évərist] *Everest* 명 에베레스트

⁑ **every** [évri] *every* 형 온갖, 모든

Billy studies English ***every*** morning.
빌리는 매일 아침 영어공부를 해요.

I wish you ***every*** success.
당신의 성공을 빕니다

♣ **every moment** 시시각각
every time ~할 때마다

everybody [évribàdi] *everybody*

대 누구나 다, 누구든지 모두

(동 everyone)

Everybody loves babies.
누구나 아기를 좋아해요.

He is known to ***everybody***.
그는 모두에게 알려져 있다

everyday [évridèi] *everyday*

형 **매일의, 일상적인** (동 daily)

You must learn ***everyday*** English.
너희들은 일상 영어를 배워야 한다.

everyone [évriwʌ̀n] *everyone*

대 **누구나 다**

Everyone comes to dinner.
모두 와서 저녁 먹어요.

Everyone is cheering.
모두 환호하고 있습니다.

everything [évriθìŋ] *everything*

대 **무엇이든지 다, 모두**

Everything tastes good.
다 맛있어요.

They put ***everything*** on a truck.
그들은 모든 것을 트럭에 실었다.

everywhere
[évri(h)wɛ̀ər] *everywhere*

㈜ 어디든지 다, 도처에

I have looked ***everywhere*** for it.
나는 구석구석 그것을 찾아보았다.

It can be seen ***everywhere*** in the world.
그것은 세계 어느 곳에서나 볼 수 있어요.

* exactly [igzǽktli] *exactly*

㈜ 정확히, 꼭

It's ***exactly*** seven o'clock.
정확히 7시입니다.

examination
[igzæ̀mənéiʃən] *examination*

㈜ 시험, 테스트, 검사 (㈜ test)

I passed the ***examination***.

나는 시험에 합격하였다.

:example [igzǽmpl] *example*

명 **보기, 견본, 모범** (동 instance)

Give me an ***example***.
예를 들어 보아라.

He gave them a good ***example***.
그는 그들에게 좋은 본은 보여주었다.

♣ **for example** 이를테면, 예를 들면

***excellent** [éksələnt] *excellent*

형 **빼어난, 우수한**

That's ***excellent!*** 훌륭해!

It is an ***excellent*** work.
아주 뛰어난 작품이예요.

***except** [iksépt] *except*

전 **…을 제외하고는, …이외는**

Everybody was late ***except*** Anna.
애나를 제외하고 모두 지각했다.

Tell anything ***except*** a lie.

무슨 말을 해도 좋지만 거짓말 만은 안 됩니다.

excite [iksáit] *excite*

㊍ **흥분시키다, 자극하다**

I was ***excited*** by the news.
그 소식을 듣고 내가 흥분했었다.

exciting [iksáitiŋ] *exciting*

㊎ **흥분시키는, 재미있는**

It was an ***exciting*** game.
그것은 재미있는 경기였다.

excursion [ikskə́ːrʒən] *excursion*

㊔ **소풍, 여행**

They went on an ***excursion***.
그들은 수학 여행을 떠났다.

excuse [ikskjúːz] *excuse*

㊍ **용서하다, 참아주다**

Excuse me. 미안합니다, 실례합니다

Excuse, please. 뭐라고 하셨죠?

He ***excused*** my fault.
그는 나의 잘못을 용서하였다.

exercise [éksərsàiz] *exercise*

[명] **연습, 운동**

I have done ***exercises*** in English.
나는 영어 연습문제를 했다.

I take ***exercise*** every morning.
나는 매일 아침 운동을 합니다.

exit [égzit, éksit] *exit*

[명] **출구** ([반] entrance 입구)

Go out the ***exit***. 출구로 나가라.

* **expect** [ikspékt] *expect*

[타] **기대하다, 기다리고 있다**

I ***expected*** you yesterday.
어제는 와주시리라 생각하고 기다렸습니다.

I ***expect*** to do it.
그것을 할 작정이다.

⁎ **expensive** [ikspénsiv] *expensive*

㉻ 비용이 드는, 값비싼

This is an ***expensive*** present.
이것은 값비싼 선물이다.

expert [ékspəːrt] *expert*

㉮ 전문가, 숙련가

* **explain** [ikspléin] *explain*

㉷ 설명하다, 명백하게 하다

I will ***explain*** it to you.
제가 설명해 드릴께요.

He ***explained*** to me that they should go right away.
그는 내게 그들이 곧 가야 한다고 설명했다.

explanation
[èksplənéiʃən] *explanation*

㉮ 설명, 해석, 해명

explorer [ikspló:rər] *explorer* ㉮ 탐험가

He is a famous ***explorer***.

그는 유명한 탐험가이다.

explosion [iksplóuʒən] *explosion*

㉻ 폭발, 폭발음

Expo [ékspou] *Expo* ㉻ (무역) 박람회

* **express** [iksprés] *express*

① ㉰ 표현하다, 나타내다

Her face ***expresses*** joy.
그녀의 얼굴에는 기쁜 빛이 나타나 있습니다.

② ㉻ (열차 · 버스 · 전차 따위의) 급행

He went to Pusan by ***express***.
그는 급행 열차로 부산에 갔다.

③ ㉷ 급행의, 특별한

expressway [ikspréswèi] *expressway*

㉻ 고속도로

⁑ **eye** [ai] *eye* ㉻ 눈, 시력

Dan has black ***eyes***.

댄은 검은 눈을 가지고 있어.

We see with our ***eyes***.
우리는 눈으로 본다.

⁑ eyebrow [áibràu] *eyebrow* ㊔ 눈썹

eyelid [áilìd] *eyelid* ㊔ 눈꺼풀

eyesight [áisàit] *eyesight* ㊔ 시력, 시각

He lost his ***eyesight***.
그는 실명했습니다.

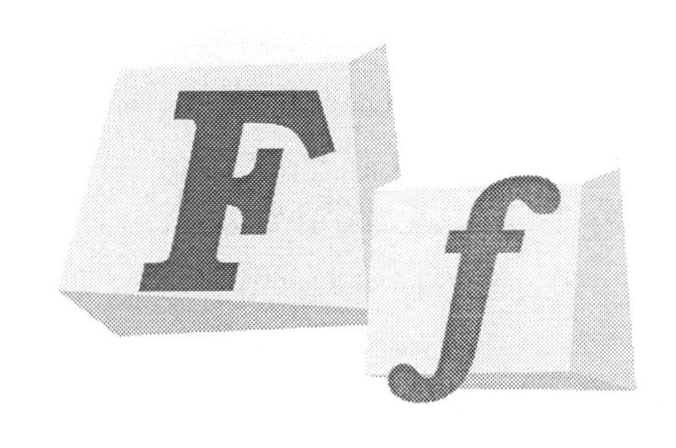

F, f [ef] *F, f* 알파벳의 여섯번째 문자

⁑face [feis] *face*

① 명 얼굴, 용모, 표정

Wash your ***face***. 세수해라.

② 표면

The window ***faces*** the street.
그 창은 거리를 향해 있어요.

The wall is ***faced*** with tiles.
벽 표면은 타일로 되어 있습니다.

③ 자타 …을 향하다, …에 면하다, 맞서다

We had the wind in our ***face***.
우리는 정면으로 바람을 받았다.

♣ **face to face** 얼굴을 맞대고

F

fact [fækt] *fact*

명 사실, 진상 (동 truth 진실)

That's a ***fact.*** 그것은 사실이야.

It is a ***fact*** that he has succeeded.
그가 성공했다는 것은 사실이다.

♣ **in fact** 실은, 사실은

factory [fǽkt(ə)ri] *factory*

명 공장, 제조소

She works at a ***factory***.
그녀는 공장에서 일해요.

faculty [fǽkəlti] *faculty*

명 (타고난) 재능, 능력

***fail** [feil] *fail* 자타 실패하다, …하지 않다

I ***failed*** the test.
난 시험에 낙제했다.

I ***failed*** to go.
나는 가지 못했다.

⁑fair [fɛər] *fair*

① 형 아리따운, 고운, 맑은

Judy is a ***fair*** lady.
쥬디는 아름다운 부인이다.

② 공평한

That's not ***fair***.
그건 공평하지 않아.

How are you feeling today?
\- ***Fair*** to middling.
오늘은 기분이 어떠냐? – 그저 그만해.

fairly [kέərli] *fairly*

부 공평하게, 꽤, 어지간히

She sings ***fairly*** well.

그녀는 노래를 꽤 잘합니다.

You were ***fairly*** in the trap.
너는 완전히 함정에 빠졌었다.

fairy [fέ(ə)ri] *fairy* ⓜ 요정

fairy tale [fέ(ə)ri tèil] *fairy tale*

ⓜ 옛날 이야기, 동화

I have read a ***fairy*** tale.
나는 동화를 읽은 적이 있어요.

faith [feiθ] *faith* ⓜ 믿음, 충실, 신임

He has no ***faith*** in his own ability.
그는 자신의 능력을 믿지 않고 있습니다.

faithful [féiθfəl] *faithful*

ⓗ 충실한, 성실한

Billy is a ***faithful*** friend to me.
빌리는 믿을만한 친구예요.

fall [fɔːl] *fall*

① ⓙ 떨어지다, (눈 · 비 따위가) 내리다

F

Ripe apples ***fell*** off the tree.
익은 사과가 나무에서 떨어졌다

② 넘어지다

The old man stumbled and ***fell***.
그 노인은 비틀하고 넘어졌다

③ 명 **낙하, 몰락**

The stream has a ***fall*** of three feet.
그 흐름은 낙차가 3피트이다.

④ 가을

It is ***fall***. 가을이다.

♣ **fall in love** ~을 사랑하다
fall on ~이 되다

* **false** [kɔ(ː)ls] *false*

형 **잘못된, 거짓의, 가짜의** (반 true 참된)

It was ***false*** news.
그것은 잘못된 보도였어요.

fame [feim] *fame* 명 **명성, 명예**

Suddenly he sprang into ***fame***.
갑자기 그의 명성이 올라갔다.

⁑ **family** [fǽm(ə)li] *family* ⓜ 가족

I love my ***family***.
나는 내 가족을 사랑한다.

How's your ***family***?
- They are all well, thank you.
가족들은 별고 없습니까?
- 고맙습니다, 모두 건강합니다.

⁑ **famous** [féiməs] *famous*

ⓗ **유명한, 이름난**

Kim Gun-mo is a ***famous*** singer.
김건모는 유명한 가수이다.

The island is ***famous*** as a winter resort.
그 섬은 겨울 휴양지로 유명합니다.

fan [fæn] *fan* ⓜ **부채, 선풍기**

This is a large ***fan***.
이것은 큰 부채이다.

⁑ **far** [fɑːr] *far*

① ⓑ 《거리》 **멀리** (ⓑ near 가까이에)

Grandma lives ***far*** away.
할머니는 멀리 살아요.

How ***far*** is it from here to Seoul?
여기서 서울까지 얼마나 됩니까?

② 《정도》 **훨씬, 한결**

This book is ***far*** better than that.
이 책은 저것보다 훨씬 좋다

♣ **far away** 멀리 떨어져
so far 지금까지는

faraway [fάːrəwèi] *faraway*

[형] **먼, 먼 곳의** ([동] distant)

fare [fεər] *fare* [명] **(탈 것의) 요금, 운임**

a railroad ***fare*** 철도 운임

a taxi ***fare*** 택시 요금

farewell [fέərwél] *farewell* [명] **작별, 송별**

We exchanged a ***farewell*** with a teacher.
우리는 선생님과 작별 인사를 주고받았다.

farm [fɑːrm] *farm*

[명] 농장, 양식장

He works on a ***farm***.
그는 농장에서 일한다.

The Thomas family has a sheep ***farm***.
토마스 가족은 양목장을 갖고 있어요.

F

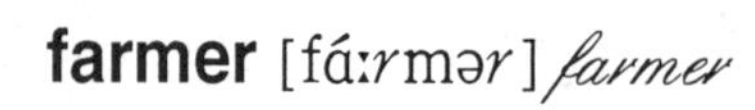

farmer [fɑ́ːrmər] *farmer*

[명] 농부, 농장 주인

A ***farmer*** works very hard.
농부는 아주 열심히 일한다.

His uncle is a ***farmer***.
그의 삼촌은 농부입니다.

farmhouse [fɑ́ːrmhàus] *farmhouse*

[명] 농가

farther [fɑ́ːrðər] *farther* [형][부] 더욱 먼
(☞ far 먼, 멀리, [반] nearer 더 가까운)

I can suffer no ***farther***.

이젠 더 이상 견딜 수 없다.

He lives ***farther*** on.
그는 더 저쪽에 살고 있다.

farthest [fɑ́ːrðist] *farthest* [형][부] 가장 멀리

His house stands ***farthest*** from the school.
그의 집은 학교에서 제일 멀다.

fashion [fǽʃən] *fashion*

[명] 유행, 양식, 풍

These shoes are in ***fashion***.
이런 신발이 유행이야.

This necktie is in ***fashion***.
이 넥타이는 유행하고 있다.

⁑ **fast** [fæst] *fast*

① [형] 빠른 ([동] quick, [반] slow 느린)

My watch is two minutes ***fast***.
내 시계는 2분 더 간다.

② 단단한 ([반] loose 느슨한)

Their chains were ***fast***.

그들의 사슬은 굳게 묶여 있었다.

③ 부 빨리, 단단히

Run ***fast***, or you'll be caught.
빨리 달려라, 그렇지 않으면 잡힌다.

* **fasten** [fǽsn] *fasten*

자타 동여매다, 잠그다

Please ***fasten*** your seat belts.
안전벨트를 매 주십시오.

F

⁑ **fat** [fæt] *fat*

형 살찐, 뚱뚱한 반 thin 여윈, 마른

My dog is ***fat***. 내 개는 뚱뚱합니다

⁑ **father** [fɑ́:ðər] *father* 명 아버지, 하나님

This is my ***father***.
이분이 나의 아버지셔.

Father gave me this book.
아버지가 이 책을 주셨어.

* **fault** [fɔ:lt] *fault*

㉨ **과실, 잘못, 결점, 단점**

He has many ***faults***.
그에게는 결점이 많다.

There are a lot of ***faults*** in your paper.
너의 답안에는 틀린 데가 많다.

* **favor** [féivər] *favor* ㉨ **호의, 은혜**

May I ask a ***favor*** of you?
한가지 청이 있는데요?

Will you ***favor*** me with a song?
내게 노래를 하나 들려주실래요?

♣ **in favor of** ~을 찬성하고, 편들고

favorite [féiv(ə)rit] *favorite*

㉭ **마음에 드는, 아주 좋아하는**

She is a popular ***favorite*** as a singer.
그녀는 가수로서 대중에게 인기가 있다.

This novel is my ***favorite***.
이 소설은 내가 아주 좋아해요.

F

*** fear** [fiər] *fear*

① 명 **두려움, 공포**

I have a ***fear*** that we shall be late.
늦지 않을까 걱정이다

He feels no ***fear***.
그는 두려움을 모른다.

② 자타 **두려워하다, 걱정하다**

Anna ***fears*** the darkness.
애나는 어둠을 두려워해요.

F

feather [féðər] *feather*

명 **(한 가닥의) 깃, 깃털** (☞ wing 날개)

Fine ***feathers*** make fine birds.
(속담) 옷이 날개.

**** February** [fébruèri] *February* 명 **2월**

There is ice in ***February***.
2월에는 얼음이 언다.

◆ 보통 Feb. 으로 줄여 쓴다.

*** feed** [fiːd] *feed*

㉶㉸ 먹이(음식)를 주다, 양육하다, 기르다

She ***fed*** her baby on milk.
그녀는 아기를 우유로 키웠다.

He ***feeds*** corn and beans to his horse.
그는 말에게 보리와 콩을 먹인다

feel [fiːl] *feel*

㉶㉸ …기분이 들다, 느끼다

How do you ***feel***?
기분이 어때요?

Just ***feel*** how cold my hands are.
내 손이 얼마나 찬지 만져 봐.

feeling [fíːliŋ] *feeling* ㉥ 감각, 감정

He had a ***feeling*** that something would happen.
어떤 일이 일어날 듯한 느낌이 들었다.

feet [fiːt] *feet* ㉥ **foot(발)의 복수형**

fell [fel] *fell* ㉶ **fall(떨어지다)의 과거**

F

fellow [félou] *fellow* ⓜ 녀석, 동무

There's a good ***fellow***.
착하지. (어린이를 타이를 때의 말)

Poor ***fellow***! 가엾어라 !

* **female** [fíːmeil] *female*

ⓜ 여성, 암컷 (ⓑ male 남성)

festival [féstəvəl] *festival* ⓜ 축제, 축전

We went to the ***festival***.
우리는 축제에 갔어요.

fever [fíːvər] *fever* ⓜ 열, 열병, 열광

I have a ***fever***. 나는 열이 있다.

** **few** [fjuː] *few*

ⓗ 조금밖에(거의) 없는 (ⓑ many 많은)

She has ***few*** friends.
그녀는 친구가 거의 없다.

There were ***fewer*** than thirty left.
남은 사람은 30명 이하였다.

◆ few나 a few는 수에서 차이가 나는 것이 아니라 few는 '조금 밖에 없다'는 부정의 의미를, a few는 '조금은 있다'는 긍정의 의미를 준다. 이것은 똑같이 적은 것을 표현해도 말하는 사람의 기분을 나타내는 차이라고 할 수 있다.

◆ many와 few는 셀 수 있는 명사 앞에 붙어 수의 다소를 나타내고, 양에는 much와 little을 쓴다.

⁑ **field** [fiːld] *field*

① 명 벌판, 들

Dogs love to run around in a ***field***.
개들은 들판에서 뛰어노는 것을 좋아한다.

She is working in the ***fields***.
그녀는 밭에서 일하고 있다.

② (학문활동 따위의) 분야, 방면

③ 경기장, (야구 따위의) 구장

This is our baseball ***field***.
이것은 우리 야구장이다.

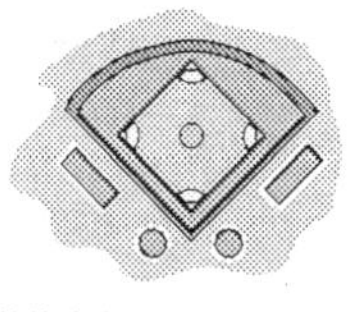

⁑ **fifteen** [fìftíːn] *fifteen* 명 15, 15살

Five and ten are ***fifteen***.

5 더하기 10은 15이다.

fifteenth [fìftíːnθ] *fifteenth*

[명] 제15, 15번째

fifth [fifθ] *fifth* [명] 제5, 5번째

My brother is in the ***fifth*** grade.
형은 5학년입니다.

F

fiftieth [fíftiiθ] *fiftieth* [명] 제50, 50번째

fifty [fífti] *fifty* [명] 50, 50살

⁑**fight** [fait] *fight*

① [자][타] 싸우다, 다투다
(☞ quarrel 말다툼)

We have ***fought*** for liberty.
우리는 자유를 위해 싸워 왔다.

② [명] 싸움, 투지

The boys are having a ***fight***.
그 소년들은 싸움을 하고 있습니다.

fighting [fáitiŋ] *fighting*

명 전투, 투쟁, 싸움

figure [fígjər] *figure*

① 명 모양, 모습

A tall ***figure*** stood in my way.
키 큰 사람이 내 길을 가로막고 섰다.

The dove is a ***figure*** of peace.
비둘기는 평화의 상징이다.

② 숫자, 계산

F

⁑**file** [fail] *file*

① 명 서류철, 파일

② 자타 (서류를) 철하다, 정리하다

It needs the ***file***.
그것은 손질이 필요해요.

⁑**fill** [fil] *fill*

자타 (…으로) 채우다, 가득차다, 메우다

The bag was ***filled*** with money.
그 가방은 돈으로 가득차 있다.

Fill in the blanks.
빈 곳을 채우세요.

♣ **fill in** 메우다, 써 넣다

film [film] *film*

㉑ **필름, 영화** (동 movie)

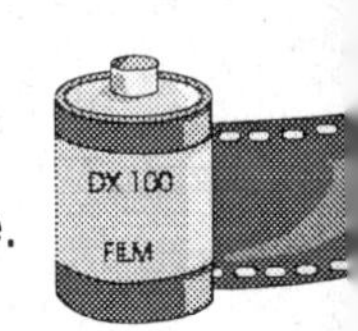

Two rolls of ***film***, please.
필름 두 개 주세요.

Shall we go and see a ***film***?
우리 영화 보러 가지 않을래?

* **finally** [fáinli] *finally* 부 **최후에, 마침내**

Finally justice triumphed.
드디어 정의가 이겼다.

⁑ **find** [faind] *find*

① 타 **찾아내다, 발견하다**
(동 discover, 반 lose 잃다)

I ***found*** dad's wallet.
아빠 지갑 찾았어요.

② **(…인 것을) 알다, 알게 되다**

I ***found*** my purse gone.
지갑이 없어진 것을 깨달았다

fine [fain] *fine*

① 형 **훌륭한** (동 nice)

How are you? - ***Fine***, thanks.
요즘 어떠십니까? - 예, 좋습니다.

② **(날씨가) 맑은** (동 clear)

It will be ***fine*** tomorrow.
내일은 갤 것이다.

F

finger [fíŋgər] *finger*

명 **손가락**

People have ten ***fingers***.
사람은 열 개의 손가락을 가지고 있습니다.

Her ***fingers*** are all thumbs.
그녀는 손재주가 없다.

finish [fíniʃ] *finish* 자타 **끝내다, 마치다**

(동 end 반 begin 시작하다)

I ***finished*** my homework.
나는 숙제를 끝냈다.

I ***finished*** before he did.
나는 그보다 먼저 끝냈다

:fire [fáiər] *fire*

① ㊔ **불, 화재**

Fire! 불이야!

There is no smoke without ***fire***.
(속담) 아니 땐 굴뚝에 연기 날까.

② **발사, 사격**

♣ **catch fire** 불이 붙다
on fire 불 타고

fire engine [fáiər èndʒin] *fire engine*

㊔ **소방차**

fireman [fáiərmən] *fireman*

㊔ **소방관, 소방수**

***fireplace** [fáiərplèis] *fireplace*

㊔ **벽난로**

We sat round the ***fireplace***.
우리는 벽난로 주위에 둘러앉았다.

fireside [fáiərsàid] *fireside* [명] 난롯가

fire station [fáiər stèiʃən] *fire station*

[명] 소방서

fire works [fáiərwə̀ːrks] *fire works*

[명] 불꽃

* **first** [fəːrst] *first*

① [형] **최초의, 제1의, 일류의**

He loved her at ***first*** sight.
그는 첫눈에 그녀에게 반했다.

② [부] **첫째로, 최초에(는), 처음으로**

The baby's ***first*** word was mommy.
아기가 처음 한 말은 엄마였어요.

③ [명] **제일, 최초** (1st로 줄여 쓴다)

Joe was the ***first*** to speak.
조가 맨 먼저 이야기를 했다

♣ **for the first time** 처음으로
in the first place 우선, 첫째로
first of all 무엇보다도 먼저, 제일 먼저

⁑fish [fiʃ] *fish*

① 명 **물고기**

He caught two ***fish***.
그는 물고기 두 마리를 잡았습니다.

② 자타 **물고기를 잡다, 낚시질하다**

This stream ***fishes*** well.
이 냇가에서는 물고기가 잘 낚인다.

fisherman [fíʃərmən] *fisherman*

명 **어부**

fishing [fíʃiŋ] *fishing*

명 **고기잡이, 낚시질, 어업**

He is fond of ***fishing***.
그는 낚시질을 좋아합니다.

fit [fit] *fit*

① 형 **적당한, 알맞은** (동 suitable)

The grass is a ***fit*** food for cows.
그 풀은 젖소에 적합한 먹이다

② ㉵ **적합하다, 알맞다**

These shoes ***fit*** you.
이 신발은 너에게 꼭 맞는다.

⁑**five** [faiv] *five*

㉦ **다섯, 5, 다섯 살, 다섯 시**

I have ***five*** pencils.
나는 연필 다섯 자루를 가지고 있습니다.

⁑**fix** [fiks] *fix*

① ㉵ **고착시키다, 고정하다**

We ***fixed*** the post in the ground.
우리는 기둥을 땅에 고정시켰다.

② **정하다, 결정하다**

The date of his departure is ***fixed*** for May 10.
그의 출발 날짜는 5월 10일로 정해져 있다.

③ **수리하다, 고치다**

My dad is good at ***fixing*** things.
우리 아빠는 뭐든지 수리를 잘해요.

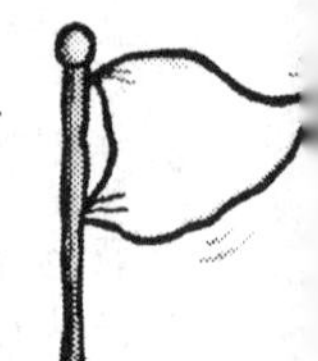

* **flag** [flæg] *flag* ⓜ 기, 깃발

This is a Korean ***flag***.
이것은 한국 국기이다.

◆ 미국의 국기인 성조기는 50개의 주를 나타내는 별과 국기 제정 당시의 독립 13주를 나타내는 13줄의 줄무늬로 이루어져 있고 이름은 the Stars and Stripes로 쓴다.

flame [fleim] *flame* ⓜ **불꽃, 화염**

The car burst into ***flames***.
그 차는 갑자기 화염에 휩싸였다.

A ***flame*** came into her cheeks.
그녀의 볼이 빨개졌다.

flash [flæʃ] *flash*

① ⓜ **섬광, 순간**

a ***flash*** of lightning. 번갯불

② ⓙⓣ **번쩍이다, 확 불붙다**

The lightning ***flashed***.

번개가 번쩍했다

♣ **in a flash** 순식간에

flashlight [flǽʃlàit] *flashlight*

㉥ 플래시, 회중 전등

flew [fluː] *flew*

㉮㉯ **fly**(날다, 날리다)의 과거

flight [flait] *flight* ㉥ 비행, (비행기) 편

float [flout] *float*

㉮㉯ 뜨다, 띄우다 (㉰ sink 가라앉다)

A cork ***floats*** on the water.
코르크는 물에 뜬다.

Idle thoughts ***floated*** in his mind.
그의 마음에 한가로운 생각이 떠올랐다.

flock [flɑk] *flock*

㉥ (양 · 코끼 · 새 따위의) 떼, 무리, 군중
(㉱ crowd)

a ***flock*** of sheep 양떼.

They came in ***flocks.***
그들은 떼지어 왔다.

flood [flʌd] *flood*

① 명 **큰물, 홍수, 범람**

The ***floods*** are out all along the valley.
그 골짜기 일대에 홍수가 났어요.

② 자타 **범람하다, 넘치게 하다,**

The stream is ***flooded*** by rain.
비가 와서 강물이 불었다.

⁑floor [flɔːr] *floor*

① 명 **마루, 바닥**

I like to sit on a ***floor***.
나는 마루 위에 앉기를 좋아합니다.

② (집의) 층

There are six ***floors*** in the building.
그 건물은 여섯 층이 있다.

flow [flou] *flow* 자 **흐르다**

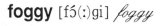

Rivers ***flow*** into the ocean.
강은 바다로 흘러갑니다.

Tears ***flowed*** down her cheeks.
눈물이 그녀의 볼에 흘러내렸다

⁑ flower [fláuər] *flower* [명] 꽃, 화초

I like ***flowers***.
나는 꽃을 좋아합니다.

flute [fluːt] *flute* [명] 〖악기〗 피리, 플루트

⁑ fly[1] [flai] *fly* [자][타] 날다, 비행기로 가다

Let's go ***fly*** a kite.
연 날리러 가자.

The birds are ***flying*** high.
새들이 높이 날고 있어요.

fly[2] [flai] *fly* [명] 〖곤충〗 파리

fog [fɔ(ː)g] *fog* [명] 안개

foggy [fɔ́(ː)gi] *foggy*

㉻ 안개 낀, 흐릿한, 애매한

fold [fould] *fold*

① ㉰ 접다, 접어 겹치다, (팔짱을) 끼다

Sam ***folded*** his cloak about him.
샘은 외투를 걸쳤다

She ***folded*** the child in her arms.
그녀는 그 아이를 품에 껴안았다.

② ㉹ 주름, 구김살

⁑**follow** [fálou] *follow*

① ㉶㉰ …을 뒤따라가다, …에 따르다

Follow me. 나를 따라오세요.

② (충고 따위를) 따르다, 이해하다

Do you ***follow*** me?
내 말을 알겠니 ?

⁑**food** [fuːd] *food* ㉹ 식료품

What kind of ***food*** do you like?
무슨 음식을 좋아하니?

food and drink 음식물

fool [fuːl] *fool* ⓜ 바보

He made a ***fool*** of me.
그는 나를 바보 취급했다.

What a ***fool***! 참 바보로구나!

foolish [fúːliʃ] *foolish*

ⓗ 어리석은, 바보 같은
(반 wise 현명한)

Don't be ***foolish***. 어리석은 짓하지마.

foot [fut] *foot*

ⓜ 발 (☞ leg 다리)

I wash my ***feet***. 나는 발을 씻는다.

A dog's ***feet*** are called paws.
개의 발은 paw라고 한다.

football [fútbɔ̀ːl] *football* ⓜ 풋볼, 축구

I like ***football***.
나는 축구를 좋아합니다.

He is a member of the ***football*** team.

그는 축구 팀의 일원입니다.

footprint [fútprìnt] *footprint* ㊔ 발자국

⁂ **for** [fər, (강) fɔːr] *for*

① ㉶ **…을 위하여**

This flower is ***for*** you.
이 꽃은 너에게 주는 거야.

② **…을 향하여**

He started ***for*** London yesterday.
그는 런던을 향해서 어제 떠났다.

③ **…동안** (☞ during)

I will stay here ***for*** a month.
나는 한 달 동안 여기 머무를 거예요.

④ **…에 대해서**

He is pressed ***for*** time.
그는 시간에 쫓기고 있다

⑤ 《원인 · 이유》 **…때문에**

She could not speak ***for*** tears.
그녀는 눈물 때문에 말을 할 수가 없었다.

◆ for 와 during은 모두 「~하는 동안」 을 나

타내지만 during은 특정한 기간을 나타내고, for은 특정한 기간이 아니라 시간의 길이를 나타낸다. 즉, for a month는 「한 달 동안」 이고 during that month는 「(바로) 그 달 동안」이라는 의미이다.

*** force** [fɔːrs] *force*

① ⓜ (자연의) 힘, 완력 (ⓢ power)

Persuasion is better than ***force***.
설득은 완력보다 낫다

He used ***force*** in opening the door.
그는 있는 힘을 다하여 문을 열었다.

② 군대, 부대

the naval ***force*** 해군

the air ***force*** 공군

③ ⓣ 강제하다, 억지로 …시키다

forefinger [fɔ́ːrfìŋgər] *forefinger*

ⓜ 집게 손가락

*** foreign** [fɔ́(ː)rin] *foreign*

ⓗ 외국의, 외국산의

I like ***foreign*** movies.
나는 외국 영화를 좋아한다.

Do you know who that ***foreigner*** is?
저 외국인인 누구인지 아세요?

forest [fɔ́(:)rist] *forest*

[명] **숲, 산림** ([동] woods 숲)

Bears live in the ***forest***.
곰은 숲속에 산다.

◆ 일반적으로 forest는 야생조류나 동물이 사는 넓은 지역의 자연림을 말하고, wood(s)는 그보다 작은 숲을 말한다.

forever [fərévər] *forever*

[부] **영원히, 영구히**

It will not last ***forever***.
그것은 영원히 계속되지는 않을 것이다.

forget [fərgét] *forget*

[자][타] **잊다** ([반] remember 기억하다)

I quite ***forget*** your name.
너의 이름이 전혀 생각나지 않는다

Don't ***forget*** me to your family.
가족들에게 안부 전해 주세요.

forgive [fərgív] *forgive* ㉮ **용서하다**

Forgive me. 날 용서해 줘요.

⁑ **fork** [fɔːrk] *fork* ㊐ **포크**

Here is your ***fork***.
포크 여기 있어요.

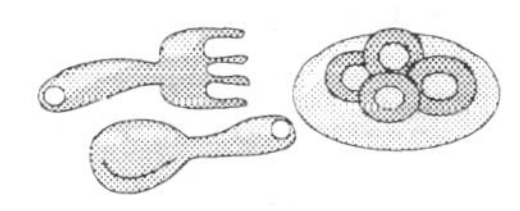

Be careful when you use a table ***fork***.
식탁용 포크를 사용할 때 조심하세요.

* **form** [fɔːrm] *form*

① ㊐ **형태, 꼴** (㊍ shape)

The rock has the ***form*** of a bird.
그 바위는 새의 형상이다

② **형식, 방식**

Tony knows the ***forms*** of greeting.
토니는 인사 예절을 알고 있다.

③ 문서의 양식, 서식

fortieth [fɔ́ːrtiiθ] *fortieth*

명 제40, 40번째, 40분의 1

* **fortune** [fɔ́ːrtʃən] *fortune*

명 운, 행운, 운명의 여신

forty [fɔ́ːrti] *forty* 명 마흔, 40

There are ***forty*** students in the class.
학급 학생이 40명이에요.

* **forward** [fɔ́ːrwərd] *forward*

부 앞으로, 전방으로
(동 forth 반 backward 뒤로)

Take one step ***forward***.
한 발자국 앞으로 가라.

fought [fɔːt] *fought*

자타 **fight**(싸우다)의 과거, 과거분사

found [faund] *found*

[자][타] find(발견하다)의 과거, 과거분사

foundation [faundéiʃən] *foundation*

[명] 기초, 토대, 설립

This report has no ***foundation***.
이 보도는 근거가 없다.

* **four** [fɔːr] *four* [명] 넷, 4

My sister is ***four*** years old.
내 여동생은 4살이다.

* **fourteen** [fɔ̀ːrtíːn] *fourteen*

[명] 열넷, 14

Two ***fourteen*** are twenty eight.
14의 두 배는 28이예요.

fourteenth [fɔ̀ːrtíːnθ] *fourteenth*

[명] 제14, 14번째

fourth [fɔːrθ] *fourth*

명 제4, 4번째의, 4분의 1

Three ***fourth*** of 16 is 12.
16의 3/4은 12예요

fox [fɑks] *fox* 명 〖동물〗 여우

A ***fox*** is cunning.
여우는 교활해.

A ***fox*** lives in a hole.
여우는 굴 속에서 살아요.

France [fræns] *France*

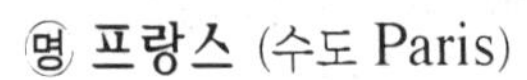

명 **프랑스** (수도 Paris)

Paris is the capital of ***France***.
파리는 프랑스의 수도이다.

He is from ***France***.
그 사람은 프랑스 출신이에요.

⁑ **free** [friː] *free*

① 형 **자유스러운, 독립의**
(동 freedom 자유)

I am ***free*** now.
난 지금 자유롭습니다.

② 자유롭게 하다, 해방하다

I am ***free*** of my past guilt.
나는 과거의 죄에서 해방되었다.

* **freedom** [fríːdəm] *freedom*

명 자유

They fought for ***freedom***.
그 사람들은 자유를 위해 싸웠어요.

freight [freit] *freight* 명 수송, 운임, 화물

Frenchman [fréntʃmən] *Frenchman*

명 프랑스사람

** **fresh** [freʃ] *fresh*

형 새로운 (동 new 반 old 낡은), 생기있는

Are these fruits ***fresh***?
이 과일들은 싱싱합니까?

He looks ***fresh***.
그는 원기왕성해 보인다.

* **Friday** [fráidi] *Friday*

㉠ **금요일** (**Fri.**로 줄여 쓴다)

Today is ***Friday***.
오늘은 금요일입니다.

friend [frend] *friend* ㉠ **친구, 벗**
(☞ friendly 친한, 반 enemy 적)

Anna is my best ***friend***.
애나는 나의 가장 친한 친구야.

We are good ***friends***.
우리는 친한 친구예요.

friendship [fréndʃìp] *friendship*

㉠ **우정, 친교, 우호관계**

frog [frɔ(ː)g] *frog* ㉠ 〖동물〗 **개구리**

I don't like ***frogs***.
나는 개구리를 싫어합니다.

from [frʌm, (강) frɑm] *from*

① 전 …에서 (반 to …까지)

I am ***from*** America.
난 미국에서 왔어요.

How far is it ***from*** here to the school?
여기서 학교까지 얼마나 되요?

② ⟪시간⟫ …**부터** (반 till, to …까지)

He lectured ***from*** six till eight.
그는 6시부터 8시까지 강의했다

♣ **from day to day** 매일
from time to time 때때로, 종종

front [frʌnt] *front*

명 **정면, 전방** (반 back 뒤)

Sit in the ***front***. 앞에 앉아요.

Susan sits in ***front*** of the building.
수잔이 그 건물 앞에 앉아있어요.

♣ **be front of** ~의 앞에

frown [fraun] *frown*

① 자 **눈살을 찌푸리다**

She ***frowned*** in the bright sunlight.
눈부신 햇살을 받고 그녀는 상을 찡그렸다.

② 명 **찌푸린 얼굴(표정)**

:fruit [fruːt] *fruit* [명] 과일

What kind of ***fruit*** do you like?
넌 어떤 종류의 과일을 좋아하니?

Our efforts bore ***fruits***.
우리의 노력이 열매를 맺었다.

:full [ful] *full* [형] 가득 찬, 완전한, 전부의

Grandfather is ***full*** of love.
할아버지는 사랑이 많으셔.

The hotel is ***full*** up to the roof.
호텔은 초만원이다

♣ **be full of** ~으로 가득차 있다

:fun [fʌn] *fun* [명] 재미있는 일, 위안

Did you have ***fun***? 재미있었니?

Let' s have some ***fun***.
재미있게 놀아요.

♣ **for fun** 농담으로, 재미로
have fun 재미있게 놀다
make fun of ~을 놀리다

*** funny** [fʌ́ni] *funny* ㉠ 우스운, 재미있는

fur [fəːr] *fur* ㉡ 부드러운 털, 모피

furniture [fə́ːrnitʃər] *furniture* ㉡ 가구

My room is full of ***furniture***.
내 방은 가구들로 가득차 있습니다.

Tables, chairs, and beds are ***furniture***.
테이블과 의자, 침대는 가구입니다.

furthest [fə́ːrðist] *furthest*

㉢㉠ 가장 멀리

*** future** [fjúːtʃər] *future*

㉡ 미래, 장래

(반 past 과거, ☞ present 현재)

I don't know the ***future***.
나는 미래를 알지 못합니다.

For the ***future***, try to be more careful.
앞으로는 더욱 조심하도록 해라.

G

G, g [dʒiː] *G, g* 알파벳의 일곱번째 문자

gain [gein] *gain*

① 자타 **얻다, 획득하다**
(동 get, win 반 lose 잃다)

She has ***gained*** three pounds.
그녀는 체중이 3파운드 늘었습니다.

We ***gained*** nothing by telling a lie.
그는 거짓말을 해서 얻은 것이 아무것도 없었다.

gallery [gǽləri] *gallery* 명 **미술관, 화랑**

We saw many pictures in the ***gallery***.
우리는 미술관에서 많은 그림을 보았다.

gallon [gǽlən] *gallon*

㉮ **갤런** (용량의 단위, 약 4.5리터)

⁑ **game** [geim] *game*

① ㉮ **유희, 놀이** (㉯ match)

Let's play a ***game***.
게임을 합시다.

② **경기, 시합, 게임**

How is the ***game***?
시합은 어떻게 되어가고 있지?

gap [gæp] *gap*

① ㉮ **갈라진 틈**

He could see the inside through a ***gap*** in the wall.
그는 벽의 틈을 통해서 안을 볼 수 있었습니다.

② **(나이 · 의견 따위의) 차이**

:garden [gá:rdn] *garden* ㊔ 정원

Grandmother is sitting in the ***garden***.
할머니는 정원에 앉아 계셔요.

She grows flowers in the ***garden***.
그녀는 정원에 꽃을 가꾸고 있다.

gardener [gá:rdnər] *gardener*

㊔ 정원사, 원예가

Mike is a ***gardener***.
마이크는 정원사입니다.

***gas** [gæs] *gas* ㊔ (연료용) 가스

My car is out of ***gas***.
내 차는 가스가 떨어졌습니다.

Turn on the ***gas***.
가스의 불을 켜라.

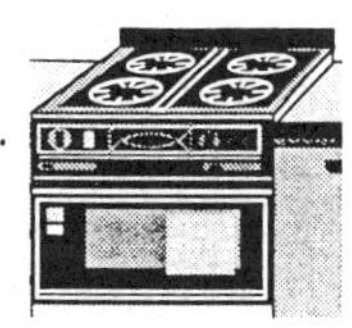

:gate [geit] *gate*

㊔ 문, (공항 따위의) 탑승구

Open the ***gate***.

문을 열어라.

Who is the man at the ***gate***?
문에 있는 사람은 누구예요?

gather [gǽðər] *gather*

㉶㉹ **모으다** (㉢ collect)

The schoolgirls ***gathered*** around the teacher.
여학생들이 선생님 주위로 모였습니다.

Children ***gather*** wood to make a fire.
아이들이 불을 피우려고 나무를 모아요.

gay [gei] *gay* ㉻ **쾌활한, 흥겨운, 유쾌한**

We danced to the ***gay*** music.
우리는 흥겨운 음악에 맞춰 춤을 추었다.

gem [ʒem] *gem*

㉹ **보석, 귀중품** (☞ jewel 보석, 보물)

* **general** [ʒén(ə)rəl] *general*

① ㉻ **일반의, 전체의**

(동 common 반 special 특별한)

The rain seems to have been ***general***.
전국적으로 비가 오는 것 같다.

In ***general***, he is a good student.
대체로 그는 성적이 좋은 학생이다.

② 명 육군대장, 장군

General MacArthur
맥아더 장군

generally [gʒén(ə)rəli] *generally*

부 일반적으로, 대개, 대체로 (동 usually)

genius [dʒíːnjəs] *genius*

명 천재, 비범한 재능, 소질

Shakespeare was a ***genius***.
셰익스피어는 천재였다.

* **gentle** [dʒéntl] *gentle*

형 점잖은, (기질 · 성격이) 온화한, 부드러운

He has a ***gentle*** heart.

그는 마음이 관대합니다.

A ***gentle*** rain was falling.
조용한 비가 내리고 있었다.

* **gentleman** [dʒéntlmən] *gentleman*

㊔ 신사

Ladies and ***gentlemen***!
신사, 숙녀 여러분

geography [dʒiάgrəfi]
geography

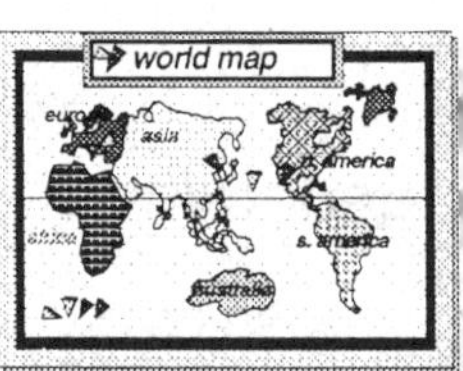

㊔ 지리, 지리학

Germany [dʒə́ːrm(ə)ni] *Germany*

㊔ 독일 (☞ German 독일의)

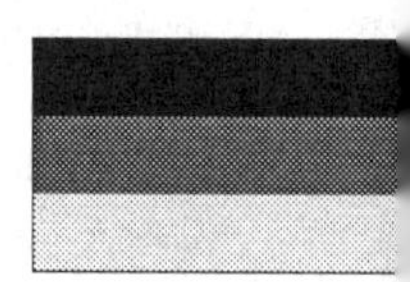

He is ***German***.
그는 독일인입니다.

Can you speak ***German***?
당신은 독일말을 할 수 있어요?

gesture [dʒéstʃər] *gesture*

㊔ 몸짓, 손짓, 제스처

He spoke with emphatic ***gesture***.
그는 손짓으로 열심히 말했다.

The speaker ***gestured*** his speech.
연사는 몸짓을 해가며 연설하였다.

get [get] *get*

① 자타 **얻다, 손에 넣다** (반 lose 잃다)

Where did you ***get*** it?
그것을 어디에서 얻었니?

② **사다** (동 buy)

I' d like to ***get*** a new computer.
새 컴퓨터를 사고 싶어요.

③ **…하게 하다, …시키다, …당하다**

Go ***get*** your books.
가서 책을 가져오너라

④ 자 **오다, 가다, 도착하다**

I ***got*** home at noon.
나는 정오에 집에 도착하였다.

♣ **get away** ~에서 떠나다
get back 돌아오다
get off ~에서 내리다

get on ~을 타다, 승차하다
get out of ~에서 나오다
get up ~을 넘다

ghost [goust] *ghost* ㊔ 유령, 귀신

There is no such a thing as a ***ghost***.
유령이란 것은 없다.

giant [dʒáiənt] *giant*

① ㊔ 거인, 위인, 걸물

He is a ***giant***. 그는 거인이다.

② ㊕ 거대한, 매우 큰

He was a ***giant*** among artists.
그는 예술가들 중의 거장이었다.

gift [gift] *gift*

㊔ 선물, 기증품 (㊐ present), 재능

Here is your ***gift***. 네 선물이야.

Dave has a ***gift*** for painting.
데이브는 그림에 재능이 있다.

ginseng [dʒínseŋ] *ginseng* ㊔ 인삼

⁑ **girl** [gəːrl] *girl*

㊔ **소녀, 여자아이** (㉯ boy 소년)

Anna is a pretty ***girl***.
애나는 귀여운 소녀입니다.

⁑ **give** [giv] *give*

① ㉶㉵ **주다, 공급하다**

Give me a kiss. 뽀뽀해 주세요.

He ***gave*** money to the poor.
그는 가난한 사람들에게 돈을 적선했다.

② **(대금을) 치르다, 지불하다** (㉬ pay)

How much will you ***give*** me for my car?
내 차를 얼마에 사시겠습니까?

♣ **give back** 반환하다, 되돌려주다
give in 양보하다
give up 그만두다, 단념하다

⁑ **glad** [glæd] *glad*

G

㊔ 즐거운, 기쁜 (㉤ sad 슬픈)

I am ***glad*** to see you.
만나게 되어서 기쁩니다.

I am ***glad*** that he has come.
그가 와 주어서 기쁘다

⁑glass [glæs] *glass*

① ㊔ 유리

This is made of ***glass***.
이것은 유리로 만들어졌다.

G

② 컵, 컵 한 잔

Give me a ***glass*** of water.
물 한 컵 주세요.

◆ glass는 유리로 만든 컵이고 cup은 사기나 도자기로 만든 잔이다. water, wine beer 등 찬 것은 주로 glass에 넣으므로 a glass of wine (포도주 한 잔)으로 표시하고 tea, coffee 등 뜨거운 것은 주로 cup에 넣으므로 a cup of coffee (커피 한 잔)라고 말한다.

glider [gláidər] *glider* ㊔ 글라이더, 활공기

globe [gloub] *globe* ㉮ 공, 지구, 지구본

My wish is to travel all parts of the ***globe***.
내 소원은 지구 곳곳을 여행하는 거예요.

glory [glɔ́:ri] *glory* ㉮ 영광, 명예, 번영

⁑**glove** [glʌv] *glove* ㉮ 장갑, 글러브

Put on your ***gloves***.
장갑을 껴라.

She has her ***gloves*** on.
그녀는 장갑을 끼고 있다.

G

⁑**go** [gou] *go*

① ㉱ 가다, (㉥ come 오다), 출발하다

I ***go*** to school by bus.
나는 버스로 학교에 간다.

One, two, three, ***go***!
하나, 둘, 셋, 출발(시작)!

② …으로 되다, 진행되다

All hope is ***gone***.
희망은 모두 사라져 버렸다.

The motor does not ***go*** well.
모터가 잘 돌아가지 않는다

♣ **go about** 돌아다니다, 퍼지다
go along ~을 따라가다
go away 가버리다
go back 돌아가다
go down 내려가다, 떨어지다
go on 나아가다, 계속하다
go out 외출하다
go round 돌다
go up 올라가다

goal [goul] *goal* ㉥ 결승점, 득점

I have a ***goal***. 나는 목표가 있어.

goalkeeper [góulkìːpər] *goalkeeper*

㉥ (축구, 하키 따위의) 골키퍼

Sam is a ***goalkeeper***.
샘은 골키퍼이다.

goat [gout] *goat* ㉥ 〖동물〗 염소

A ***goat*** is a gentle animal.
염소는 온순한 동물이다.

◆ 새끼 염소는 kid. 우는 소리는 baa 이다.

god [gɑd] *god* ㊀ **신, 하나님**

gold [gould] *gold*

① ㊀ **금, 황금, 금빛** (☞ golden 황금빛의)

The girl has long hair of ***gold***.
그 소녀는 금발을 길게 드리우고 있다.

② ㊉ **금으로 만든**

This is a ***gold*** watch.
이것은 금시계입니다.

Gold River 금강

goldfish [góuldfìʃ] *goldfish*

㊀ 금붕어

golf [gɑlf, gɔlf] *golf* ㊀ 〖스포츠〗 골프

I like ***golf***.
나는 골프를 좋아합니다.

good [gud] *good*

G

① 형 좋은 (반 bad 나쁜), 착한, 훌륭한

Vegetables are ***good*** for you.
야채는 몸에 좋아요.

She is certainly ***good*** to look at.
그녀는 정말 잘 생겼다.

② 친절한, 행복한

He is very ***good*** to his neighbors.
그는 이웃에게 매우 친절하다

♣ **good afternoon!** 안녕 (오후에)
good evening! 안녕 (저녁에)
good for you! 잘했어!
good morning! 안녕하십니까 (오전)
good night! 안녕히 주무세요

G

* **goodby(e)** [gu(d)bái] *goodby(e)*

감 안녕히

goodness [gúdnis] *goodness*

명 착함, 덕행

My ***goodness***! 저런!, 어머나!

goodwill [gúdwíl] *goodwill*

명 친절, 호의

goose [guːs] *goose*

명 【조류】 거위

There are ***geese*** in the lake.
호수에는 거위들이 있습니다.

A ***goose*** looks like a duck.
거위는 오리와 비슷합니다.

got [gɑt] *got*

자타 **get**(얻다)의 과거, 과거분사

G

gown [gaun] *gown* 명 가운, 법복

grace [greis] *grace*

명 우아, 미덕, 은총

He danced with ***grace***.
그는 우아하게 춤을 추었다.

grade [greid] *grade* 명 등급, 계급, 학년

What ***grade*** are you in?
너는 몇 학년이니?

I am in the third ***grade***.
나는 3학년이에요.

grain [grein] *grain* ㊔ 곡식, (곡식의) 낟알

The farmer grows ***grain***.
농부는 곡식을 재배합니다.

gram [græm] *gram*

㊔ **그램** (기호는 **g** 또는 **gm**.)

grandchild [grǽn(d)tʃàild] *grandchild*

㊔ 손자(손녀)

Grandma loves her ***grandchild***.
할머니는 손주들을 사랑합니다.

grandfather
[grǽn(d)fὰːðər] *grandfather*

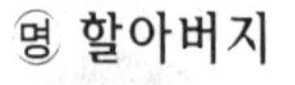

㊔ 할아버지

Grandfather loves grandmother.
할아버지는 할머니를 사랑합니다.

⁑ **grandma** [grǽn(d)mɑː] *grandma*

명 할머니

grandmother
[grǽn(d)mʌ̀ðər] *grandmother*

명 할머니

I love my ***grandmother***.
나는 할머니를 사랑해요.

grandpa [grǽn(d)pɑ̀ː] *grandpa*

명 할아버지

grandson [grǽn(d)sʌ̀n] *grandson*

명 손자

* **grape** [greip] *grape*

명 【식물】 **포도, 포도열매**

Let's have ***grapes*** for dessert.
후식으로 포도 먹어요.

Wine is made from ***grapes***.
포도주는 포도로 만든다.

** **grass** [græs] *grass*

㉮ 풀, 잔디, 풀밭, 목초지대

Keep off the ***grass***.
잔디밭에 들어가지 마시오.

Clover is ***grass***.
클로버는 목초다.

grave [greiv] *grave* ㉮ 무덤, 묘

gray, grey [grei] *gray, grey*

① ㉺ 회색의, 잿빛의

It is ***gray*** today.
오늘은 날이 흐려있다.

② ㉮ 회색, 잿빛

Grandmother's hair is ***gray***.
할머니의 머리는 회색이다.

great [greit] *great*

① ㉺ 큰, 대단한
(동 large, big 반 small)

What a ***great*** monument it is!
정말 대단한 기념물이군요!

② 훌륭한, 위대한, 멋진

My father is a ***great*** man.
저의 아버지는 훌륭한 분이에요.

♣ **a great deal of** 많은
a great number of 많은, 다수의

⁑ green [gri:n] *green*

① 형 녹색의, 푸른

Look how ***green*** the trees are!
나무가 얼마나 푸른지 보아라!

② 녹색, 풀밭, 진디밭

In spring the whole world becomes ***green***.
봄에는 온 세상이 푸르러집니다.

* greeting [grí:tiŋ] *greeting*

명 인사, 환영, 인사말

I sent him a card with Christmas ***greetings***.
그 사람한테 크리스마스 인사말을 적은 카드를 보냈어요.

She gave me a friendly ***greeting***.

그녀는 나에게 호의 있는 인사를 하였다.

grew [gru:] *grew*

㉶㉷ **grow**(자라다, 성장하다)의 과거

grey [grei] *grey*

㉻㉺ 동의어 **gray**

grief [gri:f] *grief*

㉺ 슬픔, 슬픔의 원인

His father's cancer was a ***grief*** to him.
아버지의 암은 그의 슬픔의 원인이었다.

Good ***grief***!
앗!, 맙소사!, 어머나! (실망, 혐오)

grocery [gróus(ə)ri] *grocery*

㉺ 식료품점

⁑ **ground** [graund] *ground*

① ㉺ 땅, 지면 (㉯ land)

Sit on the ***ground***. 땅에 앉아라.

G

② 운동장

a baseball ***ground*** 야구장

:grow [grou] *grow*

① 자타 성장하다, 커지다, 자라나다

You ***grew*** so much.
너 많이 컸구나.

② …으로 되다 (동 become, turn)

In time you will ***grow*** to be like him.
당신도 곧 그 사람처럼 될 거예요.

***guess** [ges] *guess*

① 자타 추측하다, 판단하다, 알아맞히다

Guess who!
누구인지 알아맞혀 봐!

I ***guess*** him to be about 10.
나는 그가 10세 정도라고 추측한다

② 명 추측, 어림, 짐작

My ***guess*** is that he is a kind man.
내 추측으로는 그는 친절할 사람같아요.

guest [gest] *guest*

명 손님 (동 visitor), 이용객

We are having ***guests*** for dinner.
저녁 식사 때 손님이 와요.

Paul and Tony are Lisa' s ***guests***.
폴과 토니는 리사의 손님입니다.

*** guide** [gaid] *guide*

① 타 인도하다, 안내하다

I will ***guide*** you.
내가 너를 안내할 것이다.

② 명 안내자, 안내서, 지침, 입문서

This will serve as a ***guide*** to life.
이것은 생활의 지침이 될 것이다.

*** guitar** [gitáːr] *guitar* 명 기타

Arnie likes to play the ***guita***
아니는 기타 치는 것을 좋아해요.

gull [gʌl] *gull* 명 〖조류〗 갈매기

gum [gʌm] *gum*

㊔ **고무, 고무나무, 껌** (동 chewing gum)

gun [gʌn] *gun* ㊔ **총, 피스톨**

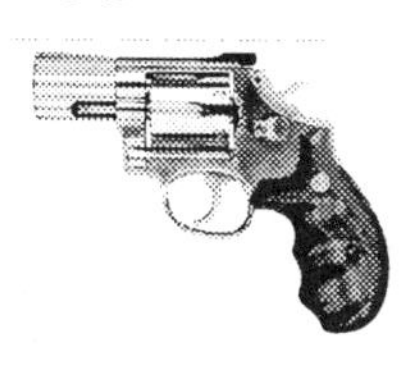

He has a ***gun***.
그는 총을 한 자루 가지고 있다.

gunpower [gʌ́npàudər] *gunpower*

㊔ **화약**

gym [gʒim] *gym* ㊔ **체육관**
(**gymnasium** [dʒimnéiziəm]을 줄여 쓴 말)

I go to ***gym*** everyday.
나는 체육관에 매일 갑니다.

We can do our training in the ***gym***.
우리는 체육관에서 훈련을 할 수 있다.

H, h [eitʃ] *H, h* [명] 알파벳의 여덟번째 문자

habit [hǽbit] *habit* [명] 습관, 버릇

I have a ***habit*** of biting my nails.
나는 손톱을 물어뜯는 습관이 있다.

We should avoid bad ***habits***.
우리는 나쁜 습관들을 버려야 합니다.

had [(강) hæd, (약) həd] *had*

[타] **have**(가지고 있다)의 과거, 과거분사

He ***had*** a robot.

그는 로보트를 가지고 있었다.

You ***had*** better to right away.
너는 곧 가는 편이 좋겠다.

⁑ **hair** [hɛər] *hair*

㉢ **머리털, 털**

Comb your ***hair***. 머리를 빗어라.

The princess has black ***hair***.
공주의 머리카락은 검은색이예요.

◆ a hair는 털 한 오리를,
hair는 집합적으로 털 전체를
가리킨다

⁑ **half** [hæf] *half*

① ㉢ 절반, 2분의 1, 30분,
(경기의) 전(후)반

Can I have ***half***? 반만 주세요.

Half of ten is five.
10의 반은 5이다

② ㉬ 절반의, 2분의 1의

I have ***half*** a mind to go.
가보고 싶은 생각이 든다

③ 부 **반쯤, 반만큼**

It is ***half*** past ten now.
지금 10시 반이다.

♣ **in half** 절반으로

hall [hɔːl] *hall*

명 **넓은 방, 홀, (집의) 현관 마루**

Don't run in the ***hall***.
복도에서 뛰지 말아라.

Where is the city ***hall***?
시청이 어딘가요?

hamburger [hǽmbəːrgər] *hamburger*

명 **햄버거**

Tony likes ***hamburger***.
토니는 햄버거를 좋아한다.

◆ Hamburger는 독일의 큰 도시인 Hamburg의 이름을 따라 이름지어졌다.

hammer [hǽmər]

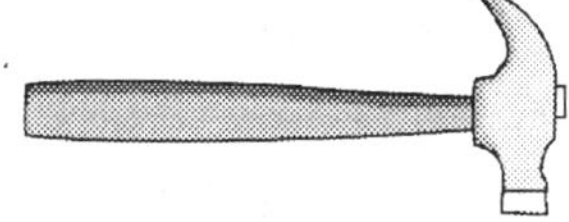

명 쇠망치, 해머

This is a wooden ***hammer***.
이것은 나무 망치입니다.

We need a ***hammer*** to make a box.
상자를 만들려면 망치가 필요해요.

⁑ **hand** [hænd] *hand*

명 손 (☞ arm 팔)

Let's hold ***hands***. 손을 잡자.

He took me by the ***hand***.
그는 내 손을 잡았다.

② 편, 쪽 (동 side)

You can see him on the right ***hand*** of this street.
이 길 오른편에서 그를 볼 수 있습니다.

♣ **at hand** 바로 가까이, 곁에
hand in hand 손에 손을 잡고
shake hands with ~와 악수하다

handbag [hǽn(d)bæ̀g] *handbag*

H

[명] 핸드백, 손가방

handicapped
[hǽndikæ̀pt] *handicapped*

[형] 심신 장애의

handkerchief [hǽŋkərtʃi(ː)f]

handkerchief [명] 손수건

I have a clean ***handkerchief***.
깨끗한 손수건을 갖고 있어요.

H

⁑**handle** [hǽndl] *handle*

[명] 손잡이, 핸들

Turn the ***handle*** to open the door.
핸들을 돌려서 문을 열어라.

This car ***handles*** well.
이 차는 운전하기 좋다.

◆ 자동차의 핸들은 steering wheel이고 자전거의 핸들은 handlebar라고 한다.

handsome [hǽnsəm] *handsome*

㉻ (용모 따위가) 잘생긴, 핸섬한

He is a ***handsome*** youth.
그는 미남 청년이다.

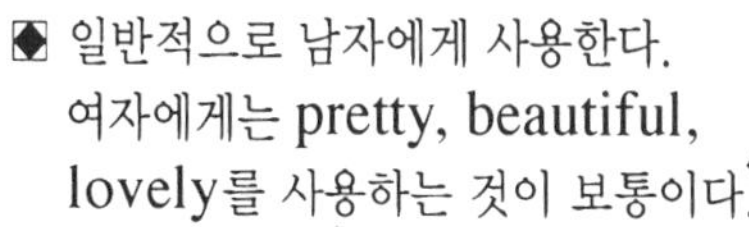

◆ 일반적으로 남자에게 사용한다.
여자에게는 pretty, beautiful,
lovely를 사용하는 것이 보통이다.

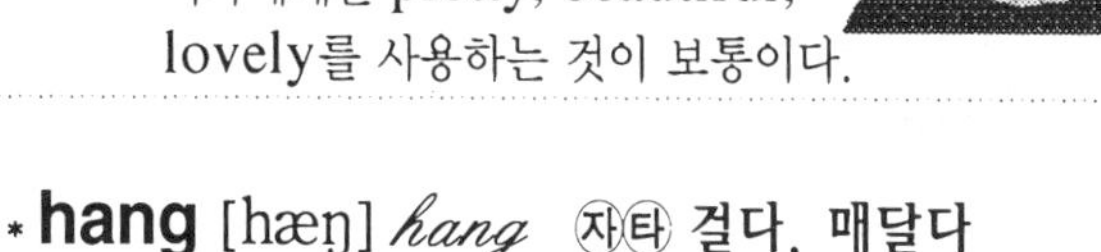

* hang [hæŋ] *hang* ㉶㉻ 걸다, 매달다

Hang up your clothes.
네 옷을 걸어라.

I ***hung*** a room with pictures.
그림을 걸어 방을 장식했다.

♣ **hang on** 전화를 끊지 않다.
hang up 전화를 끊다

⁑ happen [hǽpən] *happen*

㉶ 생기다, 일어나다

What ***happened***? 무슨일이 일어났니?

Accidents will ***happen***.
사고는 일어나기 쉬운 법이다

◆ happen은 「우연히 일어나다」의 뜻. take place는 「행사 등이 개최되다」, 「사건 등이

일어나다」의 뜻. break out는 특히「화재, 전쟁 따위가 돌발하다」의 뜻.

happening [hǽp(ə)niŋ] *happening*

[명] (일어난)일, 사건

happy [hǽpi] *happy*

[형] **행복한, 기쁜, 즐거운**
([동] glad [반] unhappy 불행한)

I am ***happy***. 나는 행복합니다.

Happy are those
who are contented.
만족하는 사람은 행복하다

harbor [hɑ́ːrbər] *harbor*

[명] **항구** ([동] port)

A ship is entering the ***harbor***.
한 척의 배가 항구로 들어 오고 있습니다.

⁑ **hard** [hɑːrd] *hard*

① [형] **딱딱한** ([반] soft 연한)

This bed is too ***hard***.

이 침대는 너무 딱딱하다.

② 어려운, 곤란한, 힘든
(동 difficult 반 easy 쉬운)

That is a ***hard*** question to answer.
대답하기 어려운 질문이네요.

③ 열심인

He is a ***hard*** worker.
그는 노력가입니다.

* **hardly** [há:rdli] *hardly*

부 거의 …않다 (동 scarcely)

He will ***hardly*** come now.
아마 그는 이제 오지 않을 것 같다

I can ***hardly*** wait.
도저히 기다릴 수 없어요.

hare [hɛər] *hare*

명 산토끼 (☞ rabbit 집토끼)

* **harm** [ha:rm] *harm*

① 명 해, 손상, 해악

He probably meant no ***harm***.
그가 악의로 한 짓은 아니었을 거예요.

Where's the ***harm*** in doing so?
그렇게 한다고 해서 나쁠 것이 있을까요?

② [타] **해치다, 상하게 하다**

harmonica [hɑːrmάnikə] *harmonica*

[명] 【악기】 **하모니카**

harp [hɑːrp] *harp* [명] 【악기】 **하프**

H

harvest [hάːrvist] *harvest*

① [명] **수확, 거두어 들임**

② [타] **수확하다, 거두어 들이다**

He ***harvested*** the fields.
그는 논밭의 수확을 거두어 들였다.

has [(강) hæz, (약) həz] *has*

[타][조] **have(가지고 있다)의 3인칭 단수, 현재**

She ***has*** beautiful eyes.

그녀는 아름다운 눈을 가지고 있다.

Lisa ***has*** a new doll.
리사는 새 인형을 갖고 있어요.

hat [hæt] *hat*

명 **(테 있는) 모자**

That's my ***hat***. 저것은 나의 모자다.

◆ cap은 테 없는 모자

⁑hate [heit] *hate*

타 **미워하다, 싫어하다** (반 love 사랑하다)

I ***hate*** her. 나는 그녀를 싫어한다.

He ***hates*** me for it.
그는 그 일 때문에 나를 미워한다.

⁑have [(강) hæv, (약) həv] *have*

① 타 **가지고 있다**

I ***have*** three pencils.
나는 연필 3자루를 가지고 있습니다.

② **먹다**

Let Jack ***have*** his breakfast.

잭에게 아침을 먹게 해요

③ …하다, 행하다, 경험하다

I ***have*** no idea what you mean.
네가 무엇을 말하려고 하는지 모르겠다.

♣ **have on** ~을 입고 (쓰고, 신고)
have to (do) ~하지 않으면 안된다
have been in ~에 간 적이 있다

hawk [hɔːk] *hawk* ㊔ 〖조류〗 매

⁑ **he** [hiː] *he*

㊐ 그는, 그가, 그 사람은

He is nice. 그는 참 멋있어요.

He is a schoolboy. 그는 남학생이다.

⁑ **head** [hed] *head*

① ㊔ 머리

He shook his ***head***.
그는 머리를 흔들었습니다.

② 우두머리, 수석

He is at the ***head*** of the class.

H

그는 학급에서 수석이다.

health [helθ] *health*

㉢ **건강** (㉥ illness 병)

I am in good ***health***.
나는 건강합니다.

Take care of your ***health***.
건강 조심하세요.

healthy [hélθi] *healthy*

㉧ **건강한** (㉥ ill, sick 아픈)

He is ***healthy***. 그는 건강하다.

⁑ **hear** [hiər] *hear* ㉠㉡ **듣다**

Can you ***hear*** me?
내 말 들려요?

I ***heard*** his explanation.
그의 설명을 잘 들었다.

♣ **hear about** ~에 관하여
hear of ~의 소식을 듣다

◆ hear는 들려오는 소리를 그저 「듣다」의 뜻이고, listen to 는 주의를 기울여서 「듣다」의

뜻이다.

heard [həːrd] *heard*

㉮㉯ **hear(듣다)의 과거, 과거분사**

⁑**heart** [hɑːrt] *heart* ⓜ **심장, 마음, 중심**

He has a good ***heart***.
그는 마음이 착합니다.

His ***heart*** bleeds for his son.
그는 아들 때문에 몹시 상심하고 있습니다.

♣ **at heart** 마음에, 내심으로

H

***heat** [hiːt] *heat*

① ⓜ **열, 더위** (ⓑ cold 추위)

The sun gives us light and ***heat***.
태양은 우리에게 빛과 열을 준다.

② ㉯ **데우다, 뜨겁게 하다**

The stove will ***heat*** the room.
난로가 방을 따뜻하게 할 것이다.

heater [híːtər] *heater*

㉮ 난방장치, 가여기

heaven [hévən] *heaven*

① ㉮ **하늘, 공중** (㉯ sky)

Look at the ***heaven***. 하늘을 보라.

Heaven helps those who help themselves.
(속담) 하늘은 스스로 돕는 자를 돕는다

② **천국, 신**

our Father in ***heaven***
하늘에 계신 우리 아버지.

heavy [hévi] *heavy*

① ㉰ **무거운** (㉱ light 가벼운)

This bag is too ***heavy*** for him.
이 가방은 그에게 너무 무겁다.

② **심한, 맹렬한**

A ***heavy*** storm came up.
심한 폭풍이 닥쳐왔다.

held [held] *held*

㉧㉨ hold (손에 들다)의 과거, 과거분사

⁑ hello [həlóu, helóu] *hello*

㉠ 여보세요, 야!

Hello, Tom! 야아, 톰!

Say ***hello*** to your mother.
너의 어머니께 안부 전해라.

♣ **say hello to** ~에게 안부 전하다

⁑ help [help] *help*

① ㉨ 돕다, 거들다

Dad ***helps*** me with school work.
아빠가 학교 공부를 도와줍니다.

② ㉤ 도움, 조력, 원조

Thank you for your kind ***help***.
도와주신 데 대하여 감사드립니다.

May I ***help*** you? 무엇을 도와 드릴까요?

*** hen** [hen] *hen*

㉤ 암탉 (☞ rooster 수탉)

The ***hen*** laid some eggs.

암탉이 달걀을 몇 개 낳았습니다.

her [həːr] *her* ㉠ **그녀의, 그녀(에게)**

I love ***her***. 나는 그녀를 사랑합니다.

I looks at ***her***. 나는 그녀를 바라보았다.

:here [hiər] *here*

㉡ **여기에, 여기서** (☞ there 저기에)

Where are you? - I am ***here***.
너 어디에 있니? – 여기 있어요.

Come ***here***. 이리로 오세요

Here we are. 자 왔다.

hero [híːrou] *hero*

㉢ **영웅, (소설 · 극 따위의) 주인공**

Batman is my ***hero***.
베트맨은 나의 영웅이야.

He is one of the greatest ***heroes***.
그는 가장 위대한 영웅 중의 한 사람이야.

hers [həːrz] *hers*

[대] 그녀의 것 (she의 소유대명사)

herself [həːrsélf] *herself*

[대] 그녀자신

She ***herself*** painted the fence.
그녀는 손수 담에 페인트칠을 했다.

She considers ***herself*** lucky.
그녀는 자신이 운이 좋다고 생각하고 있다.

♣ **by herself** 그녀 혼자서
for herself 그녀 혼자 힘으로

⁑hi [hai] *hi* [감] 야아, 안녕(하세요)

Hi,Tom! 안녕,탐!

hid [hid] *hid*

[자][타] hide(감추다)의 과거, 과거분사

hide [haid] *hide* [자][타] 감추다, 숨다

I ***hide*** my diary under the mattress.
나는 일기장을 매트리스 밑에 숨겨 두었어.

Clouds ***hid*** the sun.
구름이 태양을 가렸다.

hide-and-seek

[hàidnsíːk] *hide-and-seek*

㉰ 숨바꼭질

⁑high [hai] *high*

① ㉱ 높은 (☞tall 키가 큰 반 low 낮은)

The building is ***high***. 그 빌딩은 높다.

He is six feet ***high***.
그는 신장이 6피트이다.

② ㉮ 높이, 높게

◈ high는 산과 같이 높고 폭이 넓은 것을 나타낼 때 쓰고, 동물 · 사람 · 식물 등에는 쓰지 않는다. tall은 같은 종류의 다른 것에 비해 폭이 가늘고 긴 것을 나타낸다. high의 반대말은 low, tall의 반대말은 short를 많이 쓴다.

high school [hái skùːl] *high school*

㉰ 고등학교

a junior ***high*** school 중학교

a senior ***high*** school 고등학교

highway [háiwèi] *highway*

명 (간선)도로, 큰길

hike [haik] *hike* 명 도보여행

They went on a ***hike***.
그들은 하이킹을 갔다.

We are going to ***hike*** in the mountain next weekend.
우리는 다음 주말에 그 산에 오를 거예요.

hiking [háikiŋ] *hiking* 명 하이킹

Did you enjoy ***hiking*** in the mountains?
산으로 하이킹 간 것이 재미있었나요?

⁑ **hill** [hil] *hill* 명 작은 산, 언덕

Dave went hiking up the ***hill***.
데이브는 작은 산으로 하이킹 갔어요.

Our school stands on a ***hill***.
우리 학교는 언덕 위에 있다.

him [him] *him*

㉠ **그를, 그에게** (he의 목적격)

Do you know ***him***?
너는 그를 아니?

I gave ***him*** a book.
내가 그 사람한테 책 한 권을 주었어요.

himself [himsélf] *himself* ㉠ **그 자신**

He ***himself*** came to see me.
그는 그 스스로 나를 만나러 왔다.

hint [hint] *hint* ㉡ **암시, 힌트**

He ***hinted*** that he might resign.
그는 사직할 뜻을 넌지시 비쳤다.

Give me a ***hint*** about it.
그것에 관해서 힌트를 주세요.

hip [hip] *hip* ㉡ **엉덩이, 궁둥이, 둔부**

his [hiz] *his*

㉠ **그의** (he의 소유격)

This is ***his*** hat.
이것은 그의 모자이다.

His name is Dave.
그의 이름은 데이브입니다.

* **history** [hístəri] *history* [명] 역사, 경력

History repeats itself.
(속담) 역사는 되풀이된다.

I like ***history***.
나는 역사 과목을 좋아해요.

⁑ **hit** [hit] *hit*

① [자][타] **치다, 때리다**

The stone ***hit*** the windowpane.
돌은 유리창에 맞았다.

② [명] **대인기, 명중, 〖야구〗 히트**

The movie made a great ***hit***.
그 영화는 대인기를 끌었다.

hobby [hábi] *hobby* [명] **취미**

What's your ***hobby***?
너 취미가 뭐니?

My ***hobby*** is collecting butterflies.
나의 취미는 나비 채집입니다.

hockey [háki] *hockey*

㉺ 〖스포츠〗 **하키**

⁑hold [hould] *hold*

㉶㉷ **손에 들다, 쥐다**

Hold me tight. 날 꽉 잡아.

How long will this fine weather ***hold*** up?
이 좋은 날씨가 얼마나 계속될까?

♣ **hold on** 계속하다, 버티다
hold out (손 따위를) 내밀다

hole [houl] *hole* ㉺ **구멍**

The mouse has passed through the ***hole***.
쥐가 그 구멍으로 지나갔다.

There is a ***hole*** in my socks.
내 양말에 구멍이 났다.

⁑holiday [hálədei] *holiday* ㉺ **휴일**

Today is a ***holiday***.

오늘은 휴일이예요.

The summer ***holidays*** are over.
여름방학이 끝났다.

◆ holiday는 'holy day(성스러운 날)' 에서 온 말로 옛날에는 사람들이 일을 쉬는 것은 종교적 축제일이었기 때문에 「휴일」이라는 의미가 되었다. 현제 미국에서는 일요일이나 공휴일 등 법정휴일을 holiday라고 한다. vacation은 직장 또는 학교에서의 휴가에 쓴다.

Hollywood [háliwùd] *Hollywood*

㉮ **할리우드**

(Los Angeles시의 한 지구로 영화제작 중심지)

---

holy [hóuli] *holy* ㉯ **신성한, 거룩한**

⁑ **home** [houm] *home*

① ㉮ **집** (☞ house)

Where is your ***home***?
너의 집은 어디에 있니?

② **가정** (㉻ family)

Good manners can be taught in

homes.
훌륭한 예의 범절은 가정에서 가르쳐진다.

◆ 집이라는 건물을 가리킬 때는 house, 건물 오외에도 가족이 생활하고 쉬는 장소인 「가정」이라는 뜻으로는 home을 쓴다. 그러나 미국에서는 home을 house의 의미로 쓰기도 한다.

homework [hóumwə̀ːrk] *homework*

㉺ **숙제**

Did you do your ***homework***?
너 숙제 했니?

honest [ɑ́nist] *honest* ㉻ **정직한, 성실한**

He is ***honest***. 그는 정직해요.

It was ***honest*** of you to tell me the truth.
정직하게도 진실을 잘 말씀해 주셨어요.

honey [hʌ́ni] *honey*

① ㉺ **꿀, 벌꿀**

Honey is sweet. 꿀은 달콤하다.

② 여보, 당신

hook [huk] *hook*

① 명 갈고리, 낚싯바늘

② 타 훅으로 걸다, 갈고리로 걸다

hop [hap] *hop*

① 자 (한 발로) 껑충 뛰다
(jump보다 뛰는 모양이 짤막하다)

She ***hopped*** on one leg.
그녀는 한 발로 뛰었어요.

② 명 한 발로 뛰기

***hope** [houp] *hope*

① 자타 …하고 싶다. …하길 바란다

I ***hope*** so. 그러길 바래.

I am still ***hoping***.
나는 아직 희망을 버리지 않고 있다.

② 명 기대, 희망

There is a ***hope*** of his recovery.
그가 회복할 가망은 있어요.

◈ hope는 어떤 일이 일어나기를 바라는 것으로 실현될 수 있는 것을 기대한다는 뜻이다. wish는 실현되기 어렵거나 또는 실현 가능 · 불가능에 관계없이 무언가를 갖고 싶다거나 달성하고 싶다는 의미이다.

horn [hɔːrn] *horn*

㉮ **뿔나팔, (자동차 따위의) 경적,**
『악기』 **호른**

horse [hɔːrs] *horse* ㉮ **말**

I like ***horses***. 나는 말을 좋아합니다.

John can ride a ***horse***.
존은 말을 탈 줄 안다.

⁑**hospital** [háspitl] *hospital* ㉮ **병원**

I have to go to the ***hospital***.
나는 병원에 가야 한다.

He is in ***hospital*** now.
그는 지금 입원중이예요.

⁑**hot** [hat] *hot*

① 형 더운, 뜨거운 (반 cold)

It's a ***hot*** day. 더운 날이다.

② 매운

Pepper tastes ***hot***.
후추는 매운 맛이 난다.

hot dog [hát dɔ̀(ː)g] *hot dog* 명 핫도그

* **hotel** [houtél] *hotel* 명 호텔, 여관

We stayed at a ***hotel***.
우리는 호텔에서 묵었다.

⁑ **hour** [áuər] *hour* 명 1시간, 시각

I waited two ***hours***.
두 시간동안 기다렸어.

The school ***hours*** are from 9 to 3.
수업은 9시에서 3시까지입니다.

⁑ **house** [haus] *house*

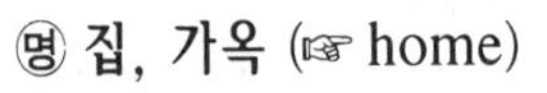

명 집, 가옥 (☞ home)

Where is your ***house***?
당신의 집은 어디입니까?

Our ***house*** is near the church.
우리 집은 교회 근처에 있어요.

⁂ **how** [hau] *how*

① ㉮ **어떻게, 어떤 방법으로**

How are you?
어떻게 지내세요?

How do you feel about it ?
그것을 어떻게 생각하십니까 ?

② **얼마만큼, 어느 정도**

How much do I owe you?
얼마입니까?

③ 《감탄문》 **참, 정말**

How kind of you!
참 친절도 하셔라!

♣ **How about ~?** 어떻습니까?

however [hauévər] *however*

㉮ **그렇지만, …이라해도**

I like Anna very much.
However she doesn't like me.

나는 애나를 매우 좋아한다.
그러나 그녀는 나를 좋아하지 않는다.

* **hug** [hʌg] *hug*

㊉ 꼭 껴안다, 집착하다

He ***hug*** his long-missed son.
그는 오랫동안 만나고 싶었던 아들을 꼭 껴안았습니다..

* **huge** [hjuːdʒ] *huge* ㊌ 거대한, 막대한

* **human** [hjúːmən] *human*

㊌ 인간의, 인간적인

Humans have gone to the moon.
인간은 달나라를 탐험했다.

The history of ***humans*** is not long.
인류의 역사는 그다지 오래 되지 않았다.

* **humor** [hjúːmər] *humor*

① ㊔ 기분, 성미

Every man has his ***humor***.
사람마다 성미가 다 다르다.

② 익살, 유머

You have a sense of ***humor***.
너는 유머 감각이 있다.

hundred [hʌ́ndrəd] *hundred*

① 명 100, 100세

I have one ***hundred*** stamps.
나는 백 장의 우표를 가지고 있다.

There are ***hundreds*** of people.
사람들이 수백 명 있어요.

② 형 100의

hung [hʌŋ] *hung*

자타 **hang(걸다)의 과거, 과거분사**

hungry [hʌ́ŋgri] *hungry*

형 **배고픈, 굶주린**

I'm ***hungry***. 나 배고파.

He is ***hungry*** for knowledge.
그는 지식욕에 불타고 있다.

hunt [hʌnt] *hunt*

㉶㉻ **사냥하다, 찾다**

He ***hunts*** rabbits.
그는 토끼를 사냥한다.

He ***hunted*** the house for the book.
그는 그 책을 찾아내려고 집안을 샅샅이 뒤졌다.

hunter [hʌ́ntər] *hunter* ㉷ **사냥꾼**

A ***hunter*** came out of the woods.
사냥꾼이 숲에서 나왔다.

hurdle [hə́ːrdl] *hurdle* ㉷ **장애물, 허들**

⁑ **hurry** [hʌ́ri] *hurry*

㉶㉻ **서두르다, 재촉하다**

Hurry up! 서둘러라!

Are you in a ***hurry*** to leave?
서둘러 떠나야 하는 건가요?

⁑ **hurt** [həːrt] *hurt*

① ㉶㉷ 다치게 하다

I ***hurt*** my hands when I fell.
넘어졌을 때 손을 다쳤다.

② (감정을) 상하게 하다

Their criticism ***hurt*** her feelings.
그들의 비난을 듣고 그녀는 감정이 상했다.

③ ㉶ 아프다

It ***hurts***. 아파.

husband [hʌ́zbənd] *husband*

㉹ **남편** (㉺ wife 아내)

This is my ***husband***.
이 분이 나의 남편이다.

There are ***husband*** and wife.
그들은 부부입니다.

hut [hʌt] *hut* ㉹ **오두막**

He lived alone in this ***hut***.
그는 이 오두막에서 혼자 살고 있습니다.

hymn [him] *hymn* ㉹ **찬송가**

I i

I, i [ai] *I, i* ⓜ 알파벳의 아홉번째 문자

I

⁑I [ai] *I* ⓓ **나는, 내가**
(☞ my 나의, me 나를, mine 나의 것)

I am a boy. 나는 소년입니다.

I invited Arnie to my birthday party.
내 생일파티에 아니를 초대했어요.

⁑ice [ais] *ice*

① ⓜ 얼음

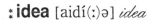

I'd like some ***ice*** water.
얼음물 좀 주세요.

The ***ice*** gave way. 얼음이 갈라졌다.

② 과즙을 섞은 빙수

iceberg [áisbə̀ːrg] *iceberg* [명] **빙산**

⁑**ice cream** [áis krìːm] *ice cream*

[명] 아이스크림

⁑**idea** [aidí(ː)ə] *idea*

[명] 생각, 착상

I have a good ***idea***.
좋은 생각이 떠올랐어.

Good ***idea*** ! Let's do it.
좋아요! 그렇게 합시다.

idle [áidl] *idle*

① [형] 게으른 ([동] lazy)

Don' t be ***idle***. 게으르지 말아라.

② 쓸데없는, 공연한

③ [자][타] 게으름 피우다, 빈둥빈둥 지내다

He is ***idle*** on vacation
그는 휴가로 빈둥빈둥하고 있다.

:if [if] *if*

① [접] 만일 …이라면

If it's hot, let's go swimming.
날이 더우면 수영하러 가자.

The child talks as
if he were a grown-up.
그 애는 마치 어른처럼 말한다.

② …인지 어떤지 ([동] whether)

Ask him ***if*** he will come.
그에게 올지 안 올지 물어 보아라.

♣ **even if** 비록 ~일지라도
if necessary 필요하다면
if possible 가능하다면

:ill [il] *ill* [형] 병든

◆ ill은 He is ill. 「그는 병이 났다」처럼 사용하

I

며, He is an ill man.처럼 명사 앞세는 사용하지 않는다. 이 경우는 He is a sick man(병자).이라고 한다. ill이나 sick 모두 병이 난 것을 뜻하지만 미국에서는 주로 sick를, 영국에서는 ill을 사용한다.

:I'll [ail] *I'll* **I will, I shall의 단축형**

illness [ílnis] *illness*

㉮ **병** (㉯ sickness)

He recovered from his ***illness***.
그는 병이 나았다

What is his ***illness***?
그 사람 무슨 병을 앓고 있나요?

I'm [aim] *I'm* **I am 의 단축형**

imagine [imǽdʒin] *imagine*

㉰ **상상하다, …라고 생각하다**

She likes to ***imagine*** herself a princess.
그녀는 자기가 공주라고 상상하기를 좋아한다.

I

Imagine yourself to be on the top of Mt. Everest.
에베레스트 산정에 있다고 가정해 보시지요.

* **important** [impɔ́ːrt(ə)nt] *important*

㊔ **중요한, 귀중한** (☞ importance 중요성)

It' s ***important*** to have good friends.
좋은 친구가 있다는 것은 중요한 일이다.

It was an ***important*** telephone call.
중요한 전화였어요.

* **impossible** [impɑ́səbl] *impossible*

㊔ **불가능한, 도저히 있을 수 없는**
(반 possible 가능한)

It is ***impossible*** for him to get there by four o'clock.
그가 4시까지 도착하는 것은 불가능하다.

It's ***impossible*** to call a meeting tomorrow.
내일 모임을 연다는 것은 무리다.

⁑ **in** [in] *in*

① ㊕ 《장소》 안에, …에

There is a puppy ***in*** the room.
방 안에 강아지 한마리가 있습니다.

② 《시간》 **…에, … 지나면**

I met her ***in*** the morning.
나는 아침에 그녀를 만났다.

③ 《방향》 **…쪽에서**

The sun rises ***in*** the east.
해는 동쪽에서 뜬다.

④ 《상태》 **…하여, …이 되어**

He is employed ***in*** a company
그는 회사에 근무하고 있다

⑤ 《방법》 **…으로**

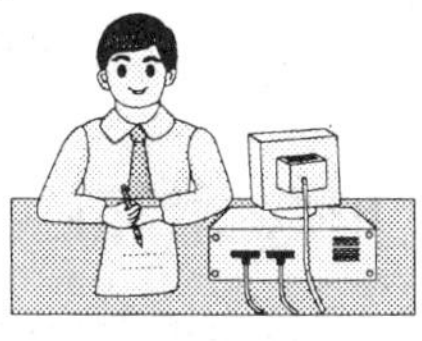

Answer ***in*** English.
영어로 대답해요.

◆ in은 in summer처럼 월 · 년 · 사계절 등 비교적 긴 범위의 때를 나타낼 때 쓴다. on은 날이나 요일(on Sunday 일요일에)에 쓰고 at는 시각(at 10;30 10시 30분에)이나 때의 한 시점을 나타낸다.

inch [intʃ] *inch* ⓜ **인치**
(길이의 단위, 약 2.5cm, 1피트의 12분의 1)

There are twelve ***inches*** to a foot.
1피트는 12인치이다.

* **increase** [inkríːs] *increase*

① ⓐⓑ **증가(증대)하다**

Her family ***increased***.
그녀의 가족이 늘어났다.

The shop has ***increased*** the price of candy.
그 상점에서 사탕 가격이 올랐어요.

② ⓜ **증가, 증대**

indeed [indíːd] *indeed*

ⓑ **실로, 참으로, 과연**

Yes, ***indeed***. 예, 그렇고말고요

It is pressing ***indeed***.
그건 정말 긴급한 일이다

india [índiə] *india*

㉮ 인도 (수도 New Delhi[njù:déli])

Indian [índiən] *Indian*

① 명형 인도(사람), 인도(사람)의

② (아메리카) 인디언, 인디언의

He is an ***Indian***.
그는 인디언입니다.

indoors [indɔ́:rz] *indoors*

부 실내에, 실내에서
(☞ indoor 실내의 반 outdoors 야외에서)

industry [índəstri] *industry*

① 명 공업, 산업 (☞ industrial 산업의)

My father works in the food ***industry***.
아버지는 요식업에 종사하세요.

② 근면 (☞ industrious 근면한)

Poverty is a stranger to ***industry***.
(속담) 부지런히 일하면 가난이 없다.

I

infant [ínfənt] *infant*

㊔ 유아, 어린아이 (보통 일곱 살 이하의)

infant food 유아용 음식

information [ìnfərméiʃən] *information*

① ㊔ 보도, 정보, 지식

A book gives a lot of ***information***.
책은 많은 정보를 줍니다.

② (역, 공항 따위의) 안내소

a tourist ***information*** office
관광안내소

I

* **ink** [iŋk] *ink* ㊔ 잉크

This pen is out of ***ink***.
이 펜은 잉크가 다 떨어졌다.

innocence [ínəsəns] *innocence*

㊔ 순결, 무죄, 결백

The prisoner proved his ***innocence***.
죄수는 자신의 결백을 입증했다.

insect [ínsekt] *insect* ⓜ명 곤충

There are many ***insects*** in the park.
공원에는 많은 곤충들이 있습니다

Insects have legs and wings.
곤충은 다리와 날개가 있어요.

* **inside** [ìnsáid] *inside*

① 명 **내부, 안쪽** (반 outside 외부)

Please come ***inside***.
안으로 들어오십시요.

② 부 **안에**

He'll be back ***inside*** of an hour.
그는 한 시간 안에 돌아올 것이다.

③ 전 **…의 안쪽에(서)**

The ducks were put ***inside*** the fence.
오리가 울타리 안에 넘어졌다.

instant [ínstənt] *instant*

① 명 **즉시, 순간** (동 moment)

The ***instant*** he saw the policeman,

I

he ran away.
그는 경관을 보자 즉각 도망쳤다.

In an ***instant*** he was on his feet.
순식간에 그는 일어섰다.

② 형 즉시의, 즉석의

instead [instéd] *instead* 부 그 대신에

I want milk ***instead*** of juice.
주스 대신 우유 주세요.

Take the red box ***instead*** of the blue one.
파란 것 대신 빨간 상자를 가지세요.

instinct [ínstiŋ(k)t] *instinct* 명 본능

The bees find out by ***instinct*** where flowers are.
벌은 꽃이 있는 곳을 본능적으로 찾아낸다.

instrument [ínstrəmənt] *instrument*

① 명 기기, 기구 (☞ tool 연장)

② 악기 (동 musical instrument)

Where is the musical ***instruments***

section?
악기 있는 곳이 어딘가요?

interest [ínt(ə)rist] *interest*

① 타 **흥미를 갖게 하다**

The book ***interested*** me very much.
그 책은 매우 재미있었다.

② 명 **흥미, 관심, 이익**

She has no ***interest*** in sports.
그녀는 스포츠에 관심이 전혀없다.

interesting [ínt(ə)ristiŋ] *interesting*

형 **재미있는, 흥미있는**

How ***interesting***! 정말 재미있어!

The story is very ***interesting***.
그 이야기는 참 재미있어요.

into [íntə, íntu] *into*

① 전 《동작 · 운동을 나타내어》 **…의 속으로, …의 속에** (반 out of, from …에서)

Let's go ***into*** the house.

안으로 들어가자.

② 《변화를 나타내어》 …으로 바꾸다(바뀌다)

The rain turned *into* snow.
비가 눈으로 변했다.

3 *into* 21 is 7. 21나누기 3은 7.

◆ into는 go, come 등과 같은 동사와 쓰여 「안으로」라는 동작을 나타낸다. 그러나 in은 come, go 처럼 동작을 나타내는 동사와 쓰일 때는 「안으로」라는 동작을 나타내지만 그렇지 않은 경우에는 「안에」라는 정지된 상태를 나타낸다.

---

introduce [ìntrəd(j)úːs] *introduce*

I

[타] **소개하다**

Please *introduce* me to Mr. Jones.
저를 존스 씨에게 소개해 주십시오

Allow me to *introduce* my mother to you.
저의 어머니를 소개합니다.

♣ **introduce oneself** 자기소개 하다

---

invent [invént] *invent* [타] **발명하다**

The electric lamp was ***invented*** by Edison.
전등은 에디슨에 의하여 발명되었다.

invention [invénʃən] *invention*

㊔ **발명, 발명품**

Necessity is the mother of ***invention***.
(속담) 필요는 발명의 어머니

inventor [invéntər] *inventor* ㊔ **발명가**

invitation [ìnvətéiʃən] *invitation*

㊔ **초대, 초대장**

I shall be glad to accept your ***invitation***.
초대에 기꺼이 응하겠습니다.

Thank you for your kind ***invitation***.
친절한 초대에 감사드립니다.

* **invite** [inváit] *invite*

㊔ **초대하다, 부르다, 권유하다**

We ***invited*** her to have dinner with us.
함께 만찬을 들자고 그녀를 초대했어요.

We ***invited*** her to join our party.
우리는 그녀가 우리모임에 참가하도록 권유했다.

Ireland [áiərlənd] *Ireland*

㉺ **아일랜드(공화국)**
(수도 Dublin [dʌ́blin])

* **iron** [áiərn] *iron*

① ㉺ **철, 쇠**

Strike while the ***iron*** is hot.
(속담) 쇠는 달았을 때 쳐라, 좋은 기회를 놓치지 마라.

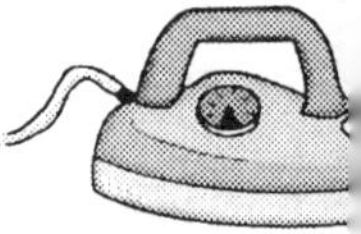

② **다리미**

She uses an electric ***ir***....
그녀는 전기다리미를 쓴다.

③ ㉻ **쇠의, 쇠로 만든**

That robot is made of ***iron***.

저 로봇은 철로 만들어졌다.

is [iz] *is* ㉠ …이다, …에 있다

He ***is*** a good boy.
그는 훌륭한 소년이다.

There ***is*** a vase on that table.
저 테이블 위에 꽃병이 있다.

⁑ **island** [áilənd] *island* ⓜ 섬

Hawaii is an ***island***.
하와이는 섬이다.

We had a vacation on an ***island***.
우리는 섬에서 휴가를 보냈습니다.

isn't [íznt] *isn't* **is not** 의 단축형

I

⁑ **it** [it] *it*

㉹ 《시간 · 날씨 · 거리 · 계절 · 명암 따위를 나타낼 때》 그것은(을, 에)

It's an eraser. 그것은 지우개야.

It is fine today. 오늘은 날씨가 좋다.

Where is ***it***? 그것이 어디 있어요?

Italy [ítəli] *Italy*

㉮ **이탈리아** (수도 Rome [roum])

I will go to ***Italy*** this summer.
나는 올 여름 이탈리아에 갈 거예요.

it'll [ítl] *it'll* **it will, it shall 의 단축형**

its [its] *its* ㉢ **그것의** (it의 소유격)

This bike lost one of ***its*** wheel.
이 자전거는 바퀴가 하나 없다.

The chair lost one of ***its*** legs.
그 의자는 다리가 하나 없다.

itself [itsélf] *itself*

① ㉢ 《강조용법》 그 자신, 그 스스로

He is kindness ***itself***.
그는 매우 친절하다.

The cat is washing ***itself***.
고양이가 자기 몸을 씻고 있어요.

② 《재귀용법》 그 자신을(에게)

I've [aiv] *I've* **I have 의 단축형**

I' ve got to go now. 지금 가야해요.

ivory [áiv(ə)ri] *ivory*

① 명 상아, 상아색

② 형 상아색의

J, j [dʒei] *J, j* 알파벳의 열번째 문자

jail [dʒeil] *jail* ⓜ **교도소, 감옥**

jam [dʒæm] *jam* ⓜ **잼**

Pass the ***jam***, please.
잼을 건네 주십시오.

* **January** [dʒǽnjuèri] *january*

ⓜ **1월** (Jan.으로 줄여 쓴다)

January is the first month of the year.

1월은 한 해의 첫 번째 달입니다.

It is ***January*** 20. 오늘은 1월 20일이다.

Japan [dʒəpǽn] *Japan*

㊔ **일본** (☞ Japanese 일본사람)

My cousin lives in ***Japan***.
내 사촌은 일본에 삽니다.

Japan is an island country.
일본은 섬나라이다.

jaw [dʒɔː] *jaw* ㊔ **턱**

Jesus [dʒíːzəs] *Jesus*

㊔ **예수** (동 Jesus Christ)

***jewel** [dʒúːəl] *jewel* ㊔ **보석, 보물**

She has a ***jewel*** box.
그녀는 보석 상자를 가지고 있습니다.

She put on ***jewels*** round her neck.
그녀는 목 둘레에 보석을 착용하고 있습니다.

job [dʒɑb] *job* ⓜ **일, 직업** (ⓢ work)

His father lost his ***job***.
그의 아버지는 실직하셨어.

I had a ***job*** finding the way out.
출구를 찾는데 한참 고생했다.

◆ job은 보통 일한 보수를 받는 직업적인 일을 뜻하며, work는 집안일부터 공부, 사업에 이르기까지 보스를 받든 안 받든 일을 하는 것을 의미한다.

join [dʒɔin] *join*

① ㉶㉹ **연결하다, 결합하다** (ⓑ part 나누다)

The Ohio ***joins*** the Mississippi.
오하이오강은 미시시피강에 합류한다.

② **참가하다, 한패가 되다, 합치다**

Come, ***join*** us. 이리 와서 함께 하자.

Will you ***join*** us for a game?
함께 게임을 하시지 않겠습니까 ?

joke [dʒouk] *joke* ⓜ **농담, 짓궂은 장난**

It' s not a ***joke.***

웃을 일이 아니야.

He ***joked*** me on my accent.
그는 내 발음을 놀려댔다

* **journal** [dʒə́ːrnl] *journal* ⓜ 신문, 잡지

* **journey** [dʒə́ːrni] *journey*

ⓜ 여행, 여정
(동 travel, trip ☞ voyage 항해)

Edinburgh is about five hours' ***journey*** from London.
에딘버러는 런던에서 약 5 시간의 여정이다.

We made a ***journey*** to Africa.
우리는 아프리카로 여행했습니다.

* **joy** [dʒɔi] *joy*

ⓜ 기쁨 (동 pleasure 반 sorrow 슬픔)

Joy to the world! 온세계에 기쁨을!

I wish you ***joy*** of your success.
성공을 축하합니다.

judge [dʒʌdʒ] *judge*

J

① ㉶㉷ **재판하다, 판단하다**

The court ***judged*** him guilty.
법정은 그에게 유죄를 선고했다.

② ㉺ **재판관, 심판관**

a presiding ***judge*** 재판장

jug [dʒʌg] *jug*

① ㉺ **물주전자, (손잡이가 달린) 맥주컵**

juice [dʒuːs] *juice*

㉺ **(과실 · 고기 따위의) 즙, 과즙액**

I like orange ***juice***.
나는 오렌지 주스를 좋아한다.

I had a glass of orange ***juice***.
나는 오렌지 주스 한 잔을 마셨어요.

July [dʒulái] *July* ㉺ **7월** (Jul.로 줄여 쓴다)

July is in summer. 7월은 여름이다.

It is very hot in ***July***. 7월은 매우 덥다.

jump [dʒʌmp] *jump*

① ㉸㉹ **뛰다, 뛰어오르다**

The store ***jumped*** the prices.
그 상점은 물건 값을 갑자기 올렸다.

② ㉴ **뛰어 오르기, 점프**

One, two, three, ***jump***!
하나, 둘, 셋, 뛰어!

June [dʒuːn] *June* ㉴ 6월
(Jun.으로 줄여 쓴다)

June is a very pleasant month.
6월은 아주 쾌적한 달이에요.

We have roses in ***June***.
6월에는 장미가 핀다.

jungle [dʒʌ́ŋgl] *jungle*

㉴ **밀림, 정글**

Monkeys live in the ***jungle***.
원숭이는 정글에 삽니다.

There are many animals in the ***jungle***.
밀림에는 동물들이 많다.

J

junior [dʒúːnjər] *junior*

① 명 **손아랫사람, 연소자**
(반 senior 연장자)

② 형 **손아래의, 연소한**

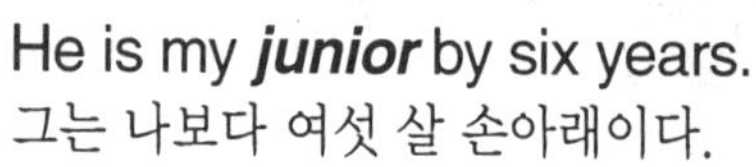

He is my ***junior*** by six years.
그는 나보다 여섯 살 손아래이다.

◆ 부자나 형제가 이름이 같을 경우, 아들 또는 형제 중의 동생의 이름에 붙여서 아버지 또는 형과 구별한다. 보통 Jr.로 줄인다

Jupiter [dʒúːpətər] *Jupiter*

① 명 《로마신화》 **주피터 신**
(그리스신화의 Zeus)

② 〖천문〗 목성

⁑ **just** [dʒəst] *just*

① 부 **꼭, 바로, 지금**

Dad ***just*** called.
아빠가 방금 전화했어요.

I've ***just*** come here.
방금 여기에 도착했습니다

② 《명령법과 함께》 좀, 조금

Just try it. 좀 해 보게.

③ 《구어》 정말, 아주

Just so. 바로 그래.

④ ㊇ 올바른, 공평한, 정의의 (동 right)

He is always ***just*** in his dealings.
그의 조처는 항상 공정하다.

J

K, k [kei] *K, k* 알파벳의 열한번째 문자

kangaroo [kǽŋgərú:] *kangaroo*

㊔ 〖동물〗 캥거루

There are many ***kangaroos*** in Australia.
호주에는 캥거루가 많아요.

keep [ki:p] *keep*

① ㉶㉻ 지니다, 가지고 있다

You can ***keep*** it. 너 가져.

② (어떤 상태로) 하여 두다, 유지하다

Keep the door shut.
문을 닫아 두세요

The wind ***kept*** to the east all day.
바람은 온종일 동쪽으로 불었다

③ (규칙 따위를) 지키다

He ***keep*** his promise.
그는 약속을 지켰다.

key [kiː] *key*

① ㉠ 열쇠, 키

Where is the car ***key***?
자동차 열쇠가 어디에 있지?

② (문제 · 사건 따위의) 실마리

He found the ***key*** to success.
그는 성공의 실마리를 잡았다.

keyboard [kíːbɔ̀ːrd] *keyboard*

㉠ (피아노의) 건반, (컴퓨터 · 타자기 따위의) 키보드

⁑kick [kik] *kick*

① ㉮㉯ **차다, 걷어차다**

Kick the ball. 공을 차라.

They ***kicked*** him out.
그들은 그를 내쫓았다.

② ㊔ **차기, 걷어차기**

⁑kid [kid] *kid*

① ㉮㉯ **농담하다**

You are ***kidding***. 농담이군요.

② ㊔ 《구어》 **아이**

He is a cute ***kid***. 그는 귀여운 아이다.

⁑kill [kil] *kill*

① ㊔ **죽이다** (㉥ save 구하다)

He ***killed*** the fly.
그는 파리를 죽였습니다.

② (시간을) **보내다**

We ***killed*** time by listening to the radio.

우리는 라디오를 들으며 시간을 보냈어요.

***kind**[1] [kaind] *kind* (형) **친절한, 온화한**

It is very ***kind*** of you to help me.
도와주셔서 감사합니다

kind[2] [kaind] *kind* (명) **종류** ([동] sort)

What ***kind*** of toy do you like?
어떤 종류의 장난감을 좋아하니?

kindergarten

[kíndərgὰːrtn] *kindergarten*

(명) **유치원**

***king** [kiŋ] *king*

(명) **왕, 국왕** ([반] queen 여왕)

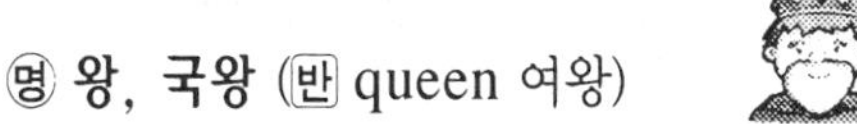

The ***king*** liked his daughter.
그 왕은 그의 딸을 사랑했습니다.

The lion is ***king*** of the jungle.
사자는 밀림의 왕이다.

kingdom [kíŋdəm] *kingdom* (명) **왕국**

K

◆ 일반적으로 king 나 queen 에 의하여 지배되는 나라를 가리킨다.

kiss [kis] *kiss*

① 명 **키스, 입맞춤**

Give me a ***kiss***. 키스해 주세요.

② 자타 **키스하다, 입 맞추다**

Mother ***kisses*** the baby.
엄마가 아기에게 뽀뽀를 해요.

⁑ **kitchen** [kítʃin] *kitchen* 명 **부엌**

He knocked on the ***kitchen*** door.
그는 부엌문을 노크했습니다.

Mother is cooking in the ***kitchen***.
엄마는 부엌에서 요리를 하고 계십니다.

kite [kait] *kite*

① 명 【조류】 **솔개**

② **연**

I like to fly a ***kite***.
나는 연날리기를 좋아합니다.

kitten [kítn] *kitten* ㉰ 고양이 새끼

knee [niː] *knee* ㉰ 무릎

I skinned my ***knee***.
무릎이 까졌어요.

Let me look at your ***knees***.
무릎을 보여 주세요.

◆ 앉았을 때 허리에서 무릎마디까지는 lap으로 쓴다.

kneel [niːl] *kneel* ㉲ 무릎 꿇다

All ***knelt*** down. 모두 꿇어 앉았다.

⁑ **knife** [naif] *knife* ㉰ 나이프, 칼

We eat with ***knife*** and fork.
우리는 나이프와 포크로 먹는다.

The ***knife*** is very sharp.
이 칼은 정말 날카로와요.

knit [nit] *knit* ㉲㉳ 짜다, 뜨개질하다

She is ***knitting*** stockings.

그녀는 양말을 짜고 있었어요.

knock [nɑk] *knock*

① 자타 똑똑 두드리다, 노크하다

Knock on the door before entering.
들어가기 전에 문에 노크하세요.

He ***knocked*** his head against the wall.
그는 벽에 머리를 부딪쳤다.

② 명 (문 따위를) 두드림, 그 소리

knot [nɑt] *knot*

① 명 매듭

There is a ***knot*** in the rope.
로프에 매듭이 있습니다.

This cord does not ***knot***.
이 끈은 얽히지 않는다.

② 노트, 해리
(배가 1시간에 약 1,852m 가는 속도)

*__know__ [nou] *know* 자타 알고 있다, 알다

Do you ***know*** this person?
이 사람을 아니?

I ***know*** him to be honest.
나는 그가 정직하다는 것을 알고 있다

How should I ***know***?
내가 어찌 알겠는가 ?

koala [kouáːlə] *koala*

㉑ 【동물】 **코알라**

Korea [kərí(ː)ə] *Korea* ㉑ **한국**

Korea is a beautiful country.
한국은 아름다운 나라이다.

My family lives in ***Korea***.
내 가족은 한국에 산다.

Korean [kərí(ː)ən] *Korean*

㉔㉑ **한국(사람, 말)의, 한국사람, 한국말**

I like ***Korean*** food.
나는 한국 음식을 좋아합니다.

Can you speak ***Korean***?
당신은 한국말을 할 줄 압니까?

Koreatown [kərí(ː)ətàun] *Koreatown*

명 (외국도시의) 한국인 거리

L, l [el] *𝒧, ℓ* 알파벳의 열두번째 문자

label [léibəl] *label*

① 명 라벨, 딱지

The bottle was ***labeled*** 'poison'.
그 병에는 '독약' 이라는 딱지가 붙어있었다.

② 타 라벨을 붙이다

labor [léibər] *labor*

① 명 노동, 근로

② 자 노동하다, 노력하다

Let us ***labor*** for a better future.
보다 나은 미래를 위해서 노력하자

He ***labored*** to complete the task.
그는 그일을 완성하고자 노력했다.

ladder [lǽdər] *ladder* ㊔ **사다리**

Go up the ***ladder***.
사닥다리로 올라가라.

John climbs the ***ladder***.
존이 사다리를 올라갑니다.

lady [léidi] *lady*

㊔ **부인, 귀부인, 숙녀**
(반 gentleman 신사)

Ladies and gentlemen!
신사,숙녀 여러분!

She is a ***lady*** by birth.
그녀는 좋은 집안에서 태어났다.

L

* **lake** [leik] *lake* ㊔ **호수, 못**

There are many swans in the ***lake***.
호수에는 백조가 많이 있습니다.

the Great ***Lake*** 대서양

lamp [læmp] *lamp* ㊔ **램프, 등불**

Turn on the ***lamp***.
등불을 켜라.

There is a ***lamp*** on the desk.
책상 위에 등이 있어요.

* **land** [lænd] *land*

① ㊔ **육지** (㊊ sea 바다), **땅, 토지**

People live on ***land*** and fish live in the sea.
사람은 땅에 살고 물고기는 바다에 삽니다.

② ㉶㉵ **착륙하다**

The plane is ***landing***.
비행기가 착륙하고 있습니다.

language [lǽŋgwidʒ] *language*

㊔ **언어, 말**

How many ***languages*** can you speak?
너는 몇 개 언어를 할 수 있니?

Many students like to learn foreign ***languages***.
많은 학생들이 외국어배우기를 좋아합니다.

lantern [lǽntərn] *lantern* [명] 등불, 제등

⁑ **large** [lɑːrdʒ] *large*

[형] 큰 ([동] big [반] small 작은)

These pants are too ***large***.
이 바지는 너무 커요.

How ***large*** is it? 얼마나 큰가요?

lark [lɑːrk] *lark* [명] 〖조류〗 종달새

lass [læs] *lass* [명] 소녀, 아가씨
([동] girl ☞ lad 소년)

* **last** [læst] *last*

① [형] 최후의 ([반] first 최초의)

This is your ***last*** chance.
이것이 너의 마지막 기회다.

② 앞서의, 최근의

I was ill in bed, the ***last*** time he came here.
전번에 그가 여기 왔을 때 나는 앓아 누워 있었다.

③ ㊋ **최후에**

He arrived ***last***.
그가 마지막으로 도착했다

④ ㊔ **최후, 마지막**

He is the ***last*** person to deceive you.
그는 결코 당신을 속일 사람 같지는 않다.

♣ **for last time** 마지막으로
at last 드디어, 결국

⁑ late [leit] *late*

① ㊕ **늦은, 때늦은** (반 early 이른)

I wasn't ***late***, I was early.
저 늦지 않았어요, 일찍 왔어요.

② **최근의**

I saw him as ***late*** as yesterday.
바로 어제 그를 보았다.

L

③ ㊊ 때늦게, 늦게

He has begun rather ***late*** in the day.
그는 좀 뒤늦게 시작했다.

◈ later, latest는 시간적으로 「훨씬 늦은」, 「최근」의 뜻. latter, last는 순서로서 「나중의」, 「최후의」의 뜻이다.

lately [léitli] *lately* ㊊ **요사이, 최근**

I haven't seen him ***lately***.
요즘 그를 보지 못했다

I have not seen her ***lately***.
나는 요사이 그녀를 만나지 않았다.

later [léitər] *later*

㊎ **훨씬 늦은** (㊍ earlier 보다 이른)

See you ***later***. 나중에 뵙겠습니다.

I have not heard any ***later*** news.
나는 그 후의 소식은 듣지 못했다.

Latin [lǽt(i)n] *Latin*

① ㊎ **라틴계의, 라틴어의**

② 명 라틴계의 사람, 라틴어

laugh [læf] *laugh*

① 자 (소리내어) 웃다
(☞ smile 미소하다 반 cry 울다)

I had a good ***laugh*** at a joke.
나는 농담을 듣고 크게 웃었다.

② 명 웃음

Don't ***laugh*** at me. 비웃지마.

law [lɔː] *law*

명 법률, 법칙, 규칙 (동 rule)

That's the ***law***. 그것이 법이다.

We are equal before the ***law***.
우리는 법 앞에 평등하다.

lawyer [lɔ́ːjər] *lawyer* 명 법률가, 변호사

lay [lei] *lay*

① 타 가로놓다, 눕다

The storm ***laid*** the crops.

L

폭풍우를 만나 농작물이 쓰러졌다

I ***laid*** a book on a desk
나는 책을 책상 위에 놓았다.

② (알을) 낳다

The hen ***lays*** an egg every day.
암탉이 매일 알을 하나씩 낳는다.

♣ **lay aside** 간직해 두다, 비축하다
lay down 아래에 놓다

lazy [léizi] *lazy* [형] **게으른, 꾀부리는**
([동] idle [반] diligent 근면한)

Don' t be ***lazy***. 게으름 피우지 말아라.

He is a ***lazy*** man.
그는 게으른 사람이다.

⁑ **lead** [liːd] *lead*

① [자][타] 이끌다, 안내하다
([동] guide [반] follow …을 따르다)

Dan ***leads*** our team.
댄이 우리 팀을 이끈다.

All roads ***lead*** to Rome.
(속담) 모든 길은 로마로 통한다.

L

② ⓜ 선두, 우세

John took the ***lead*** in the game.
존은 그 경기에서 선두였다.

leader [líːdər] *leader* ⓜ 지도자, 선두자

Dan is the ***leader*** of our team.
댄은 우리 팀의 리더이다.

⁑ **leaf** [liːf] *leaf* ⓜ 잎

Leaves are falling from the tree.
나무에서 나뭇잎들이 떨어지고 있다.

The ***leaves*** turn red in fall.
가을이 되면 잎이 붉게 물든다.

lean [liːn] *lean* ⓙ 기대다, 의지하다

The tower ***leans*** to the south.
탑은 남쪽으로 기울고 있다.

Lean off the chair !
의자에 기대지 마라.

L

⁑ **learn** [ləːrn] *learn*

ⓙⓣ 배우다, 외우다, 익히다

(반 teach 가르치다)

We are ***learning*** computer program.
우리는 컴퓨터를 배우고 있다.

We ***learn*** much from experience.
우리는 경험에서 많은 것을 배운다

◆ learn은 「배워서 외우다」「배워서 익혀 지니다」라는 뜻으로 어떤 지식이나 기술을 습득하는 것을 말한다. study는 「공부하다, 연구하다」라는 뜻으로 노력해서 배우는 과정을 담고 있다.

****leave** [liːv] *leave*

① 자타 **출발하다, 떠나다**
(반 remain 남다)

He ***left*** ten minutes ago.
그는 10분 전에 떠났다.

It's time to ***leave*** now.
이제는 갈 시간이다

② **두고 가다, 잊어버리고 가다**

He ***left*** his bag behind in the car.
그는 차 속에 가방을 두고 왔다.

led [led] *led*

㉶㉵ **lead(이끌다)의 과거, 과거분사**

⁑left [left] *left*

① ㉻ **왼쪽의** (㉶ right 오른쪽의)

She is holding up her ***left*** hand.
그녀는 왼손을 올리고 있었다.

② ㉻ **왼쪽으로, 왼쪽에**

③ ㉹ **왼쪽, 좌측**

Turn ***left***! 왼쪽으로 돌아라!

⁑leg [leg] *leg* ㉹ **다리**

My ***legs*** hurt. 난 다리를 다쳤다.

The bird has long ***legs***.
그 새는 다리가 길어요.

◈ foot (발)는 구두를 신는 부분, leg는 다리 전체

lemon [lémən] *lemon*

㉹ 〖식물〗 **레몬(나무)**

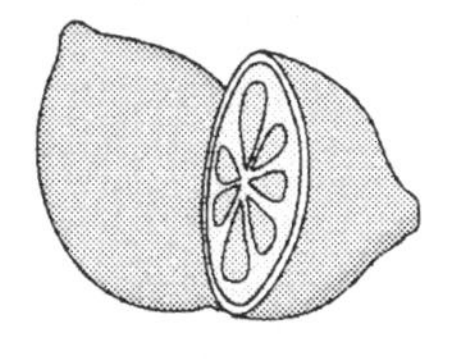

Do you like ***lemon***?
당신은 레몬을 좋아합니까?

lend [lend] *lend* ㉵ **빌려주다**
(반 borrow 빌리다)

Can you ***lend*** me some money?
돈을 좀 빌려 줄 수 있어?

I can't ***lend*** it to you.
그것은 빌려줄 수 없네.

length [leŋθ] *length*

㉮ **길이** (☞ width 넓이)

12 feet in ***length*** 길이 12피트.

The river is 600 miles in ***length***.
그 강은 길이가 600 마일이다.

lens [lenz] *lens* ㉮ **렌즈**

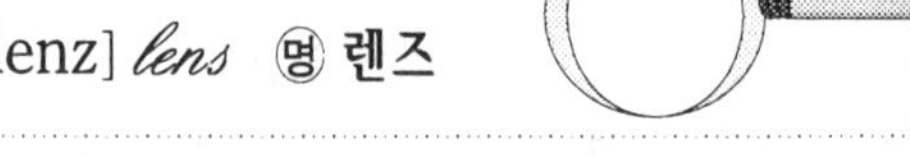

⁑ **lesson** [lésn] *lesson* ㉮ **학과, 교과, 수업**

It' s time for English ***lesson***.
영어 수업 시간이에요.

Let it be a ***lesson*** to you.
이것을 교훈삼아 다시는 하지 마세요.

** **let** [let] *let*

① [타] 시키다, …하는 것을 허용하다

Let me try it. 내가 해 볼께.

He ***let*** her go. 그는 그녀를 가게 했다

② …하자, …합시다

Let's play baseball. 야구를 하자

** **letter** [létər] *letter* [명] 편지

I wrote Lisa a ***letter***.
나는 리사에서 편지를 썼다.

Judy reads a ***letter*** out loud.
주디는 큰 소리로 편지를 읽습니다.

letter box [létər bàks] *letter box*

[명] 우편함, 우체통

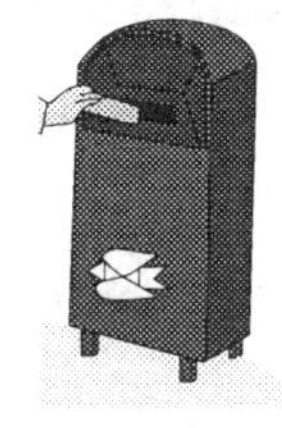

* **level** [lévəl] *level*

① [명] 수준, 표준

Our ***level*** of our lessons is rather high.

L

우리들의 수업 수준은 약간 높은 편이다.

② 수평, 평면

The river is ***level*** with its bank.
그 강의 수위는 강둑과 같은 높이에 있다

③ ㊎ 수평의, 평평한

liar [láiər] *liar* ㊔ 거짓말쟁이

liberty [líbərti] *liberty*

㊔ 자유 (㊐ freedom)

You have the ***liberty*** of the room.
너는 그 방을 마음대로 써도 좋다

Give me ***liberty***, or give me death!
자유가 아니면 죽음을 달라!

librarian [laibrέəriən] *librarian*

㊔ 도서관

L

⁑**library** [láibrèri] *library*

㊔ 도서관, 서재

I' m going to the ***library***.

나는 도서관에 가는 중입니다.

When did you leave the ***library***?
언제 도서관에서 나왔어요?

lick [lik] *lick* ⓔ **핥다**

The dog ***licked*** its paws.
개는 발을 핥았다

The cat ***licked*** the plate clean.
고양이가 접시를 깨끗이 핥아 먹었다.

lie[1] [lai] *lie*

① ⓙ **가로눕다** (☞ lay 가로놓다)

Lie down! 누어라.

Sam ***lies*** watching television
샘는 텔레비전을 보면서 누워 있다

② **위치하다**

*** **lie**[2] [lai] *lie* ⓜ **거짓말**

His pose of humility was a ***lie***.
그의 겸손한 태도는 거짓이었다.

* **life** [laif] *life* ⓜ **생명, 목숨, 인생**

L

While there is ***life***, there is hope.
(속담) 목숨이 붙어 있는 한 희망이 있다.

Is there any ***life*** on Mars?
화성에는 어떤 생물이 살아요?

lift [lift] *lift*

① [자타] **올리다, 들어올리다**

He can ***lift*** this rock
그는 이 바위를 들어 올릴 수 있다.

The lid won't ***lift***.
아무리 해도 뚜껑이 열리지 않는다.

② [명] **들어 올림, 승강기**

⁑ **light** [lait] *light*

① [명] **불빛, 등불, 빛**

Turn off the ***light***. 불을 꺼라.

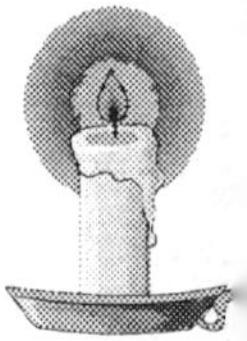

The ***light*** began to fail.
날이 저물기 시작했다.

② [자타] **등불을 켜다, 밝게 하다**

The room was ***lighted*** up with candles.

그 방은 촛불로 밝혀져 있었다

③ 형 **밝은** (반 dark), **(빛깔이) 엷은, 가벼운**

This baggage is ***light*** to lift.
이 손짐은 들기에 아주 가볍다.

⁑like[1] [laik] *like*

① 자타 **좋아하다, 마음에 들다**
(동 be fond of)

I ***like*** chicken. 나는 닭고기를 좋아한다.

It looks ***like*** rain. 비가 올 것 같다.

② 명 **좋아하는 것, 기호**

I should ***like*** to see you again.
또 만나고 싶군요

like[2] [laik] *like* 형 **닮은, 같은**

He is just ***like*** his father.
그는 아버지를 꼭 닮았다

likely [láikli] *likely*

① 형 **…할 듯한, 있음직한, 그럴 듯한**

L

He is ***likely*** to succeed.
그는 성공할 것 같다.

② ㊌ 아마 (㊐ probably)

He knows nothing about it as ***likely*** as not.
그는 아마도 그 일을 전혀 모르고 있는 것일꺼야.

lily [líli] *lily* ㊔ 〖식물〗 **백합(꽃)**

:line [lain] *line*

① ㊔ **선, 줄, 열**

I drew a straight ***line***.
나는 직선을 그렸다.

② **(비행기 · 기차 · 버스 따위의) 항로, 노선**

This is a steamer on the American ***line***.
이것은 미국 항로의 배이다.

L

③ **전선, 전화선**

Line's busy. 전화에서 통화중이에요

④ ㊎ **한 줄로 세우다, 선을 긋다**

Drop me a ***line***. 한 줄 써 보내다오.

* **lion** [láiən] *lion* ⓜ 〖동물〗 사자

The ***lion*** is the king of all animals.
사자는 모든 짐승의 왕이다.

⁑ **lip** [lip] *lip* ⓜ 입술

She has pretty ***lips***.
그녀는 귀여운 입술을 가지고 있다.

I hurt my ***lip*** when I fell.
넘어지면서 입술을 다쳤어요.

⁑ **list** [list] *list* ⓜ 표, 목록, 명부

This is the shopping ***list***.
이것이 쇼핑할 목록입니다.

This dictionary ***lists*** at 10,000 won.
이 사전은 가격표에 따르면 만원이다.

⁑ **listen** [lísn] *listen* ⓙ 듣다, 귀담아 듣다

We ***listened*** to him playing the violin.
우리는 그가 바이올린을 연주하고 있는 것

L

을 들었다.

Listen to me carefully.
주의깊게 들어라.

---

little [lítl] *little*

① ㊔㊕ 《a little의 꼴로 긍정》 **조금의, 약간의** (반 much 많은)

Are you sick? - Yes, a ***little*** bit.
너 아프니? 네 조금요

I can speak a ***little*** English.
영어를 조금은 할 수 있다

② 《a 가 없이 부정》 **거의 없는, 조금밖에 없는**

I ***little*** thought that he would come back again.
나는 그가 다시 돌아오리라고는 거의 생각하지 않았다.

♣ **little by little** 조금씩
not a little 적지 않게

◈ little은 기본적으로 크기가 「작다」와 양이 「적다」는 뜻으로 쓰이는데, a가 붙으면 긍정의 의미로, a가 없으면 부정의 의미로 쓰인다. 또한 양을 나타내는 much와 little은

셀 수 없는 명사와 함께 단수 취급하고 수를 나타내는 many와 few는 셀 수 있는 명사와 함께 복수 취급한다.

live [liv] *live*

① ㉠㉡ **살다** (☞ life), **살아있다** (반 die 죽다)

Plants cannot *live* without moisture.
식물은 물없이 살 수 없다.

② **살아가다, 생활하다**

Where do you *live*?
너 어디 사니?

③ 형 **살아있는** (동 alive 반 dead 죽은), **생방송의**

living room [líviŋ rù(:)m] *living room*

명 **거실**

Our family were gathered in the *living room*.
우리 가족은 거실에 모여 있었다.

lizard [lízərd] *lizard* ⓜ 〖동물〗 도마뱀

load [loud] *load*

① ⓜ 짐, 부담, 화물

Branches bent low with their ***load*** of fruit.
가지는 과실의 무게로 낮게 처졌다.

② ⓣ (짐을) 싣다

The ship was ***loaded*** with coal.
그 배에는 석탄이 실려 있었다.

loaf [louf] *loaf*

ⓜ (빵의) 한 덩이

two ***loaves*** of bread
두 덩어리의 식빵

Please give me a ***loaf*** of bread.
빵 한덩어리 주세요.

loan [loun] *loan*

① ⓜ 대부, 대부금

He made a ***loan*** from the bank.
그는 은행에서 대부하였다.

② ㉮㉯ **빌려주다, 대부하다**

May I have the ***loan*** of this book?
이 책을 좀 빌려줄 수 없을까요?

lobster [lάbstər] *lobster*

㊔ 〖동물〗 **바닷가재**

* **lock** [lɑk] *lock*

① ㊔ **자물쇠, 잠그는 장치**

② ㉮㉯ **잠그다, 잠기다**

Please, ***lock*** the door.
문을 잠그세요.

locust [lóukəst] *locust* ㊔ 〖곤충〗 **메뚜기**

lodge [lɑdʒ] *lodge*

① ㉮㉯ **묵게 하다, 숙박하다**

Could you ***lodge*** me for the night?
하룻밤 묵게 해주시겠습니까?

He ***lodged*** at Mrs. Smith's during his school days.
학생 시절에 그는 스미스 부인댁에서 하숙했다.

② ㉮ **오두막집, 간이 숙박소**

log [lɔːg] *log* ㉮ **통나무, 재목**

It is as easy as rolling off a ***log***.
그 일은 통나무를 굴리는 일처럼 아주 쉽다

Logging too many trees destroys nature.
나무를 너무 많이 베면 자연이 파괴된다.

London [lʌ́ndən] *London*

㉮ **런던** (영국의 수도)

lonely [lóunli] *lonely*

㉻ **고독한, 홀로의, 외로운**

Grandpa says that he is ***lonely***.
할아버지가 외롭다고 말씀하세요.

⁑**long** [lɔ(ː)ŋ] *long*

① 형 (거리 · 시간이) 긴, 길이가 긴,
(반 short 짧은)

Anna has ***long*** hair.
애나는 머리가 길어요.

② 부 오랫동안, 쭉

Hi ! ***Long*** time no see.
안녕! 오랫만이야.

How ***long*** will you stay?
얼마 동안 계시겠습니까?

♣ **all day long** 하루 온 종일
as long as ~하는 한에서는
no longer 이젠 ~ 아닌, 더이상 ~아닌
So long! 안녕히 가십시오.
so long as ~하는 한, ~이기만 하면
for long 오랫동안 (부정, 의문문)

⁑ look[luk] *look*

① 자 (눈여겨) 보다, …으로 보이다

Look, a spider! 저것봐, 거미다.

What are you ***looking*** at?
무엇을 보고 있느냐?

② 명 보기, 모양, 인상, 용모

He had a ***look*** at the papers.
그는 서류를 한번 훑어보았다.

♣ **look about** ~의 주위를 둘러보다
look after ~에 주의하다
look at ~을 보다
look for ~을 찾다
look like ~처럼 보이다
look up 쳐다보다, 찾아보다

◈ look은 주의를 기울여서 「본다」는 의미이고 see는 자연히 눈에 보이는 것을 의미한다. 또 watch도 주의해서 본다는 의미로는 look과 같지만 look는 정지해 있는 것에 대해 watch는 움직이는 것에 대해서 쓰이는 것이 보통이다.

* loose [luːs] *loose*

① 형 헐렁한, 느슨한, 풀린

He wears loose boots.
그는 헐렁한 장화를 신고 있어요.

② 단정치 못한, 품행이 나쁜

He leads a loose life.
그는 방종한 생활을 했어요.

lord [lɔːrd] *lord* ㊔ 주인, 영주, 군주

Los Angeles
[lɔːs ǽndʒələs] *Los Angeles*

㊔ **로스앤젤레스**
(미국 캘리포니아 주의 도시 L.A.로 줄여 쓴다)

⁑ **lose** [luːz] *lose*

① ㉠㉤ **잃다, 없애다** (반 fine, get 얻다)

Did you ***lose*** something?
뭐 잃어 버렸니?

② **(시계가) 늦어지다** (반 gain 빨라지다)

My watch ***loses*** twenty seconds a day.
내 시계는 하루에 20초 늦어요.

③ **지다, 손해보다** (반 win 이기다)

The investors ***lost*** heavily.
투자한 사람들은 큰 손해를 보았다.

④ **(시간 따위를) 낭비하다**

There is not a moment to ***lose***.
잠시도 헛되이 보낼 수 없어요.

lost [lɔ(ː)st] *lost*

① [명] lose(잃다)의 과거, 과거분사

② [형] 잃어버린, 없어진

I ***lost*** my hat.
나는 모자를 잃어버렸어요.

He got ***lost*** in the wood.
그는 숲속에서 길을 잃었다.

⁑ **lot** [lɑt] *lot* [명] 많이, 매우, 많은

I ate ***lots*** of vegetables.
난 야채를 많이 먹었다.

A ***lot*** of milk was given to the children.
아이들에게 우유를 많이 주었다.

⁑ **loud** [laud] *loud*

① [형] 큰소리의, 소리가 높은 ([반] low 낮은)

TV is on too ***loud***.
텔레비전 너무 크게 틀었어.

② [부] 큰소리로

Don't talk so ***loud***.
그렇게 큰 소리로 말하지 마라.

⁑ **love** [lʌv] *love*

① 타 **사랑하다, 좋아하다**
(반 hate 미워하다)

I ***love*** you.
나는 당신을 사랑해요.

② 명 **사랑, 애정, 연인**

Love is not visible but valuable.
사랑은 보이지 않지만 소중한 거예요.

♣ **fall in love with** ~을 사랑하다

lovely [lʌ́vli] *lovely*

형 **사랑스러운, 귀여운** (☞ pretty 예쁜)

Anna is ***lovely***. 애나는 귀엽다.

We had a ***lovely*** time.
우리는 아주 즐거웠습니다.

⁑ **low** [lou] *low*

① 형 **낮은** (반 high 높은),

(가격 따위가) 싼 (동 cheap)

I spoke in a ***low*** voice.
나는 낮은 목소리로 말했다.

② 기운 없는, 침울한

She was in ***low*** spirits.
그녀는 의기소침해 있었다.

③ 부 낮게, 싸게

The bird is flying ***low***.
새가 낮게 날고 있었다.

luck [lʌk] *luck*

명 운, 행운 (동 fortune)

Good ***luck***! 행운을 빕니다!

I have good ***luck***. 나는 운이 좋다.

lucky [lʌ́ki] *lucky* 형 운이 좋은, 행운의

lunch [lʌntʃ] *lunch*

명 **점심** (☞ breakfast 아침, supper 저녁)

It' s time for ***lunch***.
점심 시간이야.

He is out of ***lunch***.
그는 점심 식사하러 나갔다.

lunchtime [lʌ́ntʃtàim] *lunchtime*

[명] 점심시간

We enjoyed ***lunchtime***.
우리는 점심시간을 즐겼다.

lung [lʌŋ] *lung* [명] 폐

lying[1] [láiiŋ] *lying*

[자] **lie (가로눕다)의 현재분사**

lying[2] [láiiŋ] *lying*

① [자] **lie (거짓말하다)의 현재분사**

② [형] 거짓말의, 거짓말쟁이의

Don' t believe such a ***lying*** story.
그러한 거짓말을 믿지 마세요.

③ [명] 거짓말

M, m[em] *M, m* 알파벳의 열세번째 문자

ma'am [mæm] *ma'am*

명 마님, 아주머니

◆ madam의 단축형으로 하녀가 여자 주인에게, 점원이 여자 손님에게, 학생이 여선생님에게 쓰는 호칭이다. 남자에게는 sir를 쓴다.

macaroni [mæ̀kəróuni] *macaroni*

명 **마카로니** (속이 비고 가느다란 대롱처럼 생긴 이탈리아식 국수)

---

* **machine** [məʃíːn] *machine*

명 기계, 장치

I bought a sewing ***machine***.
나는 재봉틀을 샀다.

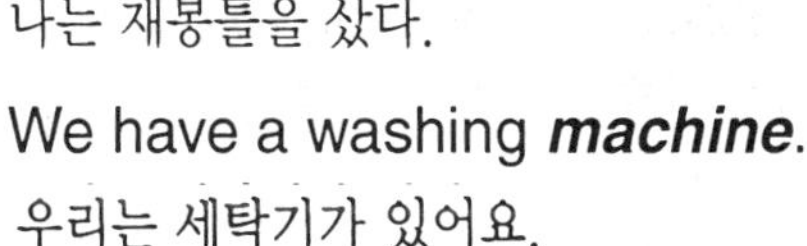

We have a washing ***machine***.
우리는 세탁기가 있어요.

** **mad** [mæd] *mad*

① 형 **미친, 성난, 무모한**

Anna is ***mad*** at me.
애나는 나에게 화를 내고 있습니다.

② **열중한**

He goes ***mad*** over baseball.
그는 야구에 미쳐 있다.

---

madam [mǽdəm] *madam*

명 **아주머니, 부인** (정중한 호칭)

made [meid] *made*

① make(만들다)의 과거, 과거분사

② ⓗ …제의, …로 만든

These toys are ***made*** in Korea.
이 장난감들은 한국에서 만들어진다.

I ***made*** up my mind to do so.
나는 그렇게 하기로 결정했어.

* **magazine** [mǽgəzìːn] *magazine*

ⓜ 잡지

Dan is reading a ***magazine***.
댄은 잡지를 읽고 있습니다.

magic [mǽdʒik] *magic*

① ⓜ 마법, 마술, 요술

It' s a ***magic***. 마술이야.

② ⓗ 마법의, 요술의

Uncle Mark waves his ***magic*** wand.
마크삼촌은 요술 지팡이를 흔듭니다.

magician [mədʒíʃən] *magician*

㉥ 마술사, 요술쟁이

magnet [mǽgnit] *magnet* ㉥ 자석

maid [meid] *maid* ㉥ 하녀, 가정부

The ***maid*** is drying the clothes in the sun.
하녀가 빨래를 햇볕에 말리고 있다.

⁑ **mail** [meil] *mail*

① ㉥ 우편, 우편물 (㊂ post)

There' s no ***mail***.
우편물이 없습니다.

I have a lot of ***mail*** every day.
나는 매일 많은 우편물을 받는다

② ㊉ 우편으로 보내다

I ***mailed*** the letter this morning.
나는 그 편지를 오늘 아침에 부쳤다.

mailbox [méilbɑ̀ks] *mailbox*

㉥ 우체통, 포스트

Please put this letter in the ***mailbox***.
이 편지를 우체통에 넣어 주세요.

mailman [méilmæ̀n] *mailman*

[명] 우편 집배원

* **main** [mein] *main*

[형] 으뜸가는, 주요한 ([동] chief)

This is the ***main*** street of this town.
이곳이 이 도시의 번화가입니다.

I opened the door by ***main*** force.
나는 있는 힘을 다해 문을 열었다.

mainland [méinlæ̀nd] *mainland* [명] 본토

⁑ **make** [meik] *make*

① [타] 만들다

Let's ***make*** a big house with blocks.

블럭으로 큰 집을 만들자.

② …을 **마련하다, 준비하다**

Have you ***made*** your bed?
침대 정리 다 되었니?

③ 《동작 · 행위》 …을 **하다**

I ***make*** it a rule to take a walk every morning.
나는 매일 아침 산책을 하고 있다.

④ …이 **되다**

Oxygen and hydrogen ***make*** water.
산소와 수소로 물이 형성된다

⑤ ⓜ **형, 모양, 제작**

♣ **make ~ of** ~을 만들다
make up 구성하다, 화장하다

◆ 나무로 책상을 만들 경우, 재료인 나무는 책상을 만들어도 성질이 변하지 않는다는 것을 알 수 있다. 이런 때는 of를 써서 The desk is made of wood. (책상은 나무로 만들어진다) 라고 한다. 그러나 우유로 버터를 만들면 원료인 우유의 성질이 변해 버린다. 이런 경우에는 from을 써서 Butter is

made from. (버터는 우유로 만든다) 가 된다.

maker [méikər] *maker*

㉮ **만드는 사람, 제조인**

Uncle Mark is a shoe ***maker***.
삼촌 마크는 구두를 만드는 사람이다.

makeup [méikʌ̀p] *makeup*
㉮ **분장, 메이크업**

* **male** [meil] *male*

① ㉮ **남성, 수컷** (㉯ female)

The students here are all ***male***.
이 곳에 있는 학생은 전부 남자예요.

② ㉱ **남성의, 수컷의**

mama, mamma [mάːmə]

mama, mamma ㉮ **엄마** (☞ papa)

mammal [mǽməl] *mammal* ㉮ **포유동물**

Whales are ***mammals***.
고래는 포유동물이다.

mammoth [mǽməθ] *mammoth*

① 명 〖동물〗 **메머드 (신생대의 큰 코끼리)**

② 형 거대한 (동 huge 큰)

man [mæn] *man*

① 명 **사람, 인간**

Man has lived for thousands. of years.
인간은 수천년 동안 살아왔다.

② **남자, 어른** (반 woman 여자)

A boy grows up to be a ***man***.
소년은 남자로 성장합니다.

manner [mǽnər] *manner*

① 명 **방식, 방법, 모양** (동 way)

What ***manner*** of man is he?
그는 어떤 사람입니까?

② **예의 범절, 몸가짐**

Where are your ***manners***, Judy?
쥬디, 왜 이렇게 예절이 없니?

mansion [mǽnʃən] *mansion* ㉠ 대저택

⁑ **many** [méni] *many*

① ⓗ 다수의, 많은 (반 few 적은)

How ***many*** marbles do you have?
너 구슬 몇개 있니?

② ㉠ 다수의 사람, 많은 물건, 다수

Many people were at the party.
그 파티에 사람들이 많았습니다.

◆ many는 수가 많다는 뜻, 양이 많은 것은 much를 쓴다.

⁑ **map** [mæp] *map*

㉠ 지도 (☞ atlas [ǽtləs] 지도책)

This is a ***map*** to Treasure Island.
이것이 보물섬의 지도이다.

I can see New York on the ***map***.
뉴욕은 그 지도에 있다.

M

maple [méipl] *maple*

㉮ 【식물】 단풍(잎), 단풍나무

marathon [mǽrəθàn] *marathon*

㉮ 마라톤 경주

* **March** [mɑːrtʃ] *March*

㉮ 3월 (Mar.로 줄여 쓴다)

Today is ***March*** 2nd.
오늘은 3월 2일이예요.

march [mɑːrtʃ] *march*

① ㉮ 행진, 행군, 행진곡

② ㉶ 행진하다

The soldiers ***marched*** along the street.
군인들은 거리를 따라 행진했다.

The band ***marched*** into town.
밴드가 마을로 행진해 들어갔습니다.

* **mark** [mɑːrk] *mark*

① ㉮ 표지, 마크, 기호

M

Mark it. 표시해라.

② 과녁, 목적

He hit his ***mark***.
그는 과녁을 맞추었다.

③ ㉺ (기호 · 표지 따위로) 표시를 하다, 붙이다

Did you ***mark*** the place on your map?
그 장소를 지도에 표시했습니까?

⁑ market [mάːrkit] *market*

㉢ 시장, 판로, 수요

My mother went to the ***market***.
나의 어머니는 시장에 가셨다.

Where is the nearest ***market***?
제일 가까운 시장이 어디죠?

⁑ marry [mǽri] *marry*

㉮㉺ 결혼하다, 결혼시키다

My parents were ***married*** twenty years ago.
우리 부모님은 이십년 전에 결혼했다.

She is ***married*** to a foreigner.
그녀는 외국인과 결혼했어요.

Mars [mɑːrz] *Mars* ㊔ 【천문】 화성

Mary [mɛ́(ə)ri] *Mary*

㊔ 메리(여자이름), 성모마리아

mask [mæsk] *mask* ㊔ 탈, 가면

She wears a ***mask***.
그녀는 가면을 쓰고 있다.

* **master** [mǽstər] *master*

① ㊔ 주인, 고용주

I am your ***master***.
나는 너의 주인이다.

② (남자) 선생, 교사 (동 teacher)

This painting is an old ***master***.
이 그림은 옛 거장의 명화입니다.

③ ㊇ 정복하다, …의 주인이 되다, 습득하다

M

He learn English without a

master.
그는 독학으로 영어를 공부한다.

mat [mæt] *mat* ⑲ 돗자리, 매트, 깔개

The cat is walking on the straw ***mat.***
고양이가 돗자리 위를 걷고 있어요.

match[1] [mætʃ] *match* ⑲ 성냥

The girl lighted the ***match.***
그 소녀는 성냥을 켰습니다.

match[2] [mætʃ] *match*

① ⑲ 시합 (⑤ game), 경쟁 상대

Uncle Bill won the boxing ***match.***
빌 삼촌이 권투 시합에서 이겼어요.

② 서로 어울리는 것, 걸맞는 한 쌍

③ ㉮㉯ …에 어울리다, …에 걸맞다

Betty' s hat ***matches*** her dress.
베티의 모자는 그녀의 옷에 어울린다.

M

⁑ matter [mǽtər] *matter*

① ㊔ 일, 사항, 문제

What's the ***matter***?
무슨 일이야?

It is another ***matter***.
그것은 별문제다.

② 사고, 난처한 일, 사태

What ***matter*** is that?
무슨 큰일이 났느냐

③ 물질, 물체

solid ***matter*** 고체

: May [mei] *May* ㊔ 5월

Jim's birthday is on the seventh of ***May***.
짐의 생일은 5월 7일이에요.

Buds open in ***May***.
5월에는 싹이 틉니다.

: may [mei] *may*

① ㊅ 《허가》 …해도 좋다
(반 must not …해서는 안된다)

You *may* go now.
이제 가도 좋아.

May I come in? - Yes, you *may*.
들어가도 좋습니까? – 좋아요, 들어와요

② 《추측 · 가능성》 **…일 수도 있다**

He *may* come, or he *may* not.
그는 올지 안 올지 모른다

③ 《목적》 **…하기 위하여, …하소서**

May you live long!
장수하시길 빕니다!

May he rest in peace!
그의 영혼이 편히 잠드시기를!

♣ **may as well (do)** ~하는 편이 좋다
may well (do) ~하는 것도 당연하다

* **maybe** [méibi] *maybe* ㉣ **아마, 어쩌면**

Maybe, she'll come.
어쩌면 그녀가 올 것이야.

Maybe we will go tomorrow.
아마 우리는 내일 갈 거예요.

M

May Day [méi déi] *May Day*

㊔ 메이 데이, 노동절 (5월 1일)

Mayflower [méiflàuər] *Mayflower*

㊔ **메이플라워호** (1620년 영국 청교도들이 이 배를 타고 미국 대륙으로 건너갔다.)

mayor [méiər] *mayor* ㊔ **(도시의) 시장**

me [mi(ː)] *me* ㊆ **나를, 나에게** (I의 목적격)

Did you call ***me***? 나 불렀어?

I want to play baseball.
- ***Me***, too.
나는 야구를 하고 싶어. - 나도.

* **meal** [miːl] *meal*

㊔ **식사** (☞ breakfast 아침, lunch 점심, supper 저녁, dinner 정찬), **음식물**

Did you finish your ***meal***?
식사를 끝마쳤습니까?

That was a fantastic ***meal***!
멋진 식사였어요!

* **mean**[1] [miːn] *mean*

[타] **의미하다, …이라는 뜻이다.**

what dose S ***mean***?
S가 무슨 뜻이야.

I ***mean*** you to go.
너를 보낼 작정이다

* **mean**[2] [miːn] *mean* [형] **비천한, 비열한**

It's ***mean*** of you to do that.
그런 짓을 하다니 넌 야비하다.

I feel ***mean*** for what I have done.
나 자신이 한 일이 부끄럽다.

* **means** [miːnz] *means*

[자][명] **수단, 방법**

We must use every ***means*** possible.
우리는 가능한 한 모든 방법을 다 써야 해요.

There are no ***means*** of getting there.
거기에 갈 방법이 없다.

♣ **by all means** 기어이 꼭

M

by means of ~에 의하여

meat [mi:t] *meat* ⓜ 고기, 식용고기

What kind of ***meat*** do you like?
너는 어떤 종류의 고기를 좋아하니?

Is there any ***meat*** left?
고기 남은게 있나요?

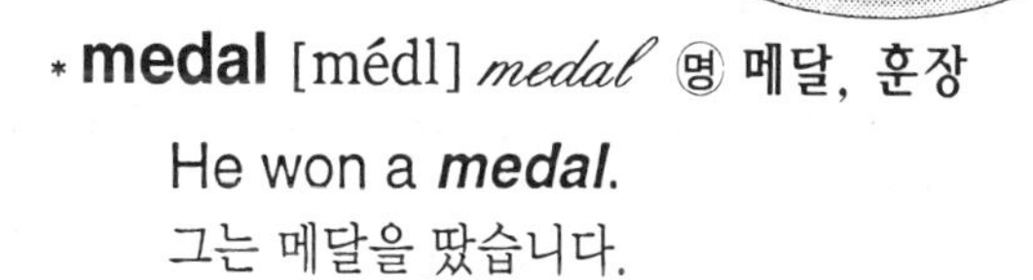

medal [médl] *medal* ⓜ 메달, 훈장

He won a ***medal***.
그는 메달을 땄습니다.

medicine [médəsən] *medicine*

ⓜ 약, 내복약

You have to take your ***medicine***.
너는 약을 먹어야 해.

I take ***medicine*** every day.
나는 매일 약을 먹고 있어요.

meet [mi:t] *meet*

① ⓙⓣ 만나다

I' m glad to ***meet*** you.

M

만나서 반가워.

I ***met*** the lady by chance.
나는 우연히 그 부인을 만났다.

② **회합하다, 모이다, 마주치다**

Extremes ***meet***.
(속담) 두 극은 서로 통한다

meeting [míːtiŋ] *meeting* ⓜ **회, 모임**

He made a proposal at the ***meeting***.
그는 회합에서 제안을 하나 했다.

You have to attend the ***meeting***.
너는 그 모임에 참석해야 한다.

melody [mélədi] *melody*

ⓜ 〚음악〛 **아름다운 가락, 선율, 멜로디**

I like the ***melody*** to this song.
나는 이 노래의 멜로디를 좋아합니다.

melon [mélən] *melon*

ⓜ 〚식물〛 **멜론, 참외**

She is eating a ***melon***.

그녀는 멜론을 먹고 있습니다.

member [mémbər] *member*

명 (단체의) 일원, 회원

Smith is a ***member*** of the tennis club.
스미스는 테니스 클럽의 회원입니다.

He is a regular ***member*** of our baseball team.
그는 우리 야구팀의 정규선수입니다.

* **memory** [mém(ə)ri] *memory*

명 기억(력), 추억

Brown has a good ***memory***.
브라운은 기억력이 좋다.

My ***memory*** is failing.
나는 기억력이 나빠졌다

men [men] *men*

명 **man**(사람, 남자)의 복수

mend [mend] *mend*

㉶㉹ **고치다, 수선하다**

The shoemaker is ***mending*** the shoes.
구두 수선공이 구두를 수선하고 있다.

His conduct does not ***mend***.
그의 행실은 고쳐지지 않는다.

---

* **mention** [ménʃən] *mention*

① ㉹ **…에 관해서 말하다, 언급하다**

He often ***mentions*** you to me.
그는 곧잘 당신의 이름을 입에 올립니다

② ㊔ **언급, 진술**

Don' t ***mention*** it. 천만에요.

---

merchant [mə́ːrtʃənt] *merchant*

㊔ **상인**

The ***merchant*** has his store in the center of the city.
그 상인은 도시의 중심지에 상점을 가지고 있어요.

---

mermaid [mə́ːrmèid] *mermaid*

명 인어, 여자 수영선수

* **merry** [méri] *merry* 형 즐거운, 유쾌한
(동 joyful 기쁜 반 sad 슬픈)

Merry Christmas!
즐거운 성탄을 맞으시기를!

message [mésidʒ] *message*

명 통신, 정갈, 메시지

May I take a ***message***?
전하실 말씀있습니까?

He brought me her ***message***.
그는 내게 그녀의 전갈을 전하였다.

met [met] *met*

자타 meet(만나다)의 과거, 과거분사

* **metal** [métl] *metal* 명 금속, 쇠붙이

meter [míːtər] *meter*

명 **미터** (길이의 단위, 기호는 m 도는 m.)

The swimming pool is 50 ***meters***

long.
그 수영장은 길이가 50미터입니다.

* **method** [méθəd] *method*

㉮ **방법, 방식**

Can you think of a better ***method***?
더 좋은 방법을 찾아낼 수 있어요?

mice [mais] *mice*

㉮ **mouse(생쥐)의 복수**

When the cat is away, the ***mice*** will play.
(속담) 고양이가 없을 때에는 쥐들이 뛰어 논다.

Where do ***mice*** live?
쥐들은 어디서 사나요?

microphone [máikrəfòun] *microphone*

㉮ **마이크로폰, 확성기**

When we make a speech, we often use a ***microphone***.
연설을 할 때에는 종종 마이크를 사용한다.

microscope
[máikrəskòup] *microscope*

㊂ 현미경

*̤ **middle** [mídl] *middle*

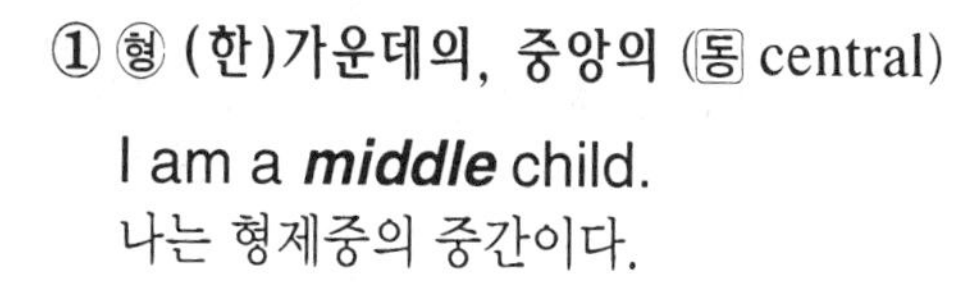

① ㊋ (한)가운데의, 중앙의 (㊐ central)

I am a ***middle*** child.
나는 형제중의 중간이다.

② ㊂ 중간, 중앙

the ***middle*** of the night 한밤중

midnight [mídnàit] *midnight*

① ㊂ 한밤중

Everything is still at ***midnight***.
한밤중에는 만물이 고요합니다.

might[1] [mait] *might*

① ㊉ **may**의 과거

② …할지(일지) 모른다

She said that it ***might*** be true.
그녀는 사실일지도 모른다고 말했다.

③ …해 주시겠습니까 (정중하게)

Might I ask your name?
실례지만 누구시던가요?

might[2] [mait] *might* ㊔ 힘

Might makes right.
(속담) 힘은 정의다.

Throw it with all your ***might***.
있는 힘을 다해 던져요.

* **mile** [mail] *mile*

㊔ 마일

(길이의 단위, 1마일은 1,760야드, 약 1.609m)

We drive at 70 ***miles*** per hour now.
우리는 지금 시속70마일로 달리고 있다.

It is ***miles*** easier.
그쪽이 훨씬 더 쉽다.

** **milk** [milk] *milk* ㊔ 우유

Milk, it' s good for you.
우유는 몸에 좋아요.

Milk is delicious when it' s cold.
우유는 차가울 때 맛있어요.

mill [mil] *mill* ⓜ **방아간, 재분소**

a coffee ***mill*** 커피 분쇄기

million [míljən] *million*

① ⓜ **백만, 무수히**

He has a ***million*** dollars.
그는 백만 달러를 가지고 있습니다.

② ⓗ **백만의**

There's a ***million*** ways to get the money.
돈 버는 방법은 얼마든지 있다.

* **mind** [maind] *mind*

① ⓜ **마음, 정신, 생각, 의견**

A sound ***mind*** in a sound body.
(속담) 건전한 신체에 건전한 정신이 깃든다.

② ⓣ **조심하다, 걱정하다, 돌보다**

Never ***mind***. 걱정하지 마.

mine [main] *mine* [대] **내 것** (I의 소유대명사)

Whose pen is this? - It's ***mine***.
이것이 누구의 펜이니? – 나의 것이야.

That ball is ***mine***!
저 공은 내가 잡을께요!

◆ I 나는, my 나의, me 나를, 나에게

miner [máinər] *miner* [명] **광부**

⁑ **minute** [mínit] *minute*

① [명] **(시간 · 각도의) 분**

It is five ***minutes*** to nine
아홉시 오분 전이다.

The movie lasted twenty ***minutes***.
그 영화는 20분간 상영되었어요.

② **잠깐, 순간**

Wait a ***minute***.
잠깐만 기다려.

miracle [mírəkl] *miracle* [명] **기적**

He is a ***miracle*** of fortitude.

그는 놀라울 정도로 인내심이 강하다

* **mirror** [mírər] *mirror* ㊔ 거울

Mirror, mirror on the wall, who is the fairest of us all?
거울아, 벽에 있는 거울아, 우리 중에 누가 제일 예쁘지?

* **Miss** [mis] *Miss* ㊔ 양
(미혼여성의 이름 앞에 붙이는 존칭)
(☞ Mrs. 부인, Mr. 씨)

Miss Adams! 애덤스양

⁑ **miss** [mis] *miss*

㊟ …하지 못하다, 놓치다

Hurry up, or you'll ***miss*** the bus.
서둘러라, 그렇지 않으면 버스를 놓친다.

He ***missed*** class.
그는 수업에 결석했다.

mission [míʃən] *mission* ㊔ 사명, 사절

Mississippi [mìsəsípi] *Mississippi*

명 미시시피 강

mist [mist] *mist* 명 안개

The hills were hidden in ***mist***.
언덕은 안개로 가려져 있었다

The ***mist*** has cleared off.
안개가 걷혔다.

◆ fog보다는 엷고 haze보다는 짙은 것

mistake [mistéik] *mistake*

① 타 오해하다, …의 해석을 잘못하다

There is no ***mistaking*** the fact.
그 사실은 틀릴 리가 없어요.

② 명 틀림, 잘못, 오해, 착각

It' s my ***mistake***.
나의 실수예요.

mix [miks] *mix*

자타 섞다, 혼합하다, 혼동하다

These colors ***mix*** well.
이 물감들은 잘 섞인다.

Oil and water do not ***mix***.
물과 기름은 섞이지 않는다.

⁑ **model** [mάdl] *model*

㉿ **모형, 모델, 모범**

He made a ***model*** plane.
그는 모형 비행기를 만들었습니다.

I was the ***model*** for this picture.
내가 이 사진의 모델이었어요.

* **modern** [mάdərn] *modern*

㉻ **현대의, 근대의** (㉥ old 옛날의)

modern times 현대

The computer is a product of ***modern*** technology.
컴퓨터는 현대 기술의 산물입니다.

⁑ **mom** [mam] *mom*

㉿ **엄마** (☞ dad 아빠)

* **moment** [móumənt] *moment*

㉿ **순간, 찰나**

Just a ***moment***, please.
잠깐 기다려 주십시오.

He stood there for a ***moment***.
그는 잠시 그 곳에 서 있었다.

mommy [mámi] *mommy*

㊔ **엄마** (☞ daddy 아빠)

* **Monday** [mʌ́ndi] *Monday*

㊔ **월요일** (Mon.으로 줄여쓴다)

On ***Monday***, I go to school.
월요일에 나는 학교에 갑니다.

Today is ***Monday***.
오늘은 월요일입니다.

** **money** [mʌ́ni] *money*

㊔ **돈, 통화, 금전**

I have no ***money***. 나는 돈이 없어.

Time is ***money***. 시간은 돈입니다.

♣ 각국의 통화단위
◇ 미국 dollar (달러)

◇ 영국 pound (파운드)
◇ 독일 mark (마르크)
◇ 프랑스 franc (프랑)
◇ 중국 yuan (원)
◇ 일본 yen (엔)

monk [mʌŋk] *monk* ⑱ 중, 수도사

⁑**monkey** [mʌ́ŋki] *monkey*

⑱ 〖동물〗 **원숭이**

Monkeys see, ***monkeys*** do.
원숭이는 보는 것을 흉내낸다.

⁑**month** [mʌnθ] *month* ⑱ **(달력의) 달**

There are twelve ***months*** in a year.
일년은 열 두 달이다.

♣ **month by month** 다달이, 달마다

monument [mάnjəmənt] *monument*

⑱ **기념비, 기념물**

The Nelson ***Monument*** stands in the center of London.

넬슨 기념비는 런던 중심지에 있다.

mood [muːd] *mood*

명 기분

I'm in a good ***mood***.
나는 기분이 좋다.

She is in a ***mood***.
그녀는 지금 저기압이다.

***moon** [muːn] *moon*

명 **달** (☞ sun 태양, star 별, earth 지구)

The ***moon*** is pretty tonight.
오늘 밤은 달이 아름답습니다.

The ***moon*** is bright tonight.
오늘 밤 달이 밝아요.

moonlight [múːnlàit] *moonlight*

명 달빛

moral [mɔ́(ː)rəl] *moral*

① 형 도덕의, 도의적인

Man is a ***moral*** animal.
인간은 도덕적 동물이다.

② [명] **교훈, 도덕, 윤리**

We have the lesson in ***morals*** once a week.
우리들은 1주일에 한 번씩 도덕 수업이 있어요.

more [mɔːr] *more*

① [형] **보다 더 많은**
(☞ many 다수의 [반] less 보다 더 적은)

More, please! 더 많이 주세요!

Five is two ***more*** than three.
다섯은 셋보다 둘 더 많다

② [부] **보다 많이, 더욱 더, 게다가, 또 다시**

You ought to walk ***more***.
당신은 더 걸어야 합니다.

③ [대] **더 많은 양(수), 그 이상의 것**

More cannot be said.
더 이상은 말할 수 없다

♣ **no more** 그 이상 ~하지 않다

more than ~ 이상

: morning [mɔ́ːrniŋ] *morning*

[명] **아침, 오전**

([반] afternoon 오후, evening 저녁)

Good ***morning***! 안녕하세요(아침 인사)

Mother wakes Tom up in the ***morning***.
엄마가 아침에 톰을 깨우십니다.

most [moust] *most*

① [형] **가장 많은** ([반] fewest, least 가장 적은), **대부분의**

Jane is the ***most*** popular girl in our school.
제인은 우리 학교에서 가장 인기 있는 소녀야.

② [부] **가장 (많이), 극히, 대단히**

What pleased him ***most***?
무엇이 그를 가장 기쁘게 했지?

③ [대] **최대량, 최대한도**

This is the ***most*** that I can do.

이것이 내가 할 수 있는 최대한이야.

♣ **most of all** 특히, 무엇보다도
at most 고작해야, 많아야

mother [mʌ́ðər] *mother*

㊔ 어머니 (㊥ father 아버지)

motion [móuʃən] *motion*

㊔ 운동, 동작, 이동 (☞ move 움직이다)

She made ***motions*** to him to be quiet.
그녀는 그에게 조용히 하라고 몸짓했어요.

It is in ***motion***.
그것은 움직이고 있다.

motor [móutər] *motor* ㊔ 발동기, 모터

motorboat [móutərbòut] *motorboat*

㊔ 발동기선, 모터보트

mount [maunt] *mount*

① ㊟ 오르다 (㊐ climb), (말 · 자동차 따위

에) 타다

Jim ***mounted*** to a hill.
짐은 언덕에 올랐다.

He ***mounted*** to the chief of a police station.
그는 경찰서장의 지위까지 올랐다

② ㉠ 산

mountain [máuntn] *mountain*

㉠ **산, 산맥** (Mt.로 줄여서 산의 이름 앞에 붙여 쓴다)

Let' s climb the ***mounta***
산에 올라갑시다.

mouse [maus] *mouse* ㉠ 〖동물〗 **생쥐**

A ***mouse*** is eating cheese.
쥐 한마리가 치즈를 먹고 있습니다.

There is a ***mouse*** in my room.
방에 쥐 한마리가 있어요.

mousetrap [máustræ̀p] *mousetrap*

㉠ **쥐덫**

mouth [mauθ] *mouth* ㊔ 입, 출구, 입구

Open your ***mouth***. 입을 열어라.

What a big ***mouth***! 입이 참 크군요!

move [mu:v] *move*

㉮㉯ 움직이다, 이사하다, 옮기다

Freeze! Don't ***move***.
가만히 있어! 움직이지마.

The earth ***moves*** round the sun.
지구는 태양 주위를 돈다.

movie [mú:vi] *movie* ㊔ 영화

The ***movie*** was very exiting.
그 영화는 매우 재미있었다.

Let' s go to the ***movies***.
영화 보러 가요.

⁑**Mr., Mr** [místər] *Mr., Mr*

㊔ 님, 씨, 군 (☞ Miss 양, Mrs. 부인)

Mr. Kim. 김 선생님

Mr. Smith is the president of the company.
스미스씨는 그 회사의 사장입니다.

◈ Mr.는 영국에서는 작위가 없는 남자에게, 미국에서는 일반 남자에게 쓴다. 학교에서 선생님에게도 teacher라고 하지 않고 Mr.라고 부른다. 일반적으로 딱딱한 느낌을 주기 때문에 친한 사이에서는 붙이지 않는 경향이 있다.

⁑ **Mrs., Mrs** [mísiz] *Mrs., Mrs*

㉧ **부인**

(Mistress를 줄여 쓴 것, 결혼한 부인의 성 앞에 붙인다)

Do you know ***Mrs.*** Smith?
스미스 부인을 아세요?

Ms., Ms [miz] *Ms., Ms*

㉧ **님, 씨**

(Miss와 Mrs.를 구별하지 않고 붙이는 경칭)

Mt. [maunt] *Mt.* ㉧ **산**

(mount를 줄여 쓴 것으로, 산의 이름 앞에 붙인다)

Mt. Paektu is the highest mountain in Korea.
백두산은 한국에서 제일 높은 산입니다.

My uncle went to ***Mt.*** Everest.
삼촌은 에베레스트 산에 가셨어요.

much [mʌtʃ] *much*

① ㉵ **많은** (㉶ little 조금의)
(much는 양이 많을 때 쓰이고, 수가 많을 때는 many로 나타낸다.)

How ***much*** is this? -
It' s too ***much***.
이거 얼마예요. - 너무 비싸요.

② ㉷ **다량**

Much time was wasted.
많은 시간이 허비되었다

③ ㉸ **매우, 훨씬**

This is ***much*** the best.
이것이 제일 좋다.

Thank you very ***much***.
대단히 감사합니다.

♣ **as much as** ~ 만큼

mud [mʌd] *mud* ⓜ 진흙, 진창

Your shoes got dirty in the ***mud***.
네 신은 진창에 빠져 더럽혀졌다.

muddy [mʌ́di] *muddy* ⓗ 진흙투성이의

mum [mʌm] *mum*

ⓜ 엄마 (☞ dad 아빠)

museum [mju:zí(:)əm] *museum*

ⓜ 박물관

I like going to ***museums***.
나는 박물관에 가는 것을 좋아한다.

We will go to the art ***museum*** today.
우리는 오늘 미술관에 갈 거예요.

⁑ **music** [mjú:zik] *music*

ⓜ 음악, 악곡

I like ***music***. 난 음악을 좋아해.

She has no ***music*** in her soul.
그녀는 음치다.

musician [mjuːzíʃən] *musician*

㊔ **음악가** (작곡가 · 지휘자 · 연주가 포함)

He had great success as a ***musician***.
그 사람은 음악가로 크게 성공했어요.

⁑must [məst, (강) mʌst] *must*

① ㊆ **…하여야 한다**
(㊥ need not …할 필요는 없다)

I ***must*** wake up early tomorrow.
나는 내일 일찍 일어나야 해요.

② **…해서는 안된다**

You ***must*** not tell a lie.
거짓말을 하면 안 됩니다.

③ **…임에 틀림없다**

It ***must*** be fake.
틀림없이 위조품이에요.

my [mai] *my* ㊐ **나의** (I의 소유격)

My name is John Brown.
나의 이름은 존 브라운이야.

My soup is cold.
수프가 식었어요.

myself [maisélf] *myself*

① ㉠ 《강조용법》 **나 자신, 자기 자신**

I did it ***myself***.
나 혼자 해냈어.

I ***myself*** told him.
나 자신이 그에게 말했다.

② 《재귀용법》 **나 자신을**

I hid ***myself*** there.
나는 거기에 숨었다.

♣ **by myself** 홀로, 혼자서
for myself 스스로, 혼자 힘으로

mystery [míst(ə)ri] *mystery*

㉥ **신비, 불가사의한 것, 추리소설**

It is a ***mystery*** to us.
그것은 우리에겐 불가해하다.

the ***mysteries*** of nature
자연의 신비

myth [miθ] *myth* ㉣ 신화, 전설

N, n [en] *N, n* 알파벳의 열네번째 문자

nail [neil] *nail* ⓜ **손톱, 못**

Cut your ***nails***. 손톱 깍아라.

Don' t bite your ***nails***.
손톱을 물어 뜯지 마세요.

:name [neim] *name* ⓜ **이름, 평판**

My ***name*** is Jeniffer.
내 이름은 제니퍼야.

Could I have your ***name***, please?
이름을 알려주세요.

◈ 영어의 이름은 우리와는 반대로 이름이 앞에 오고 성이 뒤에 온다. 이름을 first name 또는 given name 이라 하고 성은 last name 또는 family name 이라 한다. 이 사이에 아버지나 선조 대대의 이름을 넣기도 한다. 이것을 middle name 이라 하는데 생략하기도 한다. 이 세가지를 모두 쓰는 것이 full name 으로 정식이다.

nap [næp] *nap*

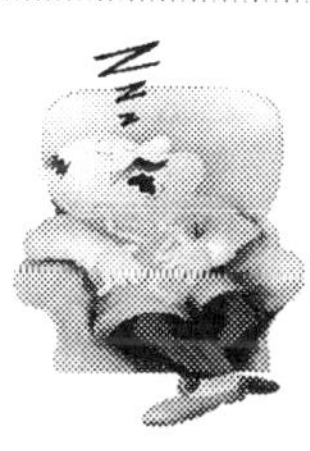

① 명 **졸음, 선잠, 낮잠**

Anna is taking a ***nap***.
애나는 낮잠을 자고 있습니다.

② 자 **잠시 졸다(자다)**

I ***napped*** the afternoon away.
나는 그날 오후를 멍하니 졸면서 지냈다.

napkin [nǽpkin] *napkin*

명 **냅킨**

(식사할 때 음식이 묻지 않도록 두르는 것)

narrator [nǽreitər] *narrator*

명 **이야기하는 사람, 나레이터**

N

narrow [nǽrou] *narrow*

[명] 좁은, 가느다란 ([반] wide 넓은)

The road ***narrows*** into a footpath.
길이 좁아져 오솔길이 된다.

This road is too ***narrow*** to drive on.
이 길은 운전하기에 너무 좁아요.

* **nation** [néiʃən] *nation*

[명] 국민, 민족, 국가

The Korean ***nation*** is great.
한국 국민은 위대합니다.

Many ***nations*** belong to the U.N.
많은 국가가 국제 연합에 속해 있다.

national [nǽʃənl] *national*

[형] 국민의, 국가의
(☞ international 국제(간)의)

Korean ***nationals*** living abroad
해외 거주 한국인.

That ***national*** park is famous for

its beautiful scenery.
그 국립공원은 아름다운 경치로 유명합니다.

native [néitiv] *native*

① 형 **타고난, 선천적인**

The student has a ***native*** talent in mathematics.
그 학생은 수학에 타고난 재능이 있다.

② **고향의, 자기 나라의**

He returned to his ***native*** country.
그는 고국으로 돌아갔어요.

③ 명 **원주민, 토착인**

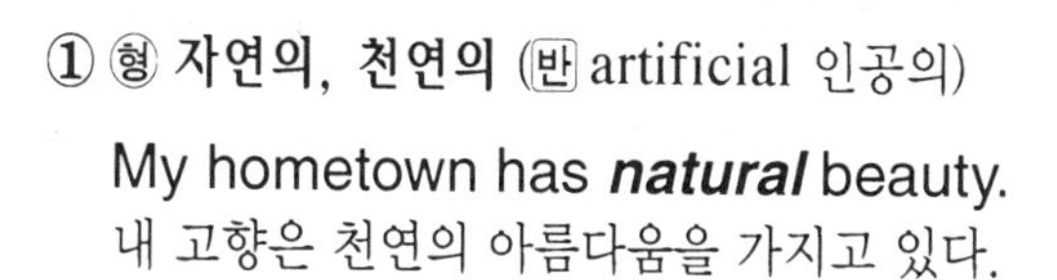

natural [nǽtʃ(ə)rəl] *natural*

① 형 **자연의, 천연의** (반 artificial 인공의)

My hometown has ***natural*** beauty.
내 고향은 천연의 아름다움을 가지고 있다.

② **당연한**

It is ***natural*** for him to succeed.
그가 성공한다는 것은 당연한 일이다.

N

naturally [nǽtʃ(ə)rəli] *naturally*

[부] **자연히, 천성적으로, 물론, 당연히**

He is ***naturally*** reticent.
그는 천성이 말이 없다.

Are you going with him?
- ***Naturally***.
그와 함께 갈 셈이냐? - 물론이지.

nature [néitʃər] *nature*

① [명] **자연**

Go back to ***nature***.
자연으로 돌아가라.

② **성질, 본질**

My friend has a generous ***nature***.
내 친구는 온화한 성격을 갖고 있어요.

♣ **by nature** 천성적으로, 본래

navy [néivi] *navy*

[명] **해군**

(☞ army 육군, air force 공군)

N

⁑ near [niər] *near*

① 부 《장소 · 시간》 가까이 (반 far 멀리)

School is ***near*** my house.
학교는 집에서 가깝습니다.

② 형 가까운

This is a very ***near*** concern of mine.
이것은 내가 큰 관심을 가지고 있는 일이다.

③ 전 …의 가까이에

The sun is ***near*** setting.
태양이 막 지려 하고 있다.

nearly [níərli] *nearly*

부 거의 (동 almost), 약 (동 about)

It's ***nearly*** three o'clock.
거의 3시가 다 되었어.

He ***nearly*** resembles his father.
그는 아버지를 꼭 닮았습니다.

*** necessary** [nésəsèri] *necessary*

① 형 필요한

N

Food is ***necessary*** to life.
음식은 살아가는데 필요한 것이다.

② 명 **필수품, 필요한 물건**

the ***necessaries*** of life
생활 필수품.

⁑ **neck** [nek] *neck*

명 **목, (의복의) 옷깃, (병 따위의) 목부분**

A giraffe has a long ***neck***.
기린은 목이 길어요.

I have a stiff ***neck***.
목이 뻣뻣하다.

⁑ **need** [niːd] *need*

① 명 **필요, 곤란, 곤경**

There is a growing ***need*** for scientific education.
과학 교육의 필요성이 증대되어 가고 있다

② 타 **…을 필요로 한다**

I ***need*** new shoes.
나는 새 신발이 필요해.

N

③ ㉶ …할 필요가 있다

I ***need*** hardly tell you.
너에게 이야기할 필요가 거의 없다

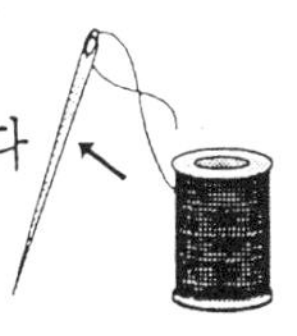

needle [ní:d] *needle*

㉮ **(바느질할 때) 바늘** (시계 바늘은 hand)

Negro [ní:grou] *Negro*

㉮ **흑인** (현재 미국에서는 경멸적으로 쓰이므로 대신 black을 쓴다)

neighbor [néibər] *neighbor*

㉮ **이웃 사람, 이웃나라 사람**

He is my neighbor.
그는 나의 이웃이다.

You should love your ***neighbors*** as yourself.
(성서) 네 이웃을 네 몸같이 사랑하라.

neither [ní:ðər] *neither*

① ㉯ **어느쪽도 …아니다**

(☞ either 어느 하나의)
He is ***neither*** a teacher nor a student.
그는 선생님도 아니고 학생도 아니야.

② [형] 어느쪽도 …아닌
If Judy does not go, ***neither*** shall I.
주디가 안 가면 나도 안 가겠어.

nest [nest] *nest* [명] 새집, 새

Look at the bird ***nest***.
새 둥지를 보아라.

⁂ **never** [névər] *never*

[부] 결코 …하지 않다, …한 적이 없다

I' ll ***never*** do it again.
다시는 그것을 결코 안 할께.

He spoke ***never*** a word.
그는 한마디도 하지 않았어요.

Never mind!
신경 쓸 것 없다, 걱정 마라.

⁂ **new** [n(j)uː] *new*

N

㉻ 새로운 (반 old 낡은)

Is that ***new***? 그거 새 거니?

That's ***new*** to me.
그건 처음 듣는 말인데.

* **news** [n(j)u:z] *news* ㉺ **뉴스, 소식**

Dad is watching ***news***.
아빠는 뉴스를 보고 계신다.

He was surprised at the ***news***.
그는 그 소식을 듣고 놀랐습니다.

newspaper [n(j)ú:zpèipər] *newspaper*

㉺ **신문, 신문지**

Mom is reading a ***newspaper***.
엄마는 신문을 보고 계신다.

a daily (a weekly) ***newspaper***
일간(주간) 신문.

◈ 회화에서는 신문을 단순히 paper라고 하는 경우가 많다. 「today' s paper 오늘 신문」, 「yesterday' s paper 어제 신문」라고 한다.

N

⁑ **next** [nekst] *next*

① 형 **다음의**

Friday ***next*** week 내주의 금요일

The ***next*** three weeks will be my busiest.
앞으로 3주간은 굉장히 바빠질 것이다

② 부 **다음에**

Who ***next***? 다음 차례는?

③ 대 **다음 사람(것)**

I'm ***next***. 내가 다음이야.

⁑ **nice** [nais] *nice*

① 형 **좋은, 멋진** (동 good)

You are ***nice***. 넌 참 좋아.

② **친절한, 인정 많은**

It is ***nice*** of you to show me the way.
길을 가르쳐 주셔서 감사합니다.

③ **(음식이) 맛있는**

The food at this restaurant is very ***nice***.
이 식당 음식은 아주 맛있어요.

nickname [níknèim] *nickname*

㊔ **별명, 애칭**

What' s your ***nickname***.
너의 별명이 뭐니?

⁑ **night** [nait] *night*

㊔ **밤** (☞ evening 저녁, day 낮)

Good ***night***. 안녕히 주무세요.

The storm lasted through the ***night***.
밤새도록 폭풍은 계속되었다

♣ **all night** 밤새도록
from morning till night 아침부터 밤까지
have a good night 잘 자다

* **nine** [nain] *nine*

㊔ 9, **아홉 시, 아홉 살, 아홉 개**

N

My younger sister is ***nine*** years old.
내 여동생은 아홉 살이야.

School begins at ***nine***.
학교는 아홉 시에 시작된다.

nineteen [nàintí:n] *nineteen*

명 19, 19세, 열 아홉

My elder sister is ***nineteen*** years old.
나의 누나는 열 아홉 입니다.

nineteenth [nàintí:nθ] *nineteenth*

명 제19, 19번째 (19th라고 줄여쓴다)

ninetieth [nàintiiθ] *ninetieth*

명 제90 (90th라고 줄여쓴다)

ninety [náinti] *ninety*

명 90, 90세, 90대, 아흔

ninth [nainθ] *ninth* 명 제9, 9번째

⁑**no** [nou] *no*

㊋ **아니, 아뇨** (반 yes 그래, 예)

Are you nine years old?
No, I' m ten.
너는 아홉살이?
아니, 나 열 살이야.

Do you have another cup?
No, thank you.
한 잔 더 하시겠습니까?
아니오, 괜찮습니다

♣ **no longer** 이미 ~ 아니다
no more 더 ~하지 않다
no more than 단지 ~뿐

No, no [nʌ́mbər] *No, no*

명 **…번, 제…호, …번지**
(number를 줄여 쓴말)

Nobel [noubél] *Nobel*

명 **알프레드 노벨 Alfred Nobel**
(1833~1896 다이너마이트를 발명한 스웨덴의 화학자로서 노벨상을 창설한 사람)

N

nobody [nóubàdi] *nobody*

㈹ 아무도 …않다

Nobody is at home.
아무도 집에 없어요.

There was ***nobody*** present.
나온 사람은 아무도 없었다

⁑ **noise** [nɔiz] *noise*

㈱ 소란한 소리, 잡음

Don' t make a ***noise***.
떠들지 마.

I cannot sleep for that harsh ***noise***.
귀에 거슬리는 그 소리로 잠을 잘 수가 없 없었어요.

* **none** [nʌn] *none*

㈹ 아무도 …아니다, 조금도 …아니다

None of them laughed.
아무도 웃지 않습니다.

He is ***none*** of my friends.

그는 절대로 내 친구가 아니에요.

noon [nuːn] *noon* ㉮ 정오

What time is it? - It' s ***noon***.
몇시니? – 정오야.

We have lunch at ***noon***.
우리는 정오에 점심을 먹어요.

nor [nɔːr] *nor* ㉵ 어느 쪽도 …않다

It is neither hot ***nor*** cold.
덥지도 춥지도 않다

Neither a pen ***nor*** a pencil was to be seen.
펜도 연필도 보이지 않았다

N

⁑north [nɔːrθ] *north*

① ㉮ 북 (㉯ south 남)

Korea is divided into south and ***north***.
한국은 남과 북으로 나뉘어져 있습니다.

② ㉱ 북쪽의

There was a ***north*** wind blowing.

북풍이 불고 있었어요.

③ 부 북쪽으로, 북쪽에

:nose [nouz] *nose* 명 코, 후각

Mr. Jones has a long ***nose***.
존슨씨는 코가 큽니다.

The dog kept ***nosing*** about the room.
개는 방안을 냄새맡고 다녔다.

:not [nɑt] *not* 부 … 아니다

Anna is ***not*** tall.
애나는 키가 크지 않습니다.

Do ***not*** (or Don't) move.
움직이지 마라

♣ **not always** 반드시 ~인 것은 아니다
Not at all 천만에요, 괜찮습니다

note [nout] *note*

① 명 짧은 쪽지, 짧은 기록

He made a speech without a

note.
그는 원고 없이 연설했다.

My mother left a ***note*** on the table.
어머니는 탁자 위에 쪽지를 남겼다.

② (악기의) 음, 가락

♣ **take note of** ~을 주목하다

notebook [nóutbùk] *notebook*

명 **노트, 필기장, 공책**

Take out your ***notebook***.
공책을 꺼내라.

Do you have a ***noteboo***
너는 노트를 가지고 있니?

nothing [nʌ́θiŋ] *nothing*

대 **아무것도 …아니다**

What in your pocket? - ***Nothing***.
주머니에 뭐 있어요? – 아무것도 없어요.

Nothing is more precious than time.
시간보다 귀중한 것은 없다

N

notice [nóutis] *notice*

① ⓜ **주의, 통보** (ⓢ attention)

I commend her to your ***notice***.
앞으로 그녀를 잘 봐주십시오.

② **게시, 공지**

Look at the ***notice*** posted on the board.
게시판에 있는 게시문을 보아라.

③ ⓣ **알아차리다, 주의하다**

She did not ***notice*** me.
그녀는 나를 알아차리지 못했다

♣ **take notice of** ~에 주의하다
without notice 예고없이, 무단으로

novel [nάv(ə)l] *novel* ⓜ **소설**

novelist [nάvəlist] *novelist* ⓜ **소설가**

November [no(u)vémbər] *November*

ⓜ **11월** (Nov.라고 줄여 쓴다)

Today is ***November*** fourth.
오늘은 11월 4일 입니다.

:now [nau] *now*

① [부] **지금, 당장, 즉시**

I have to go ***now***. 이제 가야해.

I am busy ***now***. 나는 지금 바쁘다

② **자, 헌데** (말머리를 바꾸거나 요구를 할 때 감탄사적으로 씀)

Now , a little less noise, please!
자, 좀더 조용히 해라.

♣ **now and then** 때때로, 가끔
right now 바로 지금

number [nʌ́mbər] *number* [명] **수, 번호**

You have the wrong ***number***
전화 잘못 거셨습니다.

♣ **a great number of** 대단히 많은
a number of 다수의, 얼마간의

nurse [nəːrs] *nurse* [명] **간호사, 유모**

My aunt is a ***nurse***

N

나의 이모는 간호사입니다.
I want to be a ***nurs***e when i grow up.
나는 커서 간호사가 되고 싶어요.

nursery [nə́ːrs(ə)ri] *nursery*

㉴ 아이방, 육아실, 탁아소

nut [nʌt] *nut*

㉴ 견과, 호두

We found a few ***nuts*** there.
우리들은 거기서 호두 알 두서넛을 발견하였다.

N.Y., NY ⇨ New York

nylon [náilɑn] *nylon*

㉴ **나일론** (합성 섬유의 일종)

My stockin, bag, brush and shirts are made of ***nylon***.
내 양말, 가방, 브러시 및 셔츠는 나일론으로 만들어졌어요.

O, o [ou] *O, o*

① 알파벳의 열다섯번째 문자

② 오오! 어머나! 여봐!

O God, save us!
오 하느님, 우리를 구하소서!

O dear me! 어머나!

O is it so? 아이구, 그렇습니까?

O yes. 그렇고말고.

oak [ouk] *oak*

명 〖식물〗 **참나무, 떡갈나무**
(열매는 acorn 도토리)

There are big ***oaks*** in my garden.
나의 집 정원에는 큰 참나무들이 있습니다.

oasis [ouéisis] *oasis*

명 **오아시스** (사막 가운데 물과 나무가 있는 곳)

obey [oubéi] *obey*

자타 **…에 따르다, …의 말을 듣다**

You must ***obey*** me.
너는 내게 복종을 해야 해.

Children should ***obey*** their parents.
아이들은 부모님 말씀을 따라야 해요.

ocean [óuʃən] *ocean* 명 **대양, 대해**

Many fish live in the ***ocean***.
바다에는 물고기들이 많다.

the Pacific ***Ocean*** 태평양

Atlantic ***Ocean*** 대서양

the Indian ***Ocean*** 인도양

***o'clock** [əklɑ́k] *o'clock*

㊀ …시 (of the clock을 줄여 쓴 것)

It is just ten ***o' clock***.
정각 10시입니다.

October [aktóubər] *October*

㊐ **10월** (Oct.로 줄여 쓴다)

My birthday is ***October*** twentieth.
내 생일은 10월 20일이다.

Apple are ripe in ***October***.
사과는 10월에 익는다.

of [(ə)v, (강) av, ʌv] *of*

① ㊀ 《소유 · 소속》 **…의**

I' m a member ***of*** the soccer team.
난 축구팀의 멤버이다.

② 《관계》 **…에 대(관)하여** (동 about)

It is good ***of*** every case.
그것은 어떤 경우에도 좋다
What has become ***of*** him?
요즈음 그는 어떻게 지내?

③ 《재료》 …의, 으로 (☞ from)

This bridge is made ***of*** stone.
이 다리는 돌로 만들어졌습니다.

④ 《부분》 …가운데의, 가운데서

The lady over there is one ***of*** my aunts.
저쪽에 계신 여자분이 내 이모 중의 한분입니다.

⑤ 《원인》 …으로, 때문에

The door opened ***of*** itself.
문이 저절로 열렸다.

♣ **of course** 물론
out of ~의 밖에

---

off [ɔ(ː)f] *off*

① [부] 떨어져서, 저편에, 멀리, 끊어져서

Take ***off*** your cap. 모자를 벗어라.

Turn ***off*** the light. 불꺼.

② [전] …에서 떨어져서, …에서 내려

Keep ***off*** the grass.

잔디밭에 들어가지 마시오

An apple fell ***off*** the tree.
사과 하나가 나무에서 떨어졌다.

♣ **put off** 연기하다, 미루다

offer [ɔ́(ː)fər] *offer*

① 타 **제공하다, 내놓다, 제의하다**

He ***offered*** his opinion on this matter.
그는 이 문제에 관하여 의견을 제시했다.

② 명 **제공, 제안**

The house is on ***offer***.
그 집은 팔려고 내놓은 집이다.

⁑ **office** [ɔ́(ː)fis] *office*

명 **관청, 사무실, 회사**

Come into my ***office***, please.
제 사무실에 오세요.

Father goes to his ***office*** at nine.
아버지는 9시에 출근하신다.

officer [ɔ́(ː)fisər] *officer*

명 장교, 관리, 공무원

a military(a naval) ***officer***
육(해)군 장교.

His father was an ***officer***.
그의 아버지는 장교였다.

:often [ɔ́(ː)fən] *often* 부 빈번히, 자주

We ***often*** eat lunch together.
우리는 자주 점심을 같이 먹어요.

How ***often*** have you been there?
거기에 몇 번이나 갔니?

***oh** [ou] *oh* 감 오! 어머나!

Oh, what a beautiful!
오오 정말 아름답구나!

Oh, no! 천만에요!

Oh, fudge! (속어) 실없는 소리! 시시해!

:oil [ɔil] *oil* 명 기름, 석유

My dad put ***oil*** in his car.
아빠는 차에 기름을 넣으셨다.

⁑O.K., OK [oukéi] *O.K., OK*

That's ***O.K.*** 그건 됐어, 괜찮아

okay [oukéi] *okay* ⓗⓑ **O.K.**

⁑old [ould] *old*

① ⓗ **늙은, 오래된** (반 new 새로운)

His grandfather is ***old***.
그의 할아버지는 늙으셨다.

② **…살의**

I'm eleven years ***old***.
나는 열 한살이다.

⁑on [ɔn, ɑn] *on*

① ⓙ 《위치》 **…의 위에**
(☞ above …의 위쪽에, over …의 위편에)

Sit ***on*** your chair.
네 자리에 앉아.

② 《방향》 **…에, …의 곁에**

She put a ring ***on*** her finger.

그녀는 손가락에 반지를 꼈다.

③ 《방법 · 상태》 …**하여**, …**하고**

He wiped his hands ***on*** a towel.
그는 타월로 손을 닦았다.

The water is not ***on***.
물이 안 나온다

♣ **and so on** 등등
from now on 지금부터는, 앞으로는
on and on 계속, 쉬지않고

◆ on은 「(접촉해서) 위에」 있다는 의미이고, over는 The bridge is over the river. (다리가 강 위에 있다.)처럼 접촉하지 않고 「(수직으로 바로) 위에」있다는 뜻이다. 또 above는 The plane is flying above the hill. (비행기가 언덕 위에 날고 있다.)처럼 그저 어떤 것보다 높다는 의미로 쓴다.

⁑ **once** [wʌns] *once*

① 부 **한번** (동 one time), 1배

I have been to France ***onc***
나는 프랑스에 한 번 가 본적이 있다.

I have not seen him ***once***.
나는 한 번도 그를 만난 적이 없다

O

Once three is three.
3곱하기 1은 3.

② 이전에, 일찍이

Once there was a great king.
옛날에 한 위대한 왕이 있었다

♣ **at once** 곧, 즉시
once more 한번더
once upon a time 옛날에

* **one** [wʌn] *one*

① 명 하나, 한살, 1시

I will have ***one*** hamburger.
나는 햄버거 한개를 먹을 거야.

One from four leaves three.
4−1=3

② 형 하나의, 하나의

You will see him again ***one*** day.
언젠가 다시 그를 만나게 될 것이다

③ 대 하나, 한사람

One has to do his best.
사람은 최선을 다해야 해.

♣ **one after another** 차례차례
one another 서로
one by one 하나씩, 차례로

* **only** [óunli] *only*

㉻ **단 하나의** (㊌ single)

There is ***only*** one cookie left.
이제 과자가 하나밖에 안 남았어.

I can tell you ***only*** what I know.
알고 있는 것밖에 말할 수 없어요.

** **open** [óupən] *open*

① ㉶㉷ **열다, 펴다,**

The door won't ***open***.
그 문은 도무지 열리지 않는다

Please ***open*** to page 20.
20페이지를 펴시오.

② ㉻ **열린, 넓은**

Almost all the flowers are ***open***.
꽃들이 거의 만발했다.

The store is ***open*** even on Sunday.
그 가게는 일요일도 연다.

operation [àpəréiʃən] *operation*

① 명 **운전, 조작, 작용**

I understand the ***operation*** of computers.
나는 컴퓨터 조작법을 알아요.

② 〖의학〗 **수술**

I had an ***operation*** last month.
나는 지난 달에 수술을 했어요.

③ 〖군사〗 **작전**

operator [àpərèitər] *operator*

명 **(전신)기사, (전화)교환수, (기계의)조종사**

opinion [əpínjən] *opinion* 명 **의견, 견해**

I gave my ***opinion*** on the present situation.
현황에 관한 나의 견해를 밝혔습니다.

What is your ***opinion*** of him?
그를 어떻게 생각해요?

O

:or [ər, (강) ɔːr] *or*

㉲ **혹은, 또는, 그렇지 않으면**

Do you like math ***or*** English?
너는 수학이 좋니 영어가 좋니?

To be, ***or*** not to be: that is the question.
사느냐 죽느냐, 그것이 문제로다

:orange [ɔ́ːrindʒ] *orange*

㉱ **오렌지 나무, 오렌지 색**

Oranges grow in warm weather.
오렌지는 따뜻한 기후에서 자란다.

·order [ɔ́ːrdər] *order*

① ㉫ **명령하다, 주문하다**

Don't ***order*** me around.
나에게 명령하지마.

② ㉱ **명령, 주문**

Mary has talents of a high order.
메리는 뛰어난 재능을 지니고 있어요.

♣ **in order to (do)** ~하기 위하여

out of order 고장난
be on order 주문되어 있는

ordinary [ɔ́:rdənèri] *ordinary*

[형] **보통의** ([반] special 특별한 [동] usual)

an ***ordinary*** man 평범한 사람

organ [ɔ́:rgən] *organ*

① [명] **오르간**

Anna can play the ***organ***.
애나는 오르간을 칠 수 있어요.

② 〖생물〗 **기관**

organs of digestion 소화 기관.

original [ərídʒnəl] *original*

① [형] **처음의, 본래의**

Stephenson's ***original*** locomotive
스티븐슨이 발명한 최초의 기관차.

② [명] **원형, 원화**

That is ***original***.
그것이 최초이다(원조).

O

He read Don Quixote in the ***original***.
그는 돈키호테를 원서로 읽었다.

ostrich [ástritʃ] *ostrich* [명] 〖조류〗 **타조**

⁑**other** [ʌ́ðər] *other*

[형] **다른, 그 밖의, 다른 또 하나의**

Use the ***other*** door.
다른 문을 이용하세요.

Have you any ***other*** questions?
그 밖의 질문은 없니?

♣ **every other** 서로
every other day 하루 걸러서
one after the other 번갈아, 잇따라

◆ each other은 두 사람의 경우에 쓰이고, 세 사람 이상의 경우에는 「서로」의 뜻으로 one another를 쓴다.

*****otherwise** [ʌ́ðərwàiz] *otherwise*

[부] **달리, 다른 방법으로, 그렇지 않으면**
([동] if not)

I can't think ***otherwise***.
달리 생각할 수가 없다.

His rival was also his ***otherwise*** intimate friend.
그의 라이벌은 한편 그의 친구이기도 했다.

* **ought** [ɔːt] *ought*

㊅ **…해야 한다, …임에 틀림없다**
(동 should)

You ***ought*** to have done that.
너는 그것을 했어야 했어.

You ***ought*** to go before it rains.
비가 오기 전에 가는 것이 좋다

our [ɑːr, (강)áuər] *our*

㊆ **우리들의** (we의 소유격)

This is ***our*** classroom.
이것은 우리 교실 입니다.

The new building on that hill is ***our*** school.
저 언덕 위의 새 건물이 우리 학교예요.

ours [áuərz] *ours*

㉹ **우리들의 것** (we의 소유 대명사)

Whose dog is this? - It' s ***ours***.
이 개가 누구 거예요? – 우리 개예요.

Ours is a large family.
우리집은 대가족입니다.

ourselves [àuərsélvz] *ourselves*

① ㉹ 《강조용법》 **우리들 자신이**

We made a
computer set ***ourselves***.
우리들이 직접 컴퓨터를 조립했다.

② 《재귀용법》 **우리들 자신을**

We must not flatter ***ourselves***.
우리는 자만해서는 안 돼요.

♣ **by ourselves** 우리들만이
for ourselves 우리들 스스로(힘으로)

⁑ **out** [aut] *out*

① ㉮ **밖에(밖으로)** (㉶ in 안으로)

Get ***out***! 밖으로 나가!

The fishing boats are all ***out*** at sea.
어선은 모두 출어중입니다.

② (불이) 꺼져서

The light went ***out***.
등불이 꺼졌어요.

③ 아주, 완전히

She was tired ***out***.
그녀는 아주 지쳤다.

♣ **out of** ~으로부터, ~의 밖으로

outdoor [áutdɔ̀ːr] *outdoor*

㉮ **옥외의, 야외의** (㉥ indoor 실내의)

outdoors [àutdɔ́ːrz] *outdoors*

㉯ **집 밖에서, 야외엣서**

We sometimes play games ***outdoors***.
우리들은 때때로 야외에서 경기를 한다.

On clear days we play ***outdoors***.
맑은 날에는 우리는 야외에서 논다.

O

outing [áutiŋ] *outing* ⓜ 소풍

*****outside** [àutsáid] *outside*

① ⓜ 바깥쪽 (ⓑ inside 안쪽)

Don't judge a man from his ***outside***.
외관으로 사람을 판단하지 마세요.

② ⓗⓑ 바깥쪽의, 밖에

I painted my house green ***outside***.
나는 집 바깥쪽을 녹색으로 칠했다.

③ ⓙ …의 밖에

Let' s go ***outside***. 밖으로 나가자.

oven [ʌ́v(ə)n] *oven*

ⓜ 오븐 (조리기구의 하나)

:over [óuvər] *over*

① ⓙ …의 위에, …의 너머
(ⓑ under …의 밑에)

He put his hands ***over*** his face.

그는 양손으로 얼굴을 가렸다.

② 온통, 도처에, 여기저기에

Snow covered ***over*** the field.
눈이 들을 온통 뒤덮었다.

③ 부 …위(쪽)에, 넘어서, 도처에

Elizabeth lives ***over*** by the hill
엘리자베스는 저쪽 언덕의 옆에 살고 있다.

④ 끝나서, 완전히

School is ***over***. 수업이 끝났다.

♣ **over again** 다시 한 번
over and over again 자꾸 되풀이하여
over there 저쪽에, 저 너머에

overcoat [óuvərkòut] *overcoat*

명 외투, 오버

owl [aul] *owl* 명 〖조류〗 부엉이

own [oun] *own*

① 형 자기 자신의, 특유의

Use your ***own*** dictionary.

자신의 사전을 사용해라

That's my ***own*** affair.
그것은 네가 알 바 아니다

② ㉔㉕ **소유하다, 인정하다**

Who owns this ***land***?
이 땅은 누구 소유입니까?

owner [óunər] *owner* ㉑ **소유자, 임자**

ox [ɑks] *ox*

㉑ **수소** (☞ cow 암소)

An ***ox*** is pulling a cart.
수소가 짐차를 끌고 있다.

◈ 거세한 수소는 ox, 거세하지 않은 수소는 bull

oyster [ɔ́istər] *oyster*
㉑ 【조개】 **굴**

P, p [piː] *P, p* 알파벳의 열여섯번째 문자

pace [peis] *pace* ㉺ **한 걸음, 보조, 속도**

We hiked at a ***pace*** of four miles an hour.
한 시간에 4마일의 속도로 걸었어요.

Pacific [pəsífik] *Pacific*

① ㉻ **태평양의**

② ㉺ **태평양**

◆ Atlantic Ocean 대서양
the Indian Ocean 인도양

P

pack [pæk] *pack*

① 명 **꾸러기, 짐**

② 타 **짐을 싸다, 꾸리다**

These articles ***pack*** well.
이 물품은 짐꾸리기가 쉽다.

We ***packed*** the mules.
우리는 노새에 짐을 지웠다.

package [pǽkidʒ] *package*

명 **짐, 소포**

Dan has a large ***package***.
댄은 큰짐을 가지고 있습니다.

The mailman brought a ***package*** for you.
우편집배원이 너에게 소포를 가져왔다.

⁑ **page** [peidʒ] *page* 명 **페이지, 쪽**

Open your book to ***page*** 203.

203페이지를 펴세요.

paid [peid] *paid*

㉮㉯ **pay(지불하다)의 과거, 과거분사**

I ***paid*** the dinner.
내가 저녁 식사비를 지불했어.

* **pain** [pein] *pain* ㊔ **아픔, 고통, 수고**

Virginia cried with ***pain***.
버지니아는 아파서 울었습니다.

I feel no ***pain***. 조금도 아프지가 않다

* **paint** [peint] *paint*

① ㉯ **그리다, 칠하다**

He ***painted*** the gate.
그는 문에 페인트를 칠했다

② ㊔ **(그림)물감, 페인트**

Wet ***Paint***. 게시 페인트 주의.

painter [péintər] *painter*

㊔ **화가, 페인트공**

P

painting [péintiŋ] *painting*

㉮ 그림, 회화, 그림그리기, 페인트 칠하기

a ***painting*** in oils (watercolors)
유화(수채화).

There' s a ***painting*** on the wall.
벽에 그림이 하나 걸려 있어요.

:pair [pɛər] *pair*

㉮ 한 쌍, 한 짝, 한 켤레, 한 벌

I wear that ***pair*** of shoes.
나는 그 신발 한 켤레를 신었다.

a ***pair*** of gloves 장갑 한 벌

pajamas [pədʒɑ́:məz] *pajamas*

㉮ 파자마, 잠옷

palace [pǽlis] *palace* ㉮ 궁전

The Queen of England lives in Buckingham ***Palace***.
영국여왕은 버킹엄 궁전에 살고 있습니다.

pale [peil] *pale* ⓗ **파리한, 창백한**

You look ***pale***. 너는 안색이 나쁘다.

He always looks ***pale***.
그는 언제나 얼굴이 창백하다.

palm [pɑːm] *palm*

① ⓜ **손바닥**

② 〖식물〗 **야자수**

pamphlet [pǽmflit] *pamphlet*

ⓜ **팸플릿, 작은 책자**

pan [pæn] *pan* ⓜ **(납작한) 냄비**

The fish is in the ***pan***.
생선은 냄비안에 있습니다.

⁑ **pants** [pænts] *pants*

ⓜ **바지, 팬츠, 속바지**

I like your ***pants***.
나는 네 바지가 마음에 들어.

I got my ***pants*** dirty.

바지를 더럽혔어요.

paper [péipər] *paper*

㊔ 종이, 신문, 서류

I am making a ***paper*** plane.
나는 종이 비행기를 만드는 중이다.

This card is printed on recycled ***paper***.
이 카드는 재활용 용지에 인쇄했어요.

parade [pəréid] *parade*

㊔ 행렬, 행진

paradise [pǽrədàis] *paradise*

㊔ 낙원, 천국

an earthly ***paradise*** 지상의 낙원.

parasol [pǽrəsɔ:l] *parasol*

㊔ 여자용 양산, 파라솔

pardon [pá:rdn] *pardon*

① 타 용서하다

(동 forgive 반 punish 벌하다)

Pardon me for interrupting you.
방해해서 죄송합니다.

② 명 용서

A thousand ***pardons*** for my fault.
제 잘못을 거듭거듭 사과드립니다.

I beg your ***pardon***, but I don't think so.
실례입니다만 저는 그렇게 생각하지 않습니다.

④ 죄송합니다.

Pardon me. 죄송합니다.

◆ 'I beg your pardon' 실수 등을 사과하거나 모르는 사람에게 말을 걸 때 말 끝을 내려서 「죄송합니다」의 뜻으로 쓰이고, 말 끝을 올리면 「죄송합니다만 다시 한 번 말씀해 주십시오」의 뜻으로 쓰인다.

⁑ **parent** [pɛ́(ə)rənt] *parent*

명 어버이, 부모님

My ***parents*** love me.

부모님은 저를 사랑해요.

My ***parents*** are very old.
부모님은 대단히 연세가 많으십니다.

P

Paris [pǽris] *Paris*

[명] **파리** (프랑스의 수도)

:park [pɑːrk] *park*

① [명] **공원, 유원지**

Let`s play hide-and-seek in the ***park***.
공원에서 숨바꼭질하자.

② **주차장**

No ***parking***. 주차 금지.

③ [타] **주차하다**

parrot [pǽrət] *parrot*

[명] 【조류】 **앵무새**

Parrots can talk.
앵무새는 말할 줄 알아요.

* **part** [pɑːrt] *part*

① 명 **부분** (반 whole 전체), **부품**

Only ***part*** of his story is true.
그의 이야기는 극히 일부만이 사실이다.

② **편, 자기편**

I always take ***part*** with you.
나는 항상 네 편이다.

③ 자타 **헤어지다, 나누다, 분리하다**

The stream ***parts*** there.
강은 그곳에서 갈라진다.

♣ **take part in** 참가하다

partner [pɑ́ːrtnər] *partner*

명 **배우자, 짝, 동료, 협조자**

⁑ **party** [pɑ́ːrti] *party*

명 **회합, 파티, 일행, 정당**

Can you come to my birthday ***party***?
내 생일 파티에 올 수 있니?

a search ***party*** 수색대

P

pass [pæs, pɑːs] *pass*

① ㉮㉯ **지나가다, 통과하다, (시험에) 합격하다**

Pass me the salad,please.
샐러드 좀 건네 주세요.

Five minutes ***passed***.
5분 지났다

② ㉰ **패스, 입장권, 여권**

a ***pass*** over a railroad
철도 무임 승차권

♣ **pass by** 지나가다, 경과하다

passenger [pǽs(ə)ndʒər] *passenger*

㉰ **승객, 여객, 통행인**

There are many ***passengers*** on the ship.
배에는 많은 승객들이 타고 있습니다.

This car carries six ***passengers***.
이 자동차는 6인승입니다.

passport [pǽspɔ̀ːrt] *passport*

명 여권, 패스포트

P

⁑past [pæst] *past*

① 형 지나간, 과거의

Memories of the ***past*** filled her mind.
과거에 대한 온갖 추억이 그녀의 마음에 가득찼습니다.

② 명 과거 (☞ future 미래, present 현재)

He was poor in the ***past***.
그는 전에는 가난했어요.

③ 전 … 을 지나쳐서

The old man is ***past*** work.
저 노인은 이제 일하는 것은 무리다.

pasture [pǽstʃər] *pasture*

명 목초지, 목장 (☞ meadow 목초지)

patient [péiʃənt] *patient*

① 형 참을성 있는, 인내심 있는

Be ***patient*** with others.
타인에게 참을성 있게 대하세요.

P

② ㊔ 병자, 환자

The doctor is looking after his ***patients***.
의사가 환자들을 돌보고 있습니다.

patriot [péitriət] *patriot* ㊔ 애국자

pattern [pǽtərn] *pattern*

㊔ 본, 모형, 모범, 무늬

Her dress was ***patterned*** upon the latest fashion.
그녀의 드레스는 최신형을 따라 지어졌다.

patterns of frost on the window-panes
유리창에 생긴 서리의 무늬.

paw [pɔː] *paw*

㊔ (개 · 고양이 따위의) 발톱이 있는 발

⁑ **pay** [pei] *pay*

① [자][타] (돈을) 지불하다, (경의를) 표하다, (주의, 관심 따위를) 기울이다

Nothing can ***pay*** him for his pains.
그의 노고는 어떤 보수로도 보상될 수가 없어요.

Pay attention to your teacher.
선생님이 말씀에 주목하세요.

② [명] 지불, 임금, 급료

How much did you ***pay*** for it?
이거 얼마 주었니?

pea [piː] *pea*

[명] 【식물】 완두콩

⁑peace [piːs] *peace*

[명] 평화 ([반] war 전쟁)

Peace on earth! 지구에 평화를!

He worked for international ***peace***.
그는 국제 평화를 위해서 일했습니다.

peach [piːtʃ] *peach*

㊔ 〖식물〗 복숭아 (나무)

Mother bought some ***peaches***.
어머니가 복숭아를 몇 개 사 오셨다.

A ***peach*** has a soft skin.
복숭아의 껍질은 부드러워요.

* **pear** [pɛər] *pear*

㊔ 〖식물〗 서양 배(나무)

pearl [pəːrl] *pearl* ㊔ 진주

Let me see your ***pearl***.
네 진주 좀 보여줘.

Pearls are used for making necklaces.
진주는 목걸이를 만드는데 쓰입니다.

* **pen** [pen] *pen* ㊔ 펜

Is this your ***pen***?
이것은 너의 펜이니?

foundation ***pen*** 만년필

ball-point ***pen*** 볼펜

⁑ **pencil** [pénsəl] *pencil* ㊔ 연필

Write with a ***pencil***, not with a pen.
펜으로 쓰지 말고 연필로 써라.

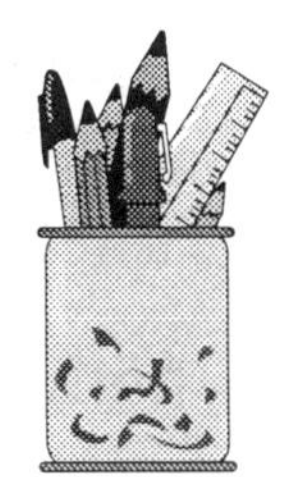

pencil case
[pénsəl kèis] *pencil case*

㊔ 필통

penguin [péŋgwin] *penguin*

㊔ 〖조류〗 펭귄

⁑ **people** [píːpl] *people* ㊔ 사람들, 국민

There are three ***people*** in my family.
우리는 세 식구예요.

The English are a conservative ***people***.
영국인은 보수적인 국민이다.

⁑ **pepper** [pépər] *pepper* ㊔ 후추

P

perfect [pə́ːrfikt] *perfect*

㊕ 완전한 (동 complete), 적격의

It`s ***perfect***. 그건 완벽해.

Elizabeth has ***perfected*** himself in English.
엘리자베스는 영어를 완전히 마스터했다.

* **perhaps** [pərhǽps] *perhaps*

㊛ 아마 (동 probably, maybe)

Perhaps I can help.
아마 내가 도울 수 있을 거야.

Perhaps it will snow tomorrow.
어쩌면 내일은 눈이 올지도 모르겠어.

* **person** [pə́ːrsn] *person* ㊔ 사람, 개인

There are many ***persons*** in the subway.
지하철에는 많은 사람들이 타고 있습니다.

There were three ***persons*** in the room.
그 방에는 세 사람이 있었다.

pet [pet] *pet*

㉺ **귀여워하는 동물, 애완 동물**

Rover is my ***pet*** dog.
로버는 내 애완용 개다.

This cat is my ***pet***.
이 고양이는 나의 애완동물입니다.

phone [foun] *phone*

① ㉺ **전화를 걸다**

I am on the ***phone***.
통화중입니다.

Please ***phone*** me again.
다시 한번 전화해 주시오

② ㉺ **전화기** (동 telephone)

I talked to her on the ***phone***.
그녀와 전화로 대화했어요.

♣ **on the phone** 전화를 받고

phonograph [fóunəgræ̀f] *phonograph*

㉺ **축음기, 레코드 플레이어**

He collects ***phonograph*** records.

그는 축음기의 레코드를 수집하고 있어요.

P

photo [fóutou] *photo*

[명] 사진 ([동] picture)

I took a ***photo*** of her.
나는 그녀의 사진을 찍었어.

I' ll take a ***photo*** of you.
네 사진을 찍어 줄께.

photograph [fóutəgræ̀f] *photograph*

[명] 사진

a ***photograph*** album 사진첩

She ***photographs*** well.
그녀는 사진이 잘 받는다.

photographer
[fətágrəfər] *photographer*

[명] 사진사, 촬영자

* **physical** [fízikəl] *physical*

[형] **신체의, 물리학(상)의** (☞ physics 물리학)

physical beauty 육체미.

Physical education 체육

pianist [piǽnist] *pianist*

㊔ 피아니스트

:piano [piǽnou] *piano* ㊔ 피아노

Virginia is a famous ***pianist***.
버지니아는 유명한 피아니스트입니다.

:pick [pik] *pick*

① ㉶㉷ **따다, 줍다, 고르다, 뽑다, 후비다**

Don`t ***pick*** flowers.
꽃을 꺽지 말아라.

Grapes ***pick*** easily.
포도는 따기 쉽다.

I'll ***pick*** you up at your hotel.
[자동차로] 당신을 모시러 호텔까지 가겠습니다.

***picnic** [píknik] *picnic* ㊔ 피크닉, 소풍

P

⁑ picture [píktʃər] *picture*

㊔ **그림, 회화, 사진, 영화**

John likes to draw ***pictures***.
존은 그림그리기를 좋아한다.

Let' s go to the ***picture***.
영화 구경하러 갑시다.

⁑ piece [piːs] *piece*

㊔ **한 조각, 파편**

Can I have a ***piece*** of cake?
케이크 한 조각 먹어도 돼요?

This set of china has 4 ***pieces***.
이 도자기 세트는 4개입니다.

◈ a piece of는 a piece of paper, two pieces of paper처럼 쓰여 셀 수 없는 명사의 수량을 나타낸다. 그 외에도 셀 수 없는 명사의 수량을 표시하는 것으로는 a glass of water (물 한 잔), two cups of coffee (커피 두 잔), a sheet of paper (종이 한 장)처럼 glass, cup, sheet 등 셀 수 없는 명사의 종류에 따라 다양하다.

*** pig** [pig] *pig* ㊔ 〖동물〗 **돼지**

You are a ***pig***. 넌 돼지야.

piggy bank 돼지 저금통

◆ 돼지 고기는 pork, 꿀꿀대는 소리는 oink [ɔiŋk].

pigeon [pídʒən] *pigeon* ⓜ 〖조류〗 **비둘기**

pilgrim [pílgrim] *pilgrim*

ⓜ **순례자**

(the Pilgrim Fathers 필그림 파더즈, 신앙의 자유를 찾아서 1620년에 Mayflower호로 미국으로 건너간 영국의 청교도)

pillow [pílou] *pillow* ⓜ **베개**

pilot [páilət] *pilot*

ⓜ **(비행기 따위의) 조종사**

My uncle is a ***pilot***.
나의 삼촌은 조종사 입니다.

An American ***pilot*** flew that plane.
미국 조종사가 그 비행기를 조종했어요.

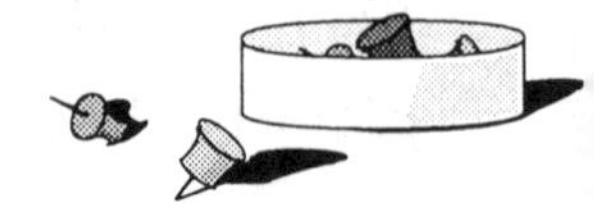

* **pin** [pin] *pin*

① 명 **핀, 못바늘**

Do you have a ***pin***?
너 머리핀 가지고 있니?

② 타 **핀(못)으로 꽂다(고정하다)**

He ***pinned*** a rose on a dress
그는 장미꽃을 옷에 핀으로 달았어요.

* **pine** [pain] *pine* 명 【식물】 **솔, 소나무**

pineapple [páinæ̀pl] *pineapple*

명 【식물】 **파인애플 (열매)**

My brother likes a ***pineapple***.
내 동생은 파인애플을 좋아합니다.

ping-pong [píŋpàŋ] *ping-pong*

명 **핑퐁, 탁구** (동 table tennis)

The two boys are playing ***ping-pong***.
두 소년이 탁구를 치고 있어요.

*** pink** [piŋk] *pink*

① 명 분홍색, 핑크색

② 형 분홍색의

Anna is wearing a ***pink*** dress.
애나는 분홍색 드레스를 입고 있습니다.

*** pipe** [paip] *pipe* 명 파이프, 관

A water ***pipe*** is broken.
수도관이 고장 났다.

a gas (a water) ***pipe*** 가스(수도)관

pistol [pístl] *pistol*

명 권총, 피스톨

pitch [pitʃ] *pitch*

① 명 던지기, 〖야구〗 투구

The movie reached a high ***pitch*** of grief.
그 영화는 비탄이 최고조에 달했다.

② 타 던지다, …에 투구하다, (천막을) 치다

He ***pitched*** for a team

그는 팀의 투수 노릇을 했다.

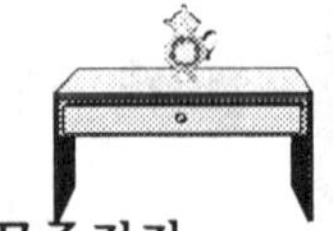

pitcher[1] [pítʃər] *pitcher* ㊔ 물주전자

She put a ***pitcher*** on the table.
그녀는 물주전자를 테이블 위에 놓았어요.

pitcher[2] [pítʃər] *pitcher*

㊔ 【야구】 **투수** (☞ catcher 포수)

* **pity** [píti] *pity*

① ㊔ **불쌍히 여김, 동정, 유감스러운, 일**

What a ***pity***!
불쌍해라!, 애석한 일이다!

The more is the ***pity***.
그러기에 더욱 애석한 일이다.

② ㊕ **불쌍히 여기다, 동정하다**

His fate is much to be ***pitied***.
그의 운명은 정말 가련하다

⁑ **place** [pleis] *place*

① ㊔ **장소, 위치, 좌석** (㊐ seat), **지위, 신분**

Where is the ***place***?
위치가 어디입니까?

Home is the best ***place***.
집이 가장 좋은 곳입니다.

② 타 **놓다, 배치하다** (동 put)

Place it against the wall.
그것을 벽에 세워 놓아라.

♣ **from place to place** 여기저기로
in place of ~대신에
take place 일어나다, 거행되다

⁑ plan [plæn] *plan*

① 명 **계획, 플랜, 설계도**

I`m making a ***plan*** for a trip to Europe.
난 유럽여행을 계획하고 있습니다.

② 타 **계획하다, 설계하다**

I am ***planning*** to consent.
나는 찬성할 작정이다.

I ***plan*** for a dinner party.
나는 만찬을 계획하고 있다.

:plane [plein] *plane*

① 명 **비행기** (동 airplane)

We went to Cheju-do by ***plane***.
우리는 제주도에 비행기를 타고 갔습니다.

② **평면, 면, 수준** (동 level 단계)

:plant [plænt] *plant*

① 명 **식물** (☞ animal 동물), **초목**

We can see various ***plants*** in the country.
시골에서는 가지가지 식물들을 볼 수 있습니다.

② **공장(의 설비)**

My brother works in a bicycle ***plant***.
나의 형은 자전거 공장에서 일하고 있습니다.

③ 타 **심다, 뿌리다**

Lisa ***planted*** a tree on Arbor Day.
리사는 식목일에 나무를 심었어요.

plate [pleit] *plate*

① 명 (납작하고 둥근) 접시,
(금은제) 식기류

She put a ***plate*** of grapes on the table.
그녀는 포도 한 쟁반을 식탁 위에 놓았습니다.

② 〖야구〗 플레이트, 판

He is standing on the pitcher' s ***plate***.
그는 투수판 위에 서 있었어요.

platform [plǽtfɔːrm] *platform*

명 (역의) 플랫폼

No. 2 ***platform*** No. 2번 플랫폼

I bought a ***platform*** ticket.
나는 역의 입장권을 샀어요.

:play [plei] *play*

① 자타 놀다, 행동하다, (악기를) 연주하다,
연기하다

Let`s ***play*** basketball. 농구하자.

Play me Mozart.
나에게 모차르트를 연주해다오.

His children are ***playing*** about.
그의 아이들은 장난치며 놀고 있다.

② ㊔ 경기, 연극

Rain stopped the ***play***.
비 때문에 경기가 중단되었습니다.

player [pléiər] *player*

㊔ 선수, 경기자, 연주자, 배우

He is a baseball ***player***.
그는 야구 선수입니다.

He is an excellent soccer ***player***.
그는 훌륭한 축구선수예요.

playground [pléigràund] *playground*

㊔ 놀이터, 운동장

Let`s go to the ***playground***.
운동장에 가자.

Some children are playing on the ***playground***.
몇몇 아이들이 운동장에서 놀고 있습니다.

plaything [pléiθìŋ] *plaything*

[명] 장난감 ([동] toy)

pleasant [pléznt] *pleasant*

[형] 즐거운, 기분좋은 ([동] comfortable)

We had a very ***pleasant*** time.
우리는 매우 즐거운 시간을 보냈습니다.

Today is a ***pleasant*** day for me.
오늘은 아주 기분 좋은 날이예요.

please [pliːz] *please*

① [자][타] 기쁘게 하다, 만족시키다, 좋아하다

He is anxious to ***please***.
그는 남의 호감을 사려고 애쓴다.

Come whenever you ***please***.
아무 때나 오세요.

② [부] 《정중한 요구나 간청》 제발, 부디, 기꺼이

Two ice cream cones, ***please***.
아이스크림 콘 두개 주세요.

p.m., P.M. [píːém] *p.m., P.M.* 오후

◆ 라틴어의 post meridiem (=afternoon)을 줄여 쓴 말, a.m., A.M. 오전

pocket [pákit] *pocket*

① ㉠ **호주머니**

What`s in your ***pocket***?
네 호주머니에는 뭐가 들었니?

I am 10 dollars in ***pocket***.
나는 수중에 10달러를 갖고 있다

② ㉡ **소형의, 소규모의, 호주머니용의**

a ***pocket*** money 용돈

a ***pocket*** camera 소형 카메라

point [pɔint] *point*

① ㉠ **점, 구두점, 소수점**

five ***point*** two 5.2

the freezing ***point*** 빙점.

② **끝, 지점**

He touched the ***point*** of his nose.

그는 코끝을 만졌습니다.

③ [자][타] **겨누다, 지시하다, 가리키다**

Point out mistakes.
잘못을 지적하세요.

⁑ police [pəlí:s] *police* [명] **경찰, 경관**

Call the ***police***. 경찰을 불러요.

The ***police*** put the thief in jail.
경찰은 그 도둑을 감옥에 넣었습니다.

policeman [pəlí:smən] *policeman*

[명] **경찰관, 순경**

(여자경관은 policewoman [pəlí:swùmən])

A ***policeman*** ran after the thief.
경찰관이 도둑을 추격하였습니다.

polish [páliʃ] *polish* [타] **닦다, 윤내다**

This wood ***polishes*** well.
이 나무는 윤이 잘 난다.

Polish your shoes before going out.
외출 전에 구두를 닦으렴.

polite [pəláit] *polite*

㉻ 공손한, 예의바른, 정중한

He is ***polite*** to everyone.
그는 모든 사람에게 공손하다.

Be ***polite***, please.
예의를 갖춰 주세요.

pond [pɑnd] *pond* ㉺ 못, 늪

My father is fishing at the ***pond***.
나의 아버지는 연못에서 낚시를 하고 있다.

There are many fish in this ***pond***.
이 연못에는 고기가 많이 있어요.

pony [póuni] *pony* ㉺ 망아지

* **pool** [puːl] *pool*

㉺ 못, 웅덩이, 수영장

We jumped into the ***pool***.
우리는 수영장으로 뛰어들었다.

Children swim in the ***pool***.
아이들이 수영장에서 수영해요.

poor [puər] *poor*

① ⓗ **가난한** (ⓑ rich 부유한), **불쌍한, 초라한**

Poor Bill, he is sick.
가엾은 빌, 그는 아프다.

Poor fellow! 가엾어라!

② **서투른, 잘 못하는**

He is *poor* at science.
그는 과학을 잘하지 못해요.

popcorn [pápkɔːrn] *popcorn*

ⓜ **팝콘, 튀긴 옥수수**

popular [pápjələr] *popular*

ⓗ **인기있는, 대중적인**

Anna is *popular* among her friends.
애나는 친구들 사이에서 인기가 많아.

Prof. Smith is *popular* with the students.
스미스 교수는 학생들에게 인기가 있다.

porch [pɔːrtʃ] *porch* ㉮ 현관, 입구

Is there a lamp in the ***porch***?
현관에 램프가 있나요?

pork [pɔːrk] *pork* ㉮ 돼지고기

Jane doesn' t like ***pork***.
제인은 돼지고기를 좋아하지 않아요.

pose [pouz] *pose*

① ㉮ 자세, 포즈

② ㉮ 포즈를 취하다

He ***posed*** her for a picture.
그는 그림을 그리기 위해 그녀에게 포즈를 취하게 했다.

He ***posed*** as an actor.
그는 영화배우인 것처럼 행동했다.

possession [pəzéʃən] *possession*

㉮ 소유, 재산

* **possible** [pásəbl] *possible*

㊀형 가능한 (반 impossible 불가능한)

It is ***possible*** for him to climb the mountain.
그가 산에 오른다는 것은 가능한 일이다.

Come as soon as ***possible***.
되도록 빨리 오세요.

♣ **as ~ as possible** 가능한 일
if possible 가능하다면

* **post** [poust] *post*

① 명 **우편, 우체국, 우체통**

Please send your picture by ***post***.
당신의 사진을 우편으로 보내 주세요.

② 타 **우편으로 보내다, 우체통에 넣다**

The wall was ***posted*** over with placards.
벽에는 온통 포스터가 붙여졌다.

postage stamp [póustidʒ stæ̀mp] *postage stamp* 명 **우표**

postbox [póustbɑ̀ks] *postbox*

명 우편함

postcard [póus(t)kὰːrd] *postcard*

명 우편엽서, 그림엽서

I bought some return ***postcards***.
나는 왕복엽서를 몇 장 샀다.

* **poster** [póustər] *poster*

명 벽보, 포스터

The ***poster*** is put up on the wall.
벽에 포스터가 붙어 있습니다.

I am drawing a ***poster***.
포스터를 그리고 있어요.

postman [póus(t)mən] *postman*

명 우편집배원

post office [póust ὰfis] *post office*

명 우체국 (P.O. 또는 p.o.로 줄여쓴다)

Do you know where the ***post office*** is?
우체국이 어디에 있는지 아니?

I need to go to the ***post office***.
우체국에 가야 해요.

pot [pɑt] *pot*

㉢ **항아리, 단지, 병**

I made a ***pot*** of soup.
나는 스프 한냄비를 만들었다.

She has silver ***coffeepot***.
그녀는 은으로 만든 커피포트를 가지고 있어요.

* **potato** [pətéitou] *potato* ㉢ **감자**

Potato chips taste good!
감자 튀김은 참 맛있어!

pound [paund] *pound*

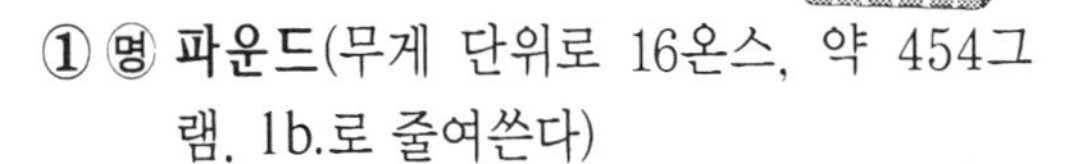

① ㉢ **파운드**(무게 단위로 16온스, 약 454그램. lb.로 줄여쓴다)

How many ***pounds*** do you weigh?
체중이 몇 파운드나 되니?

② **파운드** (영국의 화폐 단위, £로 나타낸다)

I have two ***pounds*** in my purse.
내 지갑에는 2파운드가 들어있어요.

pour [pɔːr] *pour*

① ㉭㉵ **따르다, 붓다, 쏟다**

The rain is ***pouring*** down.
비가 억수같이 내리고 있어요.

The sun ***pours*** over the earth.
햇빛이 지상에 내리쬔다.

② **(강이 바다로) 흘러 들어가다, 흐르다**

The river ***pours*** itself into the sea.
그 강은 바다로 흘러 들어갑니다.

powder [páudər] *powder*

㉥ 가루, 분말, 화약

power [páuər] *power*

㉥ **권력, 힘, 동력, 능력**

I lost the ***power*** to fight.
나는 싸울 힘을 잃었다.

I will help you in my ***power***.
힘이 미치는 한 도와드리겠습니다

Test your ***powers*** of observation
자신의 관찰력을 테스트해 보시오.

practice [prǽktis] *practice*

① 명 **연습** (동 exercise), **실행**, **실시**

Practice makes perfect.
(속담) 배우기보다 익혀라

② 자타 **행하다**, **실행하다**, **연습하다**

He ***practices*** early rising.
그는 일찍 일어나기를 실행하고 있어요.

I ***practice*** at the piano every day.
나는 매일 피아노를 연습하고 있습니다.

praise [preiz] *praise*

타 **칭찬하다**, **찬미하다**

His work deserves ***praise***.
그의 작품은 칭찬할만하다.

Praise be to God! 신을 찬양하라!

pray [prei] *pray* 자타 **빌다**, **기도하다**

We ***prayed*** God for help.
신에게 도움을 기원했다

She ***prayed*** me to help her.
그녀는 나에게 도와달라고 간청했다

prayer [préiər] *prayer* ⓜ **기도하는 사람**

prefer [prifə́:r] *prefer*

ⓣ **더 좋아하다**(ⓢ like better), **~을 택하다**

I ***prefer*** an early start.
일찍 출발하고 싶다

Which do you ***prefer***, tea or coffee ?
홍차와 커피 중 어느 것을 드시겠습니까 ?

prepare [pripɛ́ər] *prepare*

ⓙⓣ **준비하다, (식사 따위를) 만들다**

Mother is ***preparing*** breakfast in the kitchen.
어머니가 부엌에서 아침밥을 짓고 계세요.

I am ***prepared*** to accept.
기꺼이 받아들일 각오입니다.

present[1] [préznt] *present*

① 형 **출석한** (반 absent 결석한), 현재의

He is ***present*** in a classroom.
그는 교실에 있다.

② 명 **현재, 지금**
(☞ past 과거, future 미래)

the past, the ***present*** and the future
과거, 현재, 미래

present[2] [préznt] *present*

① 명 **선물** (동 gift)

Father gave me a Christmas ***present***.
아버지는 나에게 크리스마스 선물을 주셨어요.

② 타 **선사하다, 선물로 주다**

They ***presented*** a watch to him.
그들은 그에게 시계를 선사했다.

Allow me to ***present*** my wife to you.

저의 집사람을 소개하고자 합니다

* **president** [préz(ə)dənt] *president*

[명] **대통령, 총재, 회장, 사장**

Who is the ***President*** of Korea?
한국의 대통령은 누구입니까?

** **pretty** [príti] *pretty*

① [형] **예쁜** ([동] fine, beautiful), **귀여운**

Anna has a ***pretty*** doll.
애나는 예쁜 인형을 가지고 있습니다.

My ***pretty***!
여보!, 당신(아내를 부르는 말).

② [부] **꽤, 상당히**

This pie is ***pretty*** good.
이 파이는 아주 맛있다.

* **price** [prais] *price*

① [명] **값, 가격**

Prices are high. 물가가 비싸다.

② **희생, 대가**

He paid a high ***price*** for his success.
그는 성공을 위해서 비싼 대가를 치렀습니다.

pride [praid] *pride*

㊔ 자랑, 자만, 자존심

Pride goes before a fall.
(속담) 교만한 자는 곧 망하게 마련.

He was the joy and ***pride*** of his parents.
그는 그의 부모님에게 있어서 기쁨이자 자랑거리였다.

priest [pri:st] *priest*

㊔ 성직자, 목사

primary school [práimeri skù:l] *primary school* ㊔ 초등 학교

prince [prins] *prince* ㊔ 왕자

The ***prince*** and princess lived happily ever after.
왕자와 공주는 그 후로 행복하게 살았대요.

princess [prínsis, prinsés] *princess*

㉮ **공주, 황비**

The ***princess*** lives in that palace.
공주는 저 궁전에 살고 있어요.

principal [prínsəpəl] *principal*

① ㉻ **으뜸가는, 주요한** (㉭ chief, main)

He has the ***principal*** part in the play.
그는 그 연극의 주역입니다.

② ㉮ **교장, 학장**

He is the ***principal*** of our school.
그는 우리학교 교장선생님이다.

♣ **in principle** 원칙적으로, 대체로

* **print** [print] *print*

① ㉮ **인쇄, 프린트**

This book has clear ***print***.
이 책은 인쇄가 선명하다

Write your name in ***print***.

이름을 활자체(인쇄체)로 쓰세요.

② 타 인쇄하다

This book was ***printed*** in China.
이 책은 중국에서 인쇄되었습니다.

printer [príntər] *printer*

명 인쇄공, 인쇄업자, 인쇄기

prize [praiz] *prize* 명 상품, 상, 상금

Good health is the greatest ***prize***.
건강은 다시없는 보배다.

Our team won the first ***prize***.
우리 팀이 1등상을 받았어요.

probable [prábəbəl] *probable*

형 있을 법한, 있음직한

It's ***probable*** that it will rain tomorrow.
내일은 비가 올 듯하다

What is the ***probable*** cost?
그 비용은 대충 얼마나 들 것 같습니까?

:problem [prάbləm] *problem*

㉮ **문제, 의문** (㉯ question)

What`s the ***problem***? 문제가 뭐야?

Could you do it ? - No ***problem***!
할 수 있겠습니까? – 문제 없습니다.

***produce** [prəd(j)ú:s] *produce*

① ㉰ **생산하다, 제조하다** (㉱ spend 소비하다), **연출하다**

Trees ***produce*** fruit.
나무는 열매를 맺는다.

He ***produced*** many plays.
그는 많은 연극을 연출했습니다.

② ㉮ **생산품, 농산물**

The farmer brings his ***produce*** to the market.
농부는 시장으로 농산물을 가지고 갑니다.

producer [prəd(j)ú:sər] *producer*

㉮ **생산자, 제작자, 연출가**

program [próugræm] *program*

[명] 상연 목록, 프로그램

a training ***program*** 훈련 계획

a ***program*** of sightseeing
관광 일정.

* **promise** [prámis] *promise*

① [명] 약속, 유망, 가망

I claim your ***promise***.
약속한 것을 요구합니다.

② [자][타] 약속하다, …할 가망이 있다

I ***promised*** her a doll.
나는 그녀에게 인형을 주기로 약속했다

My sister is ***promised*** to a banker.
언니는 은행가와 약혼했다.

* **proud** [praud] *proud*

[형] 뽐내는, 의기양양한, 명예로 여기는
(☞ pride 자랑)

He is ***proud*** that hi is good at

baseball.
그는 야구를 잘한다고 뽐내고 있어요.

Susan is ***proud*** of her picture.
수잔은 자기 그림을 자랑스러워해요.

* **public** [pʌ́blik] *public*

① [형] **공중의, 공공의** ([반] private 사적인)

The ***public*** library stands in the park.
공립도서관은 공원에 있습니다.

② [명] **공중, 대중, 사회**

He is now a scholar in the ***public*** eye.
그는 지금 사회의 이목을 끄는 학자이다.

publish [pʌ́bliʃ] *publish*

[타] **발표하다, 출판하다, 발행하다**

The complete works were first ***published*** in 1965.
전집은 1965년에 처음으로 출판되었습니다.

He ***published*** the news.
그는 그 뉴스를 발표했습니다.

:pull [pul] *pull*

㉶㉷ 당기다, 끌다

This horse ***pulls*** well.
이 말은 잘 끈다

The train ***pulled*** out of the station.
기차가 역을 떠났다.

♣ **pull down** ~을 끌어내리다
pull out (이, 마개 따위를) 뽑다

pupil [pjúːpil] *pupil*

명 학생, 제자

We are ***pupils*** of this school.
우리는 이 학교의 학생입니다.

◆ 보통 초 · 중학생에게 사용한다 고교생, 대학생은 student라고 한다.

puppy [pʌ́pi] *puppy*

명 강아지

pure [pjuər] *pure* 형 순수한, 순결한

pure air 맑은 공기.

pure science 순수 과학

purple [pə́ːrpl] *purple*

㉺㉻ **자주색(의), 자색(의)**
(☞ violet 보라색(의))

* **purpose** [pə́ːrpəs] *purpose*

㉺ **목적** (동 aim)

What ***purpose*** did you do that for?
어째서 그런 짓을 했지

I ***purpose*** going there.
그 곳에 갈 작정이다

♣ **for the purpose of** ~할 목적으로
on purpose 일부러, 고의로

⁑ **push** [puʃ] *push*

㉶㉷ **밀다, 밀고 나아가다** (반 pull 당기다)

Don't ***push*** against me.
내게 기대지 마세요

He ***pushed*** on along the street.

그는 거리를 계속 나아갔다.

Don't ***push*** at the back.
뒤에서 밀지 마세요.

♣ **push aside** 밀어 제치다
push back 뒤로 밀어내다, 후퇴시키다

⁑ **put** [put] *put*

[자][타] **놓다, 두다, 얹다, 넣다**

He ***put*** his hand in one's pocket.
그는 호주머니에 손을 넣었다.

She ***put*** her hand on her forehead.
그녀는 이마에 손을 댔어요.

Put your pencils down.
연필을 내려놓아요.

♣ **put down** 내려놓다
put into ~에 넣다
put off 연기하다
put on 입다, 신다, 쓰다

puzzle [pʌ́zl] *puzzle*

[명] 어려운 문제, 수수께끼

Let's do a crossword ***puzzle***.
낱말 맞히기 해요.

My friend's behavior ***puzzles*** me.
친구의 행동이 내게는 납득이 가지 않아요.

pyramid [pírəmìd] *pyramid* ⓜ **피라미드**

We can see the ***pyramids*** in Egypt.
우리는 이집트에서 피라미드를 볼 수 있습니다.

Q. q [kjuː] *Q. q*

알파벳의 열일곱번째 문자

quantity [kwάntəti] *quantity*

명 **양** (반 quality 질), **다량, 다수**

What ***quantity*** can be supplied?
얼마만큼의 분량을 공급할 수 있겠어요?

He owns ***quantities*** of books.
그는 많은 책을 가지고 있다.

quarrel [kwɔ́(ː)rəl] *quarrel*

① ㊉자 싸우다, 말다툼하다

Children sometimes ***quarrel*** over trifles.
아이들은 흔히 사소한 일로 싸웁니다.

I have no ***quarrel*** against him.
나는 그에게 아무런 불만도 없어요.

② ㊐명 싸움, 말다툼

It takes two to make a ***quarrel***.
(속담) 싸움은 혼자서는 할 수 없다.

quarter [kwɔ́ːrtər] *quarter*

① ㊐명 4분의 1, 15분

three ***quarters*** 4분의 3

a ***quarter*** of a century
4반세기, 25년

It is a ***quarter*** past seven.
7시 15분이다

② 《미 · 캐나다》 25센트 경화 (1/4 달러)

* **queen** [kwiːn] *queen*

㊐명 여왕 (반 king 왕)

The wife of a king is called a ***queen***.
왕의 부인은 왕비라고 불린다.

Paris, ***queen*** of cities
도시의 여왕 파리

⁑question [kwéstʃən] *question*

㊔ **질문, 물음, 문제**

May I ask you a ***question***?
질문이 있습니다만….

There is no ***question*** but that it is true.
그것이 사실임은 의심할 여지가 없다

question mark [kwéstʃən mà:rk] *question mark* ㊔ **물음표**

⁑quick [kwik] *quick*

㊕ **빠른, 재빠른** (동 fast 반 slow 느린)

Be ***quick***! 서둘러라!, 빨리하라!

He is ***quick*** about his work.
그는 일을 빨리 한다.

quickly [kwíkli] *quickly*

㊛ **빨리, 급히, 곧** ㊥ slowly

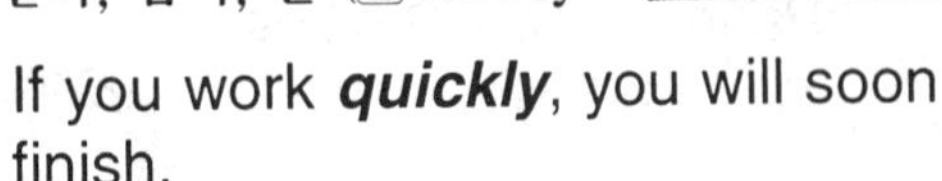

If you work ***quickly***, you will soon finish.
서둘러 일하면 곧 끝날 거에요.

She ran as ***quickly*** as she could.
그녀는 될 수 있는 대로 빨리 뛰었습니다.

* **quiet** [kwáiət] *quiet*

㊕ **조용한** (㊥ noisy 시끄러운)

Be ***quiet*** ! 조용히 해라 !

The restless boy is ***quiet*** now.
수선을 피우던 그 소년은 이제 조용해졌다.

◈ 일반적으로 quiet는 시끄러운 소리가 없어 조용한 것이고, still은 움직이지 않고 가만히 있어서 조용한 것.

quite [kwait] *quite* ㊛ **아주, 꽤, 제법**

He's ***quite*** a nice fellow.
그는 아주 좋은 녀석이야

I ***quite*** agree with you.

너와 전적으로 동감이야.

♣ **not quite** 충분히 ~은 아니다
quite a few 꽤 많은, 상당수의
Quite so. 정말 그렇다

quiz [kwiz] *quiz* ⓜ **질문, 퀴즈**

The teacher ***quizzed*** his pupils on English.
선생님은 학생에게 간단한 영어 시험을 쳤다.

R, r [ɑːr] *ℛ, r* 알파벳의 열여덟번째 문자

rabbit [rǽbit] *rabbit*

명 (집)토끼 (☞ hare 산토끼)

Rabbits are cute. 토끼는 귀엽다.

Two ***rabbits*** are eating leaves.
두 마리의 토끼가 잎을 먹고 있어요.

* **race**[1] [reis] *race*

① 명 경주, 레이스, 경쟁

Let`s have a ***race***.

경주를 하자.

② [자] 경주하다

They ***raced*** for the cup.
그들은 우승배를 두고 경주했다

They ***raced*** over the course.
그들은 코스를 따라 달렸다.

race[2] [reis] *race*

[명] 인종, 민족, (동식물의) 종

the human ***race*** 인류

the white (the yellow) ***race***
백색(황색) 인종

racer [réisər] *racer* [명] 경주자

racket [rǽkit] *racket* [명] 라켓

This is my tennis ***racket***.
이것이 내 테니스 라켓이야.

I have a ***racket*** in my right hand.
나는 오른손에 라켓을 가지고 있어요.

R

radio [réidiòu] *radio* ㊔ 라디오

Turn up the ***radio***.
라디오 소리 좀 높여.

rag [ræg] *rag* ㊔ 넝마, 헝겊

I cannot go out in these ***rags***.
이런 누더기옷을 입고서는 외출할 수 없어요.

He has not a ***rag*** to his back.
그는 몸에 아무것도 걸치지 않고 있다.

railroad [réilròud] *railroad* ㊔ 철도

rain [rein] *rain*

① ㊔ 비, 강우

It looks like ***rain***. 비가 올 것 같아.

Come in out of the ***rain***.
비를 맞지 말고 들어오너라.

② ㉶ 비가 오다

It`s ***raining***. 비가 오고 있어.

It has been ***raining*** off and on from morning.

비가 아침부터 오락가락 하고 있어요.

* **rainbow** [réinbòu] *rainbow* ㉮ 무지개

There is a ***rainbow*** in the sky.
하늘에 무지개가 떠 있습니다.

A ***rainbow*** has seven colors.
무지개는 일곱 빛깔이예요.

◆ 무지개의 일곱 색깔은 안쪽부터 red(빨강), orange(주황), yellow(노랑), green(초록), blue(파랑), indigo(남색), violet(보라)이다.

raincoat [réinkòut] *raincoat*

㉮ **레인코트, 비옷**

I have a yellow ***raincoat***.
나는 노란 레인 코트가 있어요.

rainy [réini] *rainy*

㉻ **비가 오는, 비가 많은**

When is the ***rainy*** season?
언제가 장마철이지요?

It's ***rainy*** today. 오늘은 비가 내린다.

R

*** raise** [reiz] *raise*

① 타 **올리다** (동 lift ☞ rise 오르다), **승진시키다, 세우다**

Raise your hand! 손들어!

Those who say yes, please ***raise*** your hands.
찬성하시는 분은 손을 들어 주세요.

② **(식물을) 재배하다, (가축을) 기르다**

He ***raises*** various kinds of roses
그는 여러 종류의 장미를 재배합니다.

ran [ræn] *ran*

자타 **run(달리다)의 과거**

rang [ræŋ] *rang*

자타 **ring(울리다)의 과거**

rank [ræŋk] *rank* 명 **계급, 신분**

He can never take ***rank*** with the great poets.
그는 도저히 대시인과 어깨를 나란히 할 수

는 없다.

men of all ***ranks*** and classes
각계 각층의 사람들

rapid [rǽpid] *rapid*

형 **빠른, 급속한** (동 quick, fast 반 slow)

He has made ***rapid*** progress in English.
그는 영어가 빨리 늘었다.

Jane is a ***rapid*** speaker.
제인은 말이 빨라요.

rare [rεər] *rare* 형 **드문, 진기한**

The air is ***rare*** on high mountains.
높은 산에서는 공기가 희박하다.

I found some ***rare*** plants in the mountain.
나는 산에서 진기한 식물을 발견했습니다.

rat [ræt] *rat*

명 **쥐** (들쥐, 시궁쥐 따위) (☞ mouse 생쥐)

Look at the white ***rat***.

흰쥐를 보세요.

* **rather** [rǽðər] *rather*

㊕ **차라리, 얼마간, 다소**

She looks ***rather*** ill.
그녀는 몸이 좀 불편해 보인다.

This is ***rather*** purple than red.
이것은 붉다기보다는 오히려 자주색이다

♣ **would rather ~ than...**
~ 보다 차라리 ...하겠다

R

* **reach** [ri:tʃ] *reach*

① ㉶㊉ **다다르다, 닿다**
(동 get to, arrive at)

I can't ***reach*** the ceiling.
천장이 손에 안 닿아.

We'll ***reach*** New York in the evening.
저녁에 뉴욕에 도착합니다.

② **(손 따위를) 내밀다, 손을 뻗다**

Would you ***reach*** me the mustard, please?

겨자를 좀 집어주시겠어요?

Can I ***reach*** him by telephone?
그에게 전화 연락을 해도 되겠습니까?

:read [riːd] *read*

[자][타] **읽다, 독서하다**

Elizabeth ***read*** out the poem.
엘리자베스는 그 시를 낭독했다

I ***read*** it through six times.
나는 그것을 여섯 번 통독했다

:ready [rédi] *ready* [형] **준비가 된**

Everything is ***ready*** for working.
작동 준비는 다 갖추어졌다

(Are you) ***Ready*** to order?
주문하시겠습니까?

real [rí(ː)əl] *real*

[형] **실제의, 현실의, 진짜의**

I had a ***real*** good time.
참으로 즐거웠어.

Is it ***real***? 정말인가요?

⁑ really [ríːəli] *really*

① [부] **정말로, 실은, 사실은**

Do you ***really*** mean it ?
너는 정말로 그럴 셈이냐 ?

Really, this is fine.
과연 이것은 훌륭하다.

② 《감탄사적으로》 **정말? 그래?**

Really? 정말로?

Not ***really***! 설마!

*** reason** [ríːzn] *reason*

[명] **이유** ([동] cause), **이성, 도리**

My uncle retired for ***reasons*** of health.
삼촌은 건강상의 이유로 은퇴했다.

There is no ***reason*** to suspect him.
그를 의심할 이유가 전혀 없어요.

*** receive** [risíːv] *receive*

ⓜ명 **받다** (동 accept 반 give 주다
☞ reception 받아들임)

She ***received*** a good education.
그녀는 훌륭한 교육을 받았습니다.

I ***received*** a sad letter from my mother.
나는 어머니로부터 슬픈 편지를 받았다.

* **recently** [rí:sntli] *recently*

부 **요사이, 최근에**

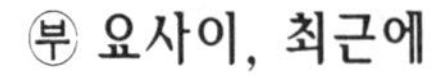

Recently, Jane seems so busy.
요즘 제인은 너무 바쁜 것 같아요.

* **record** [rékɔ:rd] *record*

① 명 **기록, 레코드, 음반**

I keep a daily ***record*** in my diary.
나는 매일의 기록을 일기에 적고 있습니다.

He broke the world ***record***.
그는 세계 기록을 깼습니다.

② 자타 **기록하다, 녹음하다, 녹화하다**

It`s ***recorded*** in the Bible.
그것은 성경에 기록되어 있습니다.

red [red] *red*

① ⓗ 빨간

Red light,stop.
빨간 불이에요, 멈추세요.

Lisa sleeps on a ***red*** bed.
리사는 빨간색 침대에서 잡니다.

② ⓜ 빨강

R

Red Cross [réd krɔ́(:)s] *Red Cross*

ⓜ 적십자(사)

reed [ri:d] *reed* ⓜ 【식물】 갈대

refrigerator [rifrídʒərèitər] *refrigerator*

ⓜ 냉장고

The milk is in the ***refrigerator***.
우유는 냉장고 안에 있어요.

refuse [rifjú:z] *refuse*

ⓙⓣ 거절하다, 거부하다

(반 accept 승낙하다)

They ***refused*** him admittance.
그들은 그의 입장을 거절했다.

They ***refused*** to discuss the question.
그들은 그 문제를 토의하기를 거부했어요.

regard [rigɑ́ːrd] *regard*

① 명 **존경, 주의, 관심**

I have a great ***regard*** for his opinion.
나는 그의 의견을 대단히 존경하고 있어요.

② 타 **…라고 여기다, …으로 간주하다, 존중하다**

He does not ***regard*** my advice.
그는 내 충고를 존중하지 않아요.

♣ **in regard to** ~에 고나하여

region [ríːdʒən] *region*

명 **지방, 지역**

Have you ever been in the ***region***?

그 지역에 가 본적이 있니?

tropical ***region*** 열대지방

* **regular** [régjələr] *regular*

[형] **규칙적인, 정규의**

He is ***regular*** in his coming and going.
그는 언제나 정해진 시간에 왔다가 간다.

This car takes ***regular*** gasoline.
이 차에는 보통 휘발유를 넣어요.

** **remember** [rimémbər] *remember*

[자][타] **생각해내다, 기억하다** ([반] forget 잊다)

Remember me?
날 기억하세요?

I can' t ***remember*** the phone number.
그 전화번호를 기억할 수 없어요

remind [rimáind] *remind*

[타] **생각나게 하다, 깨우치다**

He ***reminds*** me of his brother.

그를 보면 그의 동생이 생각나요.

Please ***remind*** her to call me.
나에게 전화하는 것을 잊지 않도록 그녀에게 일러주세요.

remove [rimúːv] *remove*

㉮㉯ **옮기다, 제거하다**

I ***removed*** a desk to another room.
책상을 다른 방으로 옮겼다.

He ***removed*** his hat.
그는 모자를 벗었어요.

rent [rent] *rent*

① ㉰ **셋집 있음, 세놓음**

Room for ***rent***. 셋집 있음, 세놓음

② ㉯ **임대하다, (사용료를 내고) 빌리다**

The house ***rents*** at $200 a month.
그 집의 집세는 월 2백 달러이다.

repair [ripέər] *repair*

① ㉯ **수선하다, 손질하다** (동 mend)

R

Tom ***repairs*** the bike.
톰이 자전거를 수리합니다.

② ㊔ **수선, 손질**

This radio needs ***repair***.
이 라디오는 수리를 해야겠군.

repeat [ripí:t] *repeat*

㉶㉻ **되풀이하다, 반복하다**

Repeat after me. 나를 따라 말해 봐.

Such a conduct must never be ***repeated***.
이런 일을 다시 되풀이해서는 안돼.

reply [riplái] *reply*

㉶㉻ **대답하다** (동 answer 반 ask 묻다)

He ***replied*** for the company.
그는 회사를 대표해서 답사를 했다.

I have nothing to ***reply***.
대답할 말이 없어요.

* **report** [ripɔ́:rt] *report*

① ㉮㉯ **보고하다, 알리다**

They ***reported*** the discovery of a new element
새 원소의 발견을 보도하다

② ㉮ **보고, 리포트, 보도**

He has a bad ***report*** this term.
그의 이번 학기 성적은 나쁘다.

require [rikwáiər] *require*

㉯ **요구하다, 요청하다**

The matter ***requires*** haste.
이 일은 긴급을 요한다

We ***require*** to know it.
우리는 그것을 알 필요가 있습니다.

rescue [réskjuː] *rescue*

① ㉯ **구조하다, 구해주다**

② ㉮ **구조**

residence [rézədəns] *residence*

㉮ 주거, 거주

respect [rispékt] *respect*

① 타 **존경하다**

Respect your teacher.
선생님을 존경해야 돼요.

R

② 명 **존경, 경의**

I ***respect*** him as my senior.
나는 그를 선배로서 존경하고 있다.

⁑ **rest** [rest] *rest*

① 자 **쉬다** (반 work 일하다), **기대다**

I can not ***rest*** under these circumstances.
이런 사정에서는 마음 편히 있을 수 없어요.

A smile ***rests*** on her lips.
미소가 그녀의 입가에 감돌고 있다.

② 명 **휴식**

Take a ***rest***. 휴식을 취해라.

⁑ **restaurant** [rétərənt] *restaurant*

명 **음식점, 레스토랑**

We went to the ***restaurant*** yesterday.
우리는 어제 그 식당에 갔었어요.

return [ritə́ːrn] *return*

① 자타 **돌아가다, 돌아오다** (동 go back)

I ***returned*** from the Treasure Island.
난 보물섬에서 돌아왔다.

He will ***return*** from Europe soon.
그는 유럽으로부터 곧 돌아올 거예요.

② 명 **돌아옴, 돌려줌, 귀국**

I requested the ***return*** of the book I lent him.
빌려준 책을 되돌려 달라고 그에게 요구했다.

revolve [riválv] *revolve* 자타 **회전하다**

The earth ***revolves*** on its axis.
지구는 자전한다

The moon ***revolves*** around the earth.
달은 지구의 둘레를 공전한다.

rhino [ráinou] *rhino*

㊔ 【동물】 무소, 코뿔소
(rhinoceros를 줄여 쓴 말)

rhinoceros [rainɑ́sərəs] *rhinoceros*

R

㊔ 【동물】 무소, 코뿔소

rhythm [ríðəm] *rhythm*

㊔ 율동, 운율, 리듬

Sam has a good sense of ***rhythm***.
샘은 리듬 감각이 뛰어납니다.

* **ribbon** [ríbən] *ribbon* ㊔ 리본

Tie with a ***ribbon***. 리본으로 묶어라.

She wears a ***ribbon*** on her hair.
그녀는 머리에 리본을 하고 있어요.

⁑ **rice** [rais] *rice* ㊔ 쌀, 벼

I want to eat ***rice***.
나는 밥을 먹고 싶다.

The Koreans eat more ***rice*** than

bread.
한국사람은 빵보다 쌀을 더 많이 먹어요.

:rich [ritʃ] *rich*

① 형 **돈 많은, 부유한, 값진, 넉넉한**
(동 wealthy 반 poor 가난한)

I am not ***rich***. I`m poor.
나는 부자가 아닙니다. 나는 가난합니다.

The ***rich*** are not always happy.
돈 많은 자가 반드시 행복하다고는 할 수 없다.

◆ rich와 wealthy는 둘다 「돈이 많은」을 뜻하는 말이지만, wealthy는 사회적으로 훌륭한 지위를 차지하고 있음을 암시한다.

riddle [rídl] *riddle* 명 **수수께끼**

Riddle me, riddle me what it is?
수수께끼에서그것은 뭐니?

He asked a very interesting ***riddle***.
그는 퍽 재미있는 수수께끼를 냈어요.

:ride [raid] *ride*

① 타 (탈것 · 말을) 타다

Let`s ***ride*** a bicycle. 자전거를 타자.

② 명 타기, 태움

We had a long ***ride*** in the car.
우리는 자동차로 장거리 드라이브를 했습니다.

:right [rait] *right*

① 형 오른쪽의 (반 left 왼편의)

Turn ***right*** there?
거기서 오른쪽으로 돈다고요?

② 옳은 (동 just, true 반 wrong 틀린), 정확한

Always do what is ***right***.
항상 옳은 일을 해라.

Are you ***right*** now? 이제 괜찮아?

③ 부 옳게, 알맞게, 정확하게, 오른쪽으로

He went ***right*** home.
그는 곧바로 집으로 갔다.

④ 명 오른쪽, 우측

Is this glove a ***right*** or a left?
이 장갑은 오른쪽 것이니 왼쪽 것이니?

⁑ **ring**[1] [riŋ] *ring*

① ㉶㉷ **(전화 · 벨 · 종 따위가) 울리다**

Did the telephone ***ring***?
전화가 울렸어요?

He ***rang*** for the servant.
그는 초인종을 울려 하인을 불렀습니다.

② **전화를 걸다**

I must ***ring*** off now.
그러면 이것으로 전화를 끊어야겠습니다.

③ ㉹ **울림, 울리는 소리**

There is a ***ring*** at the door.
문간에서 벨이 울리고 있다.

ring[2] [riŋ] *ring* ㉹ **반지, 고리, 원형 경기장**

That`s a beautiful ***ring***.
그것은 아름다운 반지다.

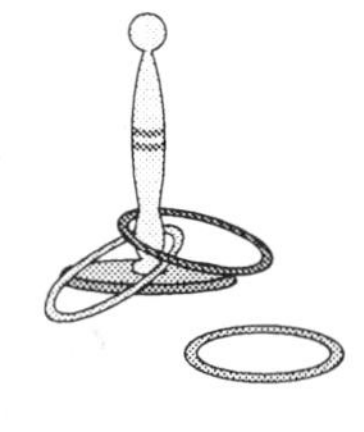

* **rise** [raiz] *rise*

㉶ **오르다, 뜨다** (반 set 지다),

일어나다 (동 get up)

Early to bed, early to ***rise***.
일찍 자고, 일찍 일어나기.

The sun ***rises*** in the east.
해는 동쪽에서 뜹니다.

rival [ráivəl] *rival* ⓜ 경쟁자, 적수

river [rívər] *river*

ⓜ 강, 내 (☞ stream 흐름, brook 시내)

My brother and I went to Han ***River***.
오빠와 나는 한강에 갔다.

riverside [rívərsàid] *riverside*

ⓜ 강가, 강변

road [roud] *road* ⓜ 길, 도로

There are signs on the ***road***.
도로에는 도로 표지판이 있다.

There are many cars on the ***road***.
도로에 차들이 많아요.

◆ road는 도시와 도시를 연결하는 (차의 통행을 위한) 도로이고, street는 거리 양쪽에 건물이 줄지어 서 있는 도로를 의미한다.

robber [rábər] *robber* ㊔ 강도

* **robot** [róubat] *robot* ㊔ 인조 인간, 로봇

John likes to play with the ***robot***.
존은 로봇을 가지고 놀기를 좋아해요.

** **rock** [rak] *rock* ㊔ 바위, 암석

Look at this ***rock***. 이 바위를 보아라.

Rock is harder than wood.
바위는 나무보다 단단해요.

* **rocket** [rákit] *rocket* ㊔ 로켓

Rockets are fast. 로켓은 빨라요.

rode [roud] *rode* ㉷㉸ **ride(타다)의 과거**

** **roll** [roul] *roll*

① ㉮㉯ 굴리다, 말다, 구르다

I ***rolled*** a ball toward pin.
나는 핀을 향해 공을 굴렸다.

② (파도가) 넘실거리다

The wave ***rolled*** against the rock.
너울거리며 밀려온 파도가 바위에 부딪쳤다

The waves ***rolled*** the ship along.
배는 파도에 좌우로 흔들리면서 나아갔습니다.

③ ㉰ 두루마리, 명부, 출석부

an honor ***roll*** 우등생 명부

roller skate [róulər skèit] *roller skate*

㉰ 롤러 스케이트화

Rome [roum] *Rome*

㉰ 로마 (이탈리아의 수도), (고대) 로마제국

Rome was not built in a day.
(속담) 로마는 하루아침에 세워지지 않았다.

:roof [ru:f] *roof* ㉰ 지붕

The ***roof*** of my house is green.
우리 집 지붕은 초록색이다.

The fox climbs to the ***roof***.
여우가 지붕에 올라갑니다.

:room [ru(:)m] *room* ㊔ **방, 장소**

Don`t come into my ***room***.
내 방에 들어오지 마.

I always keep my ***room*** clean.
나는 항상 방을 깨끗하게 해 놓아요.

root [ru:t] *root*

㊔ **(식물의) 뿌리, 근본, 근원**

Pull out the ***root***. 뿌리를 뽑아라.

rope [roup] *rope* ㊔ **줄, 로프**

Use this ***rope***. 이 밧줄을 사용해.

Hobby is hanging on a long ***rope***.
호비는 밧줄에 매달려 있어요.

rose[1] [rouz] *rose*

㉮ **rise(일어나다)의 과거**

:rose[2] [rouz] *rose* ⓜ **〖식물〗 장미꽃**

Roses are beautiful.
장미는 아름다워요.

***rough** [rʌf] *rough*

① ⓗ **울퉁불퉁한, 껄껄한, 사나운, 난폭한** (☞ smooth 매끄러운)

We walked on a ***rough*** mountain road.
우리는 거친 산길을 걸었어요.

② **대강의, 개략의**

She made a ***rough*** estimate of the cost.
그 여자는 대략 비용을 계산해 봤어요.

:round [raund] *round*

① ⓗ **둥근, 원형의** (☞ square 네모진)

Pizzas are ***round***.
피자는 동그랗습니다.

② 부 **돌아서, 빙 돌아, 여기저기**

The lake is 20 kilometers ***round***.
그 호수는 둘레가 20킬로미터이다.

③ 전 **…의 주위에, …을 빙 둘러서**

I saw them seated ***round*** the table.
나는 그들이 식탁 둘레에 앉아 있는 것을 보았어요.

④ 명 **원, 고리** (동 circle)

row[1] [rou] *row*

명 **열, 줄** (동 line)

We saw a ***row*** of houses.
우리는 줄지어 선 집들을 보았습니다.

row[2] [rou] *row*

① 자타 **(배 따위를) 젓다**

The boat ***rows*** easily.
그 배는 젓기 좋다.

② 명 노젓기, 보트놀이

royal [rɔ́iəl] *royal* ⓗ **왕의, 위엄 있는**

There is no ***royal*** road to learning.
(속담) 학문에는 왕도가 없다.

rub [rʌb] *rub* ⓙⓣ **비비다, 스치다**

He ***rubbed*** his hands together.
그는 두 손을 비벼댔다.

This shoe ***rubs*** my heel.
이 구두 때문에 뒤꿈치가 벗겨진다.

rubber [rʌ́bər] *rubber* ⓜ **지우개, 고무**

I have a ***rubber*** in my pencil case.
내 필통에는 지우개가 들어 있어요.

* **rule** [ruːl] *rule*

① ⓜ **규칙, 지배, 통치, 관례**

I make it a ***rule*** to keep early hours.
일찍 자고 일찍 일어나는 것을 습관으로 삼고 있다.

② [자타] 지배하다, 다스리다 ([동] govern)

Listen to my words and be ***ruled*** by me.
내 말을 잘 듣고 따르시오

ruler [rúːlər] *ruler*

① [명] 지배자

② (선을 긋는) 자

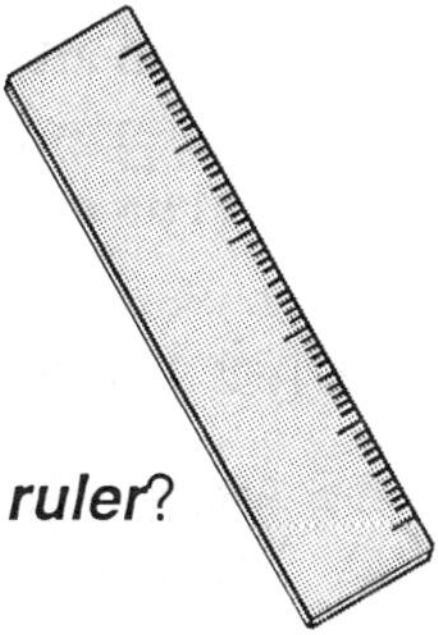

May I borrow your ***ruler***?
자를 빌려 써도 되나요.

rumor [rúːmər] *rumor* [명] 소문, 풍문

The ***rumor*** runs that he has been missing.
그가 행방 불명이라는 소문이 퍼지고 있어요.

run [rʌn] *run*

① [자타] 달리다, 운행하다

He who ***runs*** may read.
뛰면서도 읽을 수 있다

② (강 따위가) 흐르다, (기계가) 돌아가다,

(병원상점 따위를) 경영하다

The stream ***runs*** clear.
그 개울은 맑게 흐른다.

♣ **run across** 우연히 만나다
run after ~을 쫓아가다
run away 달아나다
run out of 다 써버리다

---

runner [rʌ́nər] *runner*

㉮ 달리는 사람, 경주자
He is a very fast ***runner***.
그는 매우 빨리 달리는 사람이다.

---

rush [rʌʃ] *rush*

① ㉳ 돌진하다

The river ***rushed*** along.
강이 세차게 흐르고 있었다.

② ㉮ 돌진, 돌격, 혼잡, 분주

He is on the ***rush***.
그는 눈코 뜰 사이없이 바빴습니다.

S

S s [es] S *s* 알파벳의 열아홉번째 문자

⁂sad [sæd] *sad*

㉻ **슬픈** (㉸ glad 기쁜)

This is a ***sad*** story.
이것은 슬픈 이야기다.

The news made her ***sad***.
그 소식은 그녀를 슬프게 했어요.

safe [seif] *safe*

① ㉻ **안전한** (㉸ dangerous 위험한)

It`s not ***safe*** to play in the street.
길에서 노는 것은 안전하지 않아.

Is it ***safe*** to leave him alone?
그를 혼자 남겨두어도 괜찮을까?

② 무사한, 확실한

We are ***safe*** to succeed.
우리는 반드시 성공한다.

③ (야구) **세이프의** (반 out 아웃의)

safely [séifli] *safely*

㊞ **안전하게, 무사히**

They arrive there ***safely***.
그들은 안전하게 거기에 닿았습니다.

safety belt [séifti bèlt] *safety belt*

㊔ **안전벨트** (동 seat belt)

said [sed] *said*

타자 **say (말하다)의 과거 · 과거분사**

sail [seil] *sail* ① ㊔ **돛**

㉺㉶ **배가 떠나다, 출범하다, 항해하다**

We ***sailed*** round an island.
우리는 섬을 돌아서 항해했습니다.

The ship ***sailed*** for America.
그 배는 미국을 향하여 출항했어요.

sailor [séilər] *sailor*

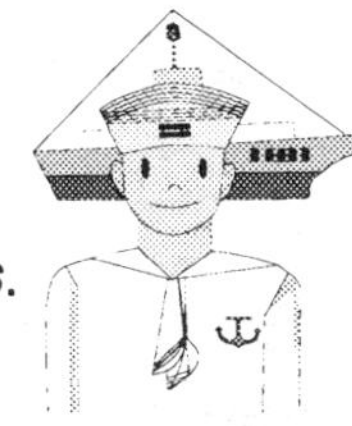

㉹ **선원, 수병, 뱃사람**

They became ***sailors***.
그들은 뱃사람이 되었어요.

S

* **salad** [sǽləd] *salad*

㉹ **샐러드, 생채 요리**

I will make the ***salad***.
나는 샐러드를 만들 거야.

sale [seil] *sale* ㉹ **판매, 특매, 세일**

an account of ***sales*** 매상 계산서

The dictionary has attained a ***sale*** of five hundred thousand copies.
그 사전은 50만 부 팔렸다.

Is the house for ***sale***?
이 집은 팔 것입니까?

♣ **for sale** 팔려고 내놓은 (개인이)
on sale 팔려고 내놓은 (상점에서)

salesgirl [séilzgə̀ːrl] *salesgirl*

㊔ **여자 점원**

That ***salesgirl*** is very kind.
저 여점원은 대단히 친절해요.

salesman [séilzmən] *salesman*

㊔ **점원, 판매원, 세일즈맨**

He is a traveling ***salesman***.
그는 외판원입니다.

⁑ **salt** [sɔːlt] *salt* ㊔ **소금**

Pass me the ***salt***. 소금 좀 건네 줘.

Adventure is the ***salt*** of life to many.
모험은 많은 사람들에게 인생의 자극제가 된다.

⁑ same [seim] *same*

㉻ 같은 (반 different 다른)

I`ll have chicken sandwich.
I`ll have the ***same***.
나는 치킨 샌드위치 시킬게요.
나도 같은 걸로 주세요.

I want the ***same*** watch with you.
네 것과 같은 시계를 가지고 싶어.

♣ **at the same time** 동시에

⁑ sand [sænd] *sand* ㉱ **모래**

Children are playing on the ***sands***.
아이들이 모래밭에서 놀고 있습니다.

sandal [sǽndl] *sandal*

㉱ **샌들, 얕은 단화**

sandwich [sǽn(*d*)witʃ] *sandwich*

㉱ **샌드위치**

We are having ***sandwiches*** for lunch.
우리는 점심으로 샌드위치를 먹어요.

Mother made a ***sandwich*** with bread and jam.
어머니는 빵과 잼으로 샌드위치를 만드십니다.

sang [sæŋ] *sang*

㉰㉶ **sing(노래하다)의 과거**

Santa Claus
[sǽntəklɔ̀ːz] *Santa Claus*

㉢ **산타클로스**

Santa Claus is coming to town.
산타 클로스가 마을에 옵니다.

Santa Claus comes on Christmas Eve with presents for children.
산타클로스는 크리스마스 전날 밤에 아이들에게 줄 선물을 가지고 온다.

sat [sæt] *sat*

㉶ **sit(앉다)의 과거 · 과거분사**

* **Saturday** [sǽtərdi] *Saturday*

㉢ **토요일** (Sat. 으로 줄여 쓴다)

On *Saturday*, I play basketball with my dad.
토요일에, 나는 아빠와 함께 농구를 했습니다.

We have four classes on *Saturday*.
토요일에는 수업이 4시간 있어요.

sauce [sɔːs] *sauce* [명] **소스, 양념**

Tomato ***sauce*** is very delicious.
토마토 소스는 맛있어요.

S

* **save** [seiv] *save*

① [타][자] **구하다, 구조하다**

The dog ***saved*** her life.
그 개는 그녀의 생명을 구했습니다.

② **저축하다, 절약하다** ([반] waste 낭비하다)

Save your money.
돈을 저축해라.

Save as much time as you can.
될 수 있는대로 시간을 절약하세요.

saw [sɔː] *saw*

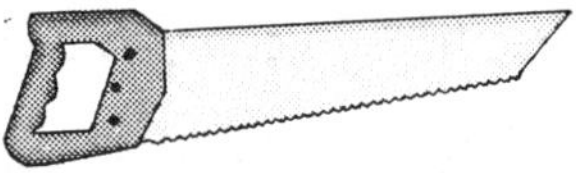

① 타자 see(보다)의 과거

② 명 톱

Use a ***saw*** to cut the wood.
나무를 자를 때는 톱을 사용해라.

He has cut the board with the ***saw***.
그는 톱으로 판자를 잘랐어요.

*say [sei] *say*

타자 말하다 (☞ speak)

What did you ***say***? 뭐라고 말했니?

Easier ***said*** than done.
(속담) 말하기는 쉽고 행하기는 어렵다

What do you ***say*** to a walk?
산책이 어떨까요?

♣ **I say** 여보게
say to one self 혼잣말 하다
what do you say to ~?
~하면 어떨까요?

scare [skεər] *scare*

타자 겁나게 하다, 놀라다

The child was ***scared*** by the thunder.
그 아이는 천둥에 겁먹었다.

She ***scared*** at a lizard.
그녀는 도마뱀에 놀랐다.

scarecrow [skɛ́ərkròu] *scarecrow*

㊔ 허수아비

S

scarf [skɑːrf] *scarf* ㊔ 스카프, 목도리

* **scene** [siːn] *scene*

① ㊔ 장면, (연극의) 장

The ***scenes*** of A Tale of Two Cities are laid in London and Paris.
「두도시이야기」의 무대는 런던과 파리이다.

Julius Caesar Act V, ***Scene*** III
줄리어스 시저 제5막 제3장.

② 광경, 경치 (동 scenery),
(사건따위의) 현장

We can see a beautiful ***scene*** from here.

우리는 여기서 아름다운 경치를 볼 수 있어요.

scent [sent] *scent*

㉹ 냄새, 향 (☞ smell) 후각, 직감력

Lilies ***scent*** the air.
백합이 공기를 향긋하게 해주고 있다.

He has an acute ***scent*** for trickery.
그는 속임수를 간파하는 날카로운 육감이 있습니다.

⁑school [skuːl] *school*

① ㉹ 학교

I go to Hankang elementary ***school***.
나는 한강 초등학교에 다닌다.

School begins at 9 o'clock.
학교는 9시에 시작한다

② 수업 (☞ class)

There is no ***school*** today.
오늘은 수업이 없는 날이다

schoolboy [skú:bɔ̀i] *schoolboy*

㉮ (초등학교 · 중학교의) 남학생

Tom is a ***schoolboy***.
톰은 남학생입니다.

schoolbus [skú:lbʌ̀s] *schoolbus*

㉮ 학교버스, 스쿨버스

schoolgirl [skú:lgə̀:rl] *schoolgirl*

㉮ 여학생

schoolhouse [skú:lhàus] *schoolhouse*

㉮ (특히 시골 초등학교의) 교사

* **science** [sáiəns] *science*

㉮ **과학** (☞ scientist 과학자)

He is interesting in ***science***.
그는 과학에 흥미를 갖고 있습니다.

I want to learn natural ***science***.
나는 자연과학을 배우고 싶어요.

scientist [sáiəntist] *scientist* ⓜ 과학자

I want to be a ***scientist***.
나는 과학자가 되고 싶습니다.

scissors [sízərz] *scissors*
ⓜ (복수) 가위

Cut the paper with ***scissors***.
가위로 종이를 오려라.

◆ 가위 두 자루는 two pairs of scissors 로 쓴다

scold [skould] *scold* ⓣⓙ 꾸짖다

He ***scolded*** me for being late.
그는 내가 지각한 것을 꾸짖었습니다.

scoop [sku:p] *scoop*

ⓜ 국자, 주걱, 석탄 부삽

* **score** [skɔ:r] *score*

① ⓜ (경기의)득점, 스코어; (시험)점수

What`s the ***score***?
점수가 어떻게 되니?

The ***score*** was 5 to 3 in our favor.
득점을 5 대 3 으로 우리가 이겼다.

② 타자 득점하다, (득점을)기록하다

How many points did you ***score***?
너는 몇 점이나 올렸니?

scratch [skrætʃ] *scratch*

① 타자 할퀴다, 긁다

The cat ***scratched*** my face.
고양이가 내 얼굴을 할퀴었다.

He ***scratched*** his head.
그는 난처해서 머리를 긁었다

② 명 할퀸 자국, 작은 상처

His face was covered with ***scratches***.
그의 얼굴은 생채기투성이었다.

screen [skriːn] *screen*

① 명 칸막이

One corner of the room was ***screened*** off.
방의 한 구석은 칸막이가 되어 있었어요.

The trees ***screen*** his house from public view.
그의 집은 나무로 사람 눈에 잘 띄지 않게 가려져 있습니다.

② **화면, 스크린, 영화(계)**

⁑sea [siː] *sea*

① ㉮ **바다** (☞ ocean 대양, 반 land 육지)

We spent summer at the ***sea***..
우리는 여름을 바다에서 보냈다.

② **(어떤 상태의) 바다, 물결**

A heavy ***sea*** struck the rock.
격랑이 바위에 부딪쳐 부서졌다.

♣ **at sea** 해상에서, 항해중에
by sea 배로, 해로로
go to sea 출항하다

sea gull [síː gʌ̀l] *sea gull*

㉮ 【조류】 **갈매기, 바다갈매기**

seal [siːl] *seal* ㉮ 【동물】 **바다표범, 물개**

Seals usually live in the cold waters of the north.
바다표범은 보통 북쪽의 찬 바다에서 삽니다.
다.

seaman [síːmən] *seaman*

[명] **선원, 뱃사람, 항해자**

Columbus was a great ***seaman*** of Italy.
콜럼버스는 이탈리아의 위대한 뱃사람이었습니다.

seaport [síːpɔ̀ːrt] *seaport*

[명] **항구, 항구 도시**

search [səːrtʃ] *search*

① [타][자] **찾다, 수색하다, 조사하다**
([동] look for)

Search the house. 집을 수색해라.

I will ***search*** out the truth.
나는 진실을 캐내고 말것이다.

② [명] **수색, 조사**

We drove round the town in ***search*** of the National Central Library.
우리는 국립중앙도서관을 찾아서 시내를 차로 돌아 보았습니다.

♣ **search out** 찾아내다, 조사하다

S

seashell [síːʃèl] *seashell*

㊔ **조개, 조가비**

seaside[síːsàid]*seaside* ㊔ **해변**

We go to the ***seaside*** every summer.
우리는 매년 여름에 바닷가에 갑니다.

◈ 휴양지로서의 해안, 바닷가 따위를 말하는 경우가 많다

⁑ **season** [síːzn] *season*

㊔ **계절, 철**

What`s your favorite ***season***?
넌 어느 계절을 제일 좋아하니?

The rainy ***season*** has set in.
우기로 접어들었다.

seat [siːt] *seat* ⓜ 좌석, 자리, 걸상

Please be ***seated***.
자리에 앉아 주십시오.

The theater can ***seat*** 1,000 people.
그 극장은 천 명을 수용할 수 있습니다.

◆ 일반적으로 걸터앉을 수 있는 것을 말하며 chair, sofa, bench가 모두 seat의 일종이다

seat belt [síːt bèlt] *seat belt*

ⓜ (자동차 · 비행기의) 안전벨트
(동 safety belt)

Please fasten your ***seat belt***.
안전벨트를 매어 주십시오.

second[1] [sékənd] *second*

① ⓗ 제2의 두번째의, 2위의

This is the ***second*** time I've read the book through.
이 책을 읽은 것은 이번이 2번째입니다

S

② (순위 따위가) 2위의, 2등의

I came in ***second***.
나는 두 번째로 들어왔어.

He was the ***second*** to come out.
그가 두 번째로 나왔습니다.

③ 명 제2, 제2위, 2등, 〖야구〗 2루

S

second[2] [sékənd] *second*

① 명 (시간 · 각도의) 초
(☞ minute 분, hour 시)

There are sixty ***seconds*** in a minute.
1분은 60초이다.

② 순간, 잠깐

Wait a ***second*** for me.
잠깐 기다려라.

We must not lose a ***second***.
잠시도 꾸물거려서는 안 된다

* secret [sí:krit] *secret*

① 명 비밀

It`s a ***secret***. 그것은 비밀이야.

He told it to me in ***secret***.
그는 나에게 그것을 남몰래 일러 주었어요.

② ㊇ **비밀의, 남모르는**

It is a***secret*** sign. 그것은 암호이다.

: see [siː] *see*

① ㊈ **보다** (☞ look)

I ***saw*** a falling star last night.
난 지난 밤에 별똥이 떨어지는 것을 봤어.

② **구경[관광]하다, 만나다**

I am very pleased to ***see*** you.
당신을 만나서 대단히 반갑습니다.

③ **이해하다, 알다**

I ***see*** what you mean.
네 말 뜻을 잘 압니다

I ***see*** that he is joking.
그가 농담을 하고 있는 것을 잘 안다.

♣ **I see.** 그렇군요, 알았습니다.
You see 알겠지요, 아시다시피
Let me see. 글쎄

See you again~ 안녕!

*** seem** [siːm] *seem*

㉮ … 처럼 보이다, …인 것처럼 생각되다

He ***seems*** like a nice man.
그는 좋은 사람처럼 보인다.

It ***seems*** likely to rain.
비가 올 것 같습니다

seesaw [síːsɔ̀ː] *seesaw*

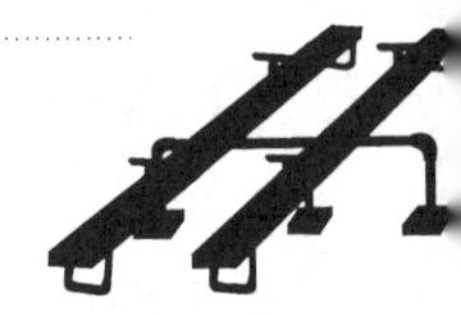

㉱ 시소, 시소 놀이

self [self] *self* ㉱ 자기, 자신

⁑ sell [sel] *sell*

㉮㉣ 팔다 (반 buy 사다), 팔리다

Don't ***sell*** those apples.
They are rotten.
그 사과들은 팔면 안 돼.
그것들은 다 썩었어.

Good advertising will ***sell*** goods.
선전을 잘하면 매상이 늘어납니다.

⁑**send** [send] *send* ㉟ **보내다, 가게하다**

I`ll ***send*** you a postcard in Hawaii.
하와이에 가면 엽서 보내줄게.

Send the cat out of the room.
고양이를 방에서 쫓아내세요.

♣ **send away** ~을 추방하다
send out 발송하다

S

***sense** [sens] *sense*

① ㉢ **감각**

I have no ***sense*** of direction.
나는 방향 감각이 전혀 없다.

② **사려, 분별**

I had a vague ***sense*** of having failed.
나는 실패했다는 것을 어렴풋이 느꼈다

He has more ***sense*** than to say such a foolish thing.
그는 분별이 있으니 그런 어리석은 말을 하지는 않는다.

♣ **in a sense** 어떤 의미에서는
make sense ~을 이해하다

sent [sent] *sent*

㊎ **send(보내다)의 과거 · 과거분사**

Yesterday I ***sent*** the mail to him.
난 어제 그에게 편지를 보냈어.

* **sentence** [séntəns] *sentence*

① ⓜ **문장**
(주어와 술어를 갖추고 일정한 사상을 나타내는 것)

Make a ***sentence***. 문장을 만들어라.

② **판결, (형의)선고**

He is under sentence of death.
그는 사형 선고를 받고 있습니다.

He was sentenced for perjury.
그는 위증죄의 판결을 받았습니다.

Seoul [səul] *Seoul*

ⓜ **서울**
(대한민국 (the Republic of Korea)의 수도)

◆ 서울 사람(시민)은 Seoulite [séulait]로 쓴다

September [septémbər] *September*

명 9월 (Sept.로 줄여 쓴다)

I like ***September***, because it`s cool.
나는 9월을 좋아합니다, 시원하니까요.

School begins in ***September***.
학교는 9월에 시작됩니다.

* **serious** [sí(ə)riəs] *serious*

형 **진지한, 진정한, (문제 따위가) 중대한**

He is ***serious***. 그는 심각합니다.

Are you ***serious***? 진정인가?

serpent [sə́ːrpənt] *serpent*

명 【동물】 **뱀**

* **serve** [səːrv] *serve*

① 타자 **…에 시중들다, …에 봉사하다**

(☞ service 봉사)

What may I ***serve*** you with ?
무엇을 보여 드릴까요 ?

This box ***serves*** us as a table.
이 상자는 식탁 역할을 합니다.

② 서브를 넣다

③ 명 (테니스 따위의) 서브

* **service** [sə́ːrvis] *service*

① 명 섬기기, 봉사, 서비스

The ***service*** at the hotel is good.
그 호텔의 서비스는 좋습니다.

He did ***service*** to his king for many years.
그는 여러 해 동안 왕을 섬겼습니다.

② (테니스 따위의) 서비스, 서브 차례

⁑ **set** [set] *set*

① 타 놓다, 배치하다 (동 put)

He ***set*** a glass on a table.
그는 컵을 탁자 위에 놓았습니다 .

② (기계 따위를) 조절하다, (식사 따위를) 준비하다

I forgot to ***set*** the clock.
나는 시계를 맞추는 것을 잊었다.

③ ㉶ 지다 (㉸ rise 뜨다)

The sun is ***setting***. 해가 지고 있다.

The sun ***sets*** in the west.
해는 서쪽으로 집니다.

④ ㉻ 한 벌, 패, (정구따위의)세트

♣ **set aside** 제쳐 놓다
set in 시작하다
set off 출발하다
set up 세우다

* **seven** [sévən] *seven*

㉻ 7, 일곱 살, 일곱 시

Snow White and the ***seven*** dwarves.
백설공주와 일곱난장이.

seventeen [sèvəntíːn] *seventeen*

㉻ 17, 17세

Is Lucy ***seventeen***?
루시가 열일곱 살이니?

seventy [sévənti] *seventy*

명 70, 70세

I have ***seventy*** dollars.
나는 70달러를 가지고 있습니다.

* **several** [sévərəl] *several*

① 형 **몇개의, 수개의** (동 some)

I have ***several*** caps.
나는 모자를 몇개 가지고 있습니다.

Several men, ***several*** minds.
(속담) 각인각색.

② 대 수명, 수개

Several of them were absent.
그들 중 몇 명은 결석했습니다.

sew [sou] *sew*

타자 **꿰매다, 바느질하다, 깁다**

Judy is ***sewing*** socks.

쥬디는 양말을 꿰매고 있습니다.

She ***sewed*** a button on a coat.
그녀는 웃옷에 단추를 꿰매어 달았다.

shade [ʃeid] *shade*

① ⓜ **그늘** (반 sun 햇볕), **차양**

She is sitting in the ***shade*** of the tree.
그녀는 나무 그늘에 앉아 있습니다.

② 타 **빛을 가리다, 덮다**

He ***shaded*** his face with his hand.
그는 손으로 얼굴을 가렸어요.

shadow [ʃǽdou] *shadow*

명 **그림자** (☞ shade 그늘)

It`s the ***shadow*** of a dog.
그것은 개의 그림자입니다.

The ***shadows*** of evening are falling.
저녁 어둠이 다가오고 있다.

◆ shadow는 사람이나 물체가 빛을 받아서 뚜렷한 윤곽을 만든 그림자를 말하고,

shade는 빛이 가려서 뚜렷한 윤곽은 없이 그늘진 것을 말한다.

* **shake** [ʃeik] *shake*

㉠㉡ **흔들다, 뒤흔들다, 흔들리다**

The trees are ***shaking*** in the wind.

나무가 바람에 흔들리고 있다.

His voice was ***shaking*** with anger.

그의 목소리는 노여움으로 떨리고 있었다.

♣ **shake hands with** ~와 악수하다

⁑ **shall** [ʃæl: (강) ʃəl] *shall*

① **…일 것이다**(미국에서는 will을 많이 쓴다)

By the time you come back, I ***shall*** have finished the work.

네가 돌아올 때쯤은 일이 끝나 있을 것입니다.

② **…하여 주겠다, …하겠다**

I ***shall*** start tomorrow.

내일 출발하겠습니다

③ **…일까요?, …할까요?**

Shall I open the window?
창문을 열까요?

Shall I sing a song?
노래를 부를까?

④ …하지 않겠어요?

Let's go to see a movie, ***shall*** we?

영화구경 가지 않으시겠요?

shallow [ʃǽlou] *shallow*

㉻ **얕은** (㉫ deep 깊은)

This river is ***shallow***.
이 강은 얕다.

* **shame** [ʃeim] *shame*

① ㉹ **부끄러움, 수치심**

I cannot do it for ***shame***.
창피해서 그런 짓은 못하겠습니다

② **부끄러운 일(사람), 수치**

He is a ***shame*** to our family.
그는 집안의 수치다.

♣ **shame on you!** 부끄럽지 않느냐!

⁑shape [ʃeip] *shape*

① 명 **꼴, 모양, 형상, 체형**

These are very interesting ***shapes***.
이것들은 매우 재미있는 모양이다.

② 타 **형체를 만들다**

He ***shaped*** the clay into a dog.
그는 진흙으로 개를 만들었다.

***share** [ʃɛər] *share*

① 명 **몫**

Do your ***share*** of the work.
자기에게 배당된 일을 해라.

Your ***share*** of the expenses is five dollars.
너의 지출 분담금은 5달러입니다.

② 타 **분배하다, 나눠 갖다, 공유하다**

He ***shared*** out his property among his three children.
그는 세 아이에게 재산을 분배했습니다.

shark [ʃɑːrk] *shark* ㊔ 【어류】 상어

sharp [ʃɑːrp] *sharp*

① ㊔ 날카로운, 날이 잘드는, 뾰족한

That knife is very ***sharp***.
저 칼은 매우 잘 듭니다.

② 【음악】 올림표[샤프]가 붙은 (#)

⁑**she** [ʃiː (강) ʃi] *she* ㊐ 그녀는(가)

She will be home at six o`clock.
그녀는 여섯 시에 집에 돌아올 것이다.

She is my sister.
그녀는 나의 누나입니다.

sheep [ʃiːp] *sheep* ㊔ 양

Sheep go baa.
양들은 매애 하고 웁니다.

Wool is gotten from ***sheep***.
양모는 양에서 얻어집니다.

◆ 새끼양은 lam, 양고기는 mutton, 양의 울음 소리는 baa

sheet [ʃiːt] *sheet*

① ⓜ 시트, 까는 천

She changed the ***sheets*** on the bed.
그녀는 침대의 시트를 갈았습니다.

② (종이 따위의) 한 장

Please give me a ***sheet*** of paper.
종이 한 장만 주세요.

shell [ʃel] *shell*

① ⓜ 조가비,
(거북 · 새우 · 게 따위의) 등딱지

I collect ***shells***.
나는 조가비를 모읍니다.

② 포탄

* **shine** [ʃain] *shine*

① ⓧⓣ 비치다, 빛나다

The sun is ***shining***.
해가 빛나고 있습니다.

The moon ***shines*** bright.
달이 밝게 빛납니다.

② 명 **햇빛, 맑게 갬(날씨)**

♣ **rain or shine** 비가 오든 날이 개든

shiny [ʃáini] *shiny*

형 **반짝반짝 빛나는, 번들거리는**

⁑ **ship** [ʃip] *ship*

명 **(특히 항해용의 대형)선박** (☞ boat 보트)

I traveled by ***ship***.
나는 배로 여행했습니다.

This ***ship*** sails on the ocean.
이 배는 대양을 항해합니다.

⁑ **shirt** [ʃəːrt] *shirt*

명 **(남자용) 와이셔츠, 셔츠**

This ***shirt*** is too big for me.
이 셔츠는 나한테 너무 커.

He wore a gray ***shirt***.
그는 회색 셔츠를 입고 있었습니다.

***shock** [ʃak, ʃɔk] *shock*

① 명 **충돌, 쇼크, 충격**

His death was a great ***shock*** to his friends.
그의 죽음은 친구들에게 큰 충격이었다.

② 타 **충격을 주다, 깜짝 놀라게 하다**

He was ***shocked*** at the news.
그는 그 소식을 듣고 충격을 받았다.

****shoe** [ʃuː] *shoe*

자타 **구두**(☞ boot 긴구두)

Put on your ***shoes***.
신발을 신어라.

Take off your ***shoes***.
신발을 벗어라.

shone [ʃoun, ʃɔn] *shone*

자타 **shine (빛나다)의 과거 · 과거분사**

shook [ʃuk] *shook*

㉺㉶ shake(흔들다)의 과거

shoot [ʃuːt] *shoot*

① ㉺㉶ 쏘다, 맞히다, 쏜살같이 달리다

He was ***shoot*** in the left arm.
그는 왼팔을 총에 맞았습니다

He ***shoots*** well (ill).
그는 사격 솜씨가 좋다(나쁘다)

② (골을 향해) 공을 차다

③ ㉲ 사격, 발포

shop [ʃɑp, ʃɔp] *shop*

㉲ 가게, 소매점

Shops close at seven o`clock.
가게는 7시에 문을 닫습니다.

◈ 미국에서 store라고 하면 보통의 가게를 뜻하는 말이고 shop은 작업장이나 큰 점포 중의 전문 코너를 뜻한다.
영국에서는 보통의 점포가 shop이고 store는 대형 점포를 말한다. 백화점은 미국에서는 department store라고 하고, 영국에서는 stores라고도 한다.

shopping [ʃápiŋ] *shopping*

㉥ **물건사기, 쇼핑**

She did some ***shopping*** on her way home.
그녀는 집에 돌아오는 중에 쇼핑을 했습니다.

shore [ʃɔːr] *shore*

㉥ **물가, 해안** (㉢ seashore, coast)

People are sitting by the ***shore***.
사람들이 바닷가에 앉아 있어요.

◆ shore 해상수상에서 본 바다 · 호수 · 강의 기슭.
coast 해안에 대해서만 쓰이며, 보통 육지 쪽에서 본 해안
beach 바다호수 · 강의 파도에 씻기는 모래 또는 자갈에 덮인 바닷가 · 물가

⁑short [ʃɔːrt] *short*

① ㉧ **짧은** (㉤ long 긴)

This stick is too ***short***.
이 막대기는 너무 짧습니다.

His remark was ***short*** and to the point.
그의 말은 간결하고 요령이 있었습니다.

② 키가 작은 (반 tall 키가 큰)

He is ***shorter*** than you.
그는 너보다 키가 작아.

♣ **for short** 줄여서
in short 요약하면, 요컨데

---

shot [ʃɑt, ʃɔt] *shot*

① 타자 **shoot(쏘다)의 과거 · 과거분사**

② 명 **발사, 발포**

---

should [ʃud, (약) ʃəd] *should*

① **shall의 과거 …일 것이다**

◆ 2인칭, 3인칭인 경우에는 should 대신 would를 쓰는 경우가 많다.

② **…하여야 한다**

You ***should*** go now.
넌 지금 가야 해.

You ***should*** obey traffic

regulations while driving.
운전할 때에는 교통 규칙을 따라야 합니다

③ 반드시 …일 것이다

You said you ***should*** go to the library after school.
너는 방과 후 도서관에 갈거라고 말했어.

♣ **should like to (do)** ~하고 싶다

⁑shoulder [ʃóuldər] *shoulder* [명] 어깨

Mommy`s ***shoulder*** aches.
엄마 어깨가 아프시대.

He has a gun on his ***shoulder***.
그는 총을 어깨에 메고 있습니다.

⁑shout [ʃaut] *shout*

① [타][자] **외치다** ([동] cry)

He ***shouted*** that it had stopped raining.
그는 비가 멎었다고 소리쳤다.

② **큰소리로 부르다**

She ***shouted*** my name.
그녀는 내 이름을 큰소리로 불렀어요.

③ 명 외침, 외치는 소리

shovel [ʃʌ́vəl] *shovel* 명 삽, 가래

⁑**show** [ʃou] *show*

① 타자 보이다

Can you ***show*** me your watch?
네 시계 좀 보여줄래?

② 가리키다, 안내하다, 진열하다

My watch ***shows*** ten.
내 시계는 10시를 가리키고 있습니다.

She ***showed*** me where the bank was.
그녀는 내게 은행 있는 곳을 가리켜 주었습니다.

③ 명 보임, 구경거리, 전람회

I went to the dog ***show***.
나는 개의 전시회에 갔었어요.

***shower** [ʃáuər] *shower*

① 명 소나기

I was caught in a ***shower***.

나는 소나기를 만났다.

② 샤워

I take a ***shower*** every morning.
나는 매일 아침 샤워합니다.

:shut [ʃʌt] *shut*

㉰㉶ **닫다, 닫히다,(책 따위를) 덮다**
(㉤ open 열다)

Shut the door behind you.
네 뒤에 문 좀 닫아.

The window ***shuts*** easily.
그 창문은 쉽게 닫혀요.

shy [ʃai] *shy* ㉦ **수줍어하는, 암띤**

He is ***shy*** of asking foreigners a question.
그는 소심해서 외국인에게 질문하기를 꺼린다.

The girl was ***shy*** and hid behind her mother.
소녀는 수줍어서 어머니의 뒤에 숨었습니다.

⁑ sick [sik] *sick*

㉬ **병난, 앓는** (☞ ill)

I am ***sick*** with a cold.
감기들었다.

She is ***sick*** for her home.
그녀는 고향을 그리워하고 있습니다.

◆ 《미》에서는 보통 sick를 쓰고 《영》에서는 같은 뜻으로 ill을 쓴다.

⁑ side [said] *side*

① ㉮ **쪽, 측면, 옆**

Sit by my ***side***. 내 옆에 앉아라.

② **(경기 따위의) 편, 측**

He took our ***side***.
그는 우리 편을 들었습니다.

♣ **by the side of** ~의 곁에, 가까이에
side by side 나란히

*** sight** [sait] *sight* ㉮ **시력, 광경, 일견**

She has bad ***sight***.
그녀는 시력이 나쁩니다.

He fell in love with her at first ***sight***.
그는 그녀에게 한눈에 반했습니다.

⁑sign [sain] *sign*

① ㊔ **기호, 부호, 간판, 표지**
(☞ signal 신호)

Look at the ***sign*** carefully
신호를 주의깊게 보아라.

② ㊉ **서명하다, 사인하다, 신호하다**

The policeman ***signed*** to me to stop.
그 순경은 나에게 멈추라고 손짓했습니다.

signal [sígnəl] *signal*

① ㊔ **신호, 신호기**

A red light is a usually ***signal*** of danger.
빨간불은 일반적으로 위험 신호입니다.

② ㊉ **신호하다**

He ***signaled*** me to stop talking.
그는 나에게 이야기를 중단하라고 신호했

습니다.

* **silence** [sáiləns] *silence*

㉧ **침묵, 잠잠함**

Speech is silvern, ***silence*** is golden.
(속담) 웅변은 은이요, 침묵은 금이다.

Please excuse me for my long ***silence***.
오랫동안 소식을 전하지 못한 것을 용서하십시오.

silent [sáilənt] *silent*

㉨ **침묵의, 조용한**
(☞ silence 침묵, quiet, still 조용한)

You must keep ***silent***.
너희들은 잠자코 있어야 해.

The paper was ***silent*** on the matter.
그 신문은 이 사건을 묵살해 버렸다.

* **silk** [silk] *silk*

① ㉧ **명주(실 · 천) 《복수로》 비단(옷)**

Her dress was made of ***silk***.
그녀의 옷은 명주로 만들어졌습니다.

② ㉻ **명주로 만든**

She wears a ***silk*** dress.
그녀는 비단옷을 입고 있습니다.

silly [síli] *silly*

㉻ **어리석은, 바보의** (㊐ foolish)

You are very ***silly*** to go by taxi.
택시로 가다니 너 참 어리석구나.

Don't be ***silly*** !
바보 같은 소리말아요 !

⁑ silver [sílvər] *silver*

① ㉿ **은**

This candlestick is made of ***silver***.
이 촛대는 은으로 만들어졌습니다.

② ㉻ **은의, 은빛의**

My mother has a ***silver*** spoon.
어머니는 은수저를 가지고 계세요.

similar [símələr] *similar*

㊎ 비슷한, 닮은 (㊍ alike)

* **simple** [símpl] *simple*

① ㊎ 간단한, 알기 쉬운, 단순한

The exam was quite ***simple***.
시험은 아주 쉬웠습니다.

The story is written in ***simple*** English.
그 이야기는 알기 쉬운 영어로 씌여있습니다.

② 순진한, 천진 난만한, 소박한

He is as ***simple*** as a child.
그는 아이처럼 순진합니다.

③ 어리석은, 단순한

* **since** [sins] *since*

① ㊌ …이래, …이후

I`ve been home ***since*** three o`clock.
난 3시부터 집에 있었어.

② ㉠ …한 이래

He has been in Seoul ***since*** last month.
그는 지난달부터 서울에 와 있습니다.

③ ㉡ 그 후

I have not seen her ***since***.
나는 그 뒤 그녀를 만나지 않았습니다.

◆ for는 단순히 「일정한 기간 동안」을 나타내며, since는 일정한 때부터 현재 또는 과거의 어느 때까지 계속되는 일의 출발점을 나타낸다. 이 경우 주절은 보통 현재 완료형을 쓰고 종속절에는 과거형을 쓴다. I' ve been studying English for 3 years. (3년 동안 영어를 공부하고 있다.)

:sing [siŋ] *sing* ㉣㉤ **노래하다, 지저귀다**

I like to ***sing***.
나는 노래 부르기를 좋아합니다.

singer [síŋər] *singer*

㉥ **가수, 노래하는 사람** (☞ sing 노래하다)

She is a good ***singer***.

그녀는 훌륭한 가수입니다.

single [síŋgl] *single*

① 형 **단 하나의** (동 only one)

He did not say a ***single*** word.
그는 단 한마디도 하지 않았습니다.

There is a ***single*** piece of paper.
종이가 단 한 장 있어요.

② **독신의**

I'm a ***single***. 나는 독신입니다.

* **sink** [siŋk] *sink*

① 자 **가라앉다, 내려앉다**

The boat ***sank*** to the depths of the sea.
보트는 바다밑 깊이 가라앉았습니다.

Sink your voice to a whisper.
목소리를 낮추어 소곤소곤 이야기해라.

② **(해 · 달이)지다**

The sun was ***sinking*** in the west.
해는 서쪽으로 넘어가고 있었다.

◆ sink는 물건이 가라앉는 다는 뜻으로 널리 쓰인다. 태양이나 달이 진다는 뜻으로는 set 이 흔히 쓰인다.

⁑ **sir** [sə́ːr, (약) sər] *sir*

① 명 **여보세요, 선생님**

Excuse me, ***sir***. 실례합니다, 선생님.

◆ 손위의 남자나 남자 선생님을 존중하여 부를 때 쓰는 호칭으로 보통 해석하지 않는다.

② **경**

(영국의 준남작 또는 나이트작에 붙이는 존칭)

⁑ **sister** [sístər] *sister*

① 명 **여자 형제, 자매** (☞ brother 형제)

We are ***sisters***. 우리는 자매이다.

an elder ***sister*** – 누나, 언니

a younger ***sister*** – 여동생

② 【천주교】 **수녀**

⁑ **sit** [sit] *sit*

자 **앉다, 착석하다** (반 stand 일어서다)

Sit down,please. 좀 앉으세요.

Sit up straight. 똑바로 앉아라.

* **six** [siks] *six* ⓜ 6, 여섯의, 여섯 살

I will be ***six*** next year.
나는 내년에 여섯 살이 됩니다.

sixteen [sìkstí:n] *sixteen*

ⓜ 16, 열여섯 살

Sixteen birds are sitting on a tree.
16 마리의 새가 나무 위에 앉아 있습니다.

sixty [síksti] *sixty* ⓜ 60, 예순살

My grandmother is ***sixty***.
나의 할아버지는 예순이세요.

⁑ **size** [saiz] *size* ⓜ 크기, 사이즈

What ***size*** do you wear?
네 옷의 치수는 어떻게 되니?

Their hats are both of a ***size***.
그들의 모자는 같은 사이즈입니다.

* **skate** [skeit] *skate*

① 명 **스케이트화**

Can you ***skate***?
스케이트를 탈 수 있니?

② 자 **얼음지치다, 스케이트를 타다**

ski [skiː] *ski*

① 명 **스키**

Father bought me a pair of ***skis***.
아버지는 나에게 스키를 한 벌 사 주셨어요.

② 자 **스키를 타다**

We go ***skiing*** every winter.
우리는 해마다 겨울에 스키를 타러 가요.

skill [skil] *skill* 명 **숙련, 능숙, 솜씨**

It takes ***skill***. 기술이 필요해.

He showed wonderful ***skill*** in rowing.
그는 참으로 능란한 솜씨로 보트를 저었습니다.

skin [skin] *skin*

명 **살갗, 피부, (동물의)가죽**

The wound will ***skin*** over soon.
상처는 곧 아물 것이다.

She peeled off the ***skin*** of the apple.
그녀는 사과 껍질을 벗겼습니다.

skip [skip] *skip*

자타 **가볍게 뛰다, 줄넘기하다, 뛰어넘다**

He ***skipped*** along the street.
그는 거리를 뛰어 다녔습니다.

Lambs ***skip*** in the fields.
새끼 양들이 들에서 뛰놉니다.

⁑**skirt** [skəːrt] *skirt* 명 **스커트**

I like to wear pants instead of ***skirt***.
나는 스커트 대신 바지 입기를 좋아합니다.

⁑**sky** [skai] *sky*

㉮ 하늘, 날씨, 일기

The ***sky*** is blue.
하늘이 파랗습니다.

We saw birds flying in the ***sky***.
우리는 새가 하늘을 날고 있는 것을 봤어요.

---

sled [sled] *sled* ⓜ (작은)썰매

---

sleep [sli:p] *sleep*

① ㉶㉻ 자다 (반 wake 잠깨다)

I ***sleep*** eight hours a day.
난 하루에 여덟 시간 잠을 자.

② ⓜ 잠, 수면

I had a good ***sleep***. 잘 잤다.

♣ **go to sleep** 잠들다, 자다

---

sleepy [slí:pi] *sleepy*

ⓗ 졸리는, 졸리는 듯한 (☞ sleep 자다)

He looks very ***sleepy***.
그는 대단히 졸린 듯해요.

slept [slept] *slept*

㉶㉻ sleep(자다)의 과거 · 과거분사

slice [slais] *slice*

명 얇게 저민 조각, 한 조각

a ***slice*** of bread (bacon).
빵 (베이컨) 한 조각.

* **slide** [slaid] *slide*

① ㉶ 미끄러지다, 얼음을 지치다 (☞ slip)

The snow ***slide*** down the mountainside.
눈이 산허리를 미끄러져 내렸다.

② 명 미끄럼틀, 슬라이드

The children are playing on the ***slide***.
아이들이 미끄럼틀 위에서 놀고 있어요.

* **slip** [slip] *slip*

① ㉶㉻ (잘못) 미끄러지다, 살짝 움직이다

He ***slipped*** into the room.

그는 살짝 방안으로 들어갔습니다.

The cat ***slipped*** off my knee.
고양이가 무릎에서 빠져 나갔다.

② [명] **미끄러짐, 실수, 슬립**(여성용 속옷)

He had a ***slip*** on the ice.
그는 얼음판 위에서 미끄러졌습니다.

⁑slow [slou] *slow*

① [형] **더딘, 느린, 굼뜬** ([반] quick, fast 빠른)

He is ***slow*** in understanding.
그는 이해가 느려요.

The guests are ***slow*** in arriving.
손님들의 도착이 늦다.

② **(시계 따위가) 늦는**

This watch is five minutes ***slow***.
이 시계는 5 분 늦습니다

③ [부] **천천히, 느리게**

Please read ***slower***.
더 천천히 읽어 주세요.

Drive slow. 차량 서행

slowly [slóuli] *slowly*

[부] **천천히, 느릿느릿**

They walked ***slowly.***
그들은 천천히 걸었습니다.

⁑ **small** [smɔːl] *small*

[형] **작은** ([반] large, big, great 큰)

The girl is ***small*** for her age.
그 소녀는 나이에 비해서 작습니다.

This cap is ***small***. 이 모자는 작아요.

◆ small은 단지 「작은」의 뜻이며 little은 「작고 귀여운」 이라는 느낌이 있다.

⁑ **smell** [smel] *smell*

① [자][타] **(냄새를) 맡다, (…한) 냄새를 풍기다**

Dinner ***smells*** good.
저녁 냄새가 좋은데.

She is ***smelling*** at lilacs.
그녀는 라일락꽃의 냄새를 맡고 있습니다

② [명] **냄새, 향기, 악취**

The *smell* of burning cloth came from that room.
저 방에서 천이 타는 냄새가 났어요.

◈ smell은 「냄새」를 나타내는 가장 일반적인 말로 좋은 냄새나 악취에 모두 쓰인다. scent는 동물이나 꽃 등의 희미한 [약한] (좋은) 냄새를 말한다.

smile [smail] *smile*

① ㉶ **미소짓다, 방실 웃다** (☞ laugh)

The infant ***smiled*** at his mother.
그 애기는 어머니를 보고 방실 웃었습니다.

She ***smiled*** to see the sight.
그 광경을 보고 그녀는 미소지었습니다.

② ㊔ **미소**

smoke [smouk] *smoke*

① ㊔ **연기, 끽연, 담배 한대**

There is no ***smoke*** without fire.
(속담) 아니 땐 굴뚝에 연기날까.

② ㉴㉶ **연기를 내다, 담배를 피우다**

May I ***smoke*** here?
여기서 담배 피워도 돼요?

* **smooth** [smuːð] *smooth*

[형] **매끄러운** ([반] rough 거친)

The fabric is ***smooth*** to touch.
그 직물은 감촉이 매끄럽다.

The airplane made a ***smooth*** landing.
비행기는 무사히 착륙했다.

snack [snæk] *snack*

[명] **간단한 식사, 간식**

snail [sneil] *snail* [명] 【동물】 **달팽이**

snake [sneik] *snake* [명] 【동물】 **뱀**

snap [snæp] *snap*

[명] **짤깍 소리, 스냅사진**

snow [snou] *snow*

① 명 눈

We had ***snow*** this morning.
오늘 아침에 눈이 왔습니다.

② 자 눈이 오다

Oh, it' s ***snowing***.
아, 눈이 내리고 있어.

snowball [snóubɔ̀:l] *snowball*

명 눈뭉치, 눈덩이

⁑ **snowman** [snóumæ̀n] *snowman*

명 눈사람

The boys are making ***snowman***.
소년들이 눈사람을 만들고 있어요.

⁑ **so** [sou] *so*

① 부 그와 같이, 그러하게

Do it ***so***. 그와 같이 하시오

② 그만큼, 그처럼

Is that really ***so***?
정말 그렇습니까?

Don't walk ***so*** fast.
그렇게 빨리 걷지 마시오

③ **몹시, 대단히** (동 very, quite)

She is ***so*** kind.
그녀는 매우 친절하다.

I am ***so*** tired.
나는 무척 피곤합니다

♣ **so far** 지금까지는
so long 안녕! (= Good bye)
so long as ~하는 한, ~하기만 하면

:soap [soup] *soap* 명 **비누**

Wash your hands with ***soap*** and water.
비누와 물로 손을 씻으세요.

I got a cake of ***soap*** as a prize.
나는 상품으로 비누 하나를 받았어요.

:soccer [sákər] *soccer*

명 **축구** (☞ football)

I want to be a ***soccer*** player.
나는 축구 선수가 되고 싶어.

* **social** [sóuʃəl] *social*

㉻ **사회의, 사회에 관한, 사교적인**
(☞ society 사회)

Man is a ***social*** being.
인간은 사회 생활을 영위하는 존재이다.

It is a kind of ***social*** problem.
그것은 일종의 사회 문제입니다.

* **society** [səsáiəti] *society*

① ㉮ **사회**(☞ social 사회의), **회, 협회**

Each of us is a member of ***society***.
우리들 각자는 사회의 일원입니다.

③ **사교계, 교제, 상류 사회**

He goes much into ***society***.
그는 남과 교제하기를 매우 좋아합니다.

⁑ **sock** [sɑk, sɔk] *sock*

㉮ **짧은 양말** (☞ stocking 긴 양말)

Mom,I don`t want to wear ***socks***.
엄마, 난 양말을 신고 싶지 않아요.

Here' s a pair of clean ***socks***.
여기 깨끗한 양말 한 켤레가 있어요.

soda [sóudə] *soda* ⓜ 소다, 소다수

Would you like an apple ***soda***?
애플 소다수 마실래요?

sofa [sóufə] *sofa* ⓜ 긴 안락의자, 소파

Please sit down on the ***sofa***.
소파에 앉아 주십시오.

We have a ***sofa*** which is big and soft.
우리는 크고 푹신한 소파가 있어요.

⁑soft [sɔ(:)ft, sɑft] *soft*

① ⓗ 부드러운 (반 hard 딱딱한)

This teddy bear is ***soft***.
이 장난감 곰은 부드럽다.

② (날씨 · 기후 따위가) 온화한, 따스한

We had a ***soft*** rain.
조용한 비가 내렸어요.

③ 상냥한, 얌전한, 조용한

Soft! Someone comes.
조용히 하세요! 누가 와요.

software [sɔ́(ː)ftwɛər] *software*

[명] 〖컴퓨터〗 **소프트웨어**
(컴퓨터의 설계 · 프로그래밍등에 관한 시스템 이나 서비스의 총칭)

soil [sɔil] *soil* [명] **흙, 땅** ([동] earth)

The ***soil*** in this field is rich.
이 밭의 흙은 비옥합니다.

solar [sóulər] *solar*

[형] **태양의, 태양에 관한** ([반] lunar 달의)

solar energy 태양 에너지.

The star at the middle of our ***solar*** system is the sun.
태양계 중심에 있는 별은 태양이예요.

sold [sould] *sold*

[타][자] **sell(팔다)의 과거 · 과거분사**

***soldier** [sóuldʒər] *soldier*

[명] **군인, 병사**
(일반적으로 육군을 말하고 해군은 sailor라 한다)

My brother is a ***soldier***.
나의 오빠는 군인입니다.

The ***soldiers*** will fight bravely.
군인들은 용감히 싸울 것입니다.

***solve** [salv, sɔlv] *solve*

[타] **풀다, 해결하다**

I ***solved*** the difficult problem.
나는 어려운 문제를 풀었다.

He is ***solving*** the problems without any difficulty.
그는 쉽게 그 문제를 풀고 있어요.

****some** [sʌm, (약) səm] *some*

① [형] **얼마간의, 약간의**

Give me ***some*** money.
돈을 좀 주십시오.

Will you have ***some*** coffee ?

커피를 좀 드시지 않겠습니까?

② 상당한, 어지간한, 얼마간의

You can trust him to ***some*** extent.
어느 정도까지는 그를 믿어도 되겠지요.

He is ***some*** scholar.
그는 대단한 학자이다

③ ㊊ 약, 대략 (㊇ about)

We were ***some*** 90 in all.
우리는 모두 합쳐 90명쯤 되었다

♣ **for some time** 얼마 동안, 잠깐
some day 언젠가

◈ 보통 some은 긍정문에 쓰이고 의문문에서는 any를 쓰지만 상대로부터 yes의 답을 기대할 때, 또는 권유할 때는 some를 쓴다.

somebody

[sʌ́mbɑ̀di, sʌ́mbʌ̀di] *somebody*

㊍ **누군가, 어떤 사람** (㊇ someone)

Somebody ate my sandwich.
누군가 내 샌드위치를 먹었다.

Somebody is looking for Tom.
누군가 톰을 찾는데요.

◆ 의문문이나 if를 포함하는 절에서는 거의 쓰이지 않으며, someone보다 구어적이고 또 부정문에서는 anybody를 사용한다.

someday [sʌ́mdèi] *someday*

㊕ (앞으로) 언젠가, 뒷날, 후일

someone

[sʌ́mwʌ̀n, sʌ́mwən] *someone*

㉢ 누군가, 어떤 사람 (㊐ somebody)

There is ***someone*** behind the rock.
바위 뒤에 누가 있어요.

I want ***someone*** to help me.
누군가 도와줬으면 좋겠습니다.

something [sʌ́mθiŋ] *something*

㉢ 무엇인가, 어떤 것

I have ***something*** for you.
너한테 뭔가 줄게 있어.

There is ***something*** wrong with the machine.
이 기계는 어딘지 나쁜 데가 있어요.

♣ **be something of** 얼마쯤 ~이다.
something like 약간 비슷한

◆ 형용사는 anything (무엇인가), nothing(아무것도 …않다)과 마찬가지로 뒤에 붙인다.
의문문에는 anything을 쓰지만 상대로부터 yes의 답을 기대할 때, 또는 권유할 때는 something을 쓴다.

---

sometimes [sʌ́mtàimz] *sometimes*

㊉ **때때로, 때로는** (㊂ now and then)

I should like to go there ***sometimes***.
나는 언젠가 거기에 가보고 싶어요.

Sometimes we go there.
우리는 가끔 그 곳에 가요.

⁑ **son** [sʌn] *son*

㊊ **아들** (㊈ daughter 딸)

This is my ***son***.
이 애는 나의 아들이다.

She has three ***sons***.

그녀는 아들이 셋 있습니다.

⁑song [sɔ(ː)ŋ, sɑŋ] *song*

㊔ **노래** (☞ sing 노래하다), **(새의) 소리**

We are singing a ***song***.
우리는 노래를 부르고 있습니다.

The bird is in full ***songs***.
새가 한창 지저귀고 있어요.

⁑soon [suːn] *soon*

① ㊕ **얼마 안 가서, 곧**

He will graduate from college ***soon***.
그는 머지않아 대학을 졸업한다.

② **빨리, 일찍** (☞ early)

Please write to me as ***soon*** as possible.
가급적 빨리 편지 주세요.

It would be better for you to start ***soon***.
일찌감치 출발하는 편이 좋을 거야.

♣ **as soon as** ~하자마자

sooner or later 조만간

sorrow [sárou, sɔ́:rou] *sorrow*

명 슬픔 (반 joy 기쁨)

Her ***sorrows*** turned her hair white.
온갖 불행 때문에 그녀의 머리는 백발로 변했했다.

She felt ***sorrow*** at the news.
그녀는 그 소식을 듣고 슬퍼했어요.

:sorry [sári, sɔ́:ri] *sorry*

① 형 애석하게 여기는, 미안하게 여기는

I' m ***sorry*** I' m late.
늦어서 죄송해요.

② 유감스러운, 섭섭한

I`m ***sorry*** to hear that.
그것 참 유감스럽군.

***sort** [sɔ:rt] *sort* 명 종류 (동 kind)

They sell all ***sorts*** of fruits.
그들은 온갖 종류의 과일을 팔고 있다.

They are all of a ***sort***.
그들은 모두 비슷비슷해요.

SOS [ésòués] *SOS*

㉬ **조난 신호, 구조 요청**

⁑ **sound**[1] [saund] *sound*

㉬ **소리, 음성, 소음**
(☞ voice 목소리, noise 시끄러운 소리)

I heard a strange ***sound***.
나는 이상한 소리를 들었어요.

Sound travels slower than light.
소리는 빛보다 느리게 전달된다

② ㉶ **소리나다, 들리다, 여겨지다**

The trumpets are ***sounding***.
나팔이 울리고 있어요.

sound[2] [saund] *sound*

㉷ **건전한** (동 healthy) **완전한** (동 perfect)

A ***sound*** mind in a sound body.
(속담) 건전한 정신은 건전한 신체에 깃들인다.

He is ***sound*** on religion.
그는 종교에 대해서 정통적인 생각을 갖고 있다.

⁑soup [suːp] *soup* ㊔ **수프**

I had ***soup*** for breakfast.
나는 아침으로 스프를 먹었다.

I' d like another bowl of chicken ***soup***.
닭고기 수프 한 접시 더 주세요.

⁑south [sauθ] *south*

㊔ **남쪽, 남부 지방**
(☞ southern 남쪽의, 반 north 북쪽)

Brazil is in the ***south*** of the U.S.A.
브라질은 미국의 남쪽에 있다.

Our house faces to the ***south***.
우리집은 남향입니다.

♣ **in the south of** ~의 남쪽에

southeast [sàuθíːst] *southeast*

㊔ **남동(쪽), 남동부** (SE, S.E.로 줄여 쓴다)

South Pole [sáuθ póul] *South Pole*

㊐ 남극 (반 North Pole 북극)

southwest [sàuθwést] *southwest*

㊐ 남서, 남서부 (S.W.로 줄여 쓴다)

space [speis] *space*

① ㊐ 공간, 우주

Go to outer ***space***.
우주 밖으로 가라.

② 여백, (빈)장소

There is some ***space*** left for that.
그것을 넣을만한 여지는 있다.

There is no more ***space*** in the room.
그 방에는 남은 공간이 전혀 없어요.

spaceman [spéismæ̀n] *spaceman*

㊐ 우주 비행사

spaceship [spéisʃìp] *spaceship*

㉺ 우주선

space station [spéis stèiʃən]

space station ㉺ 우주 정거장

spade [speid] *spade*

① ㉺ 삽

② (트럼프의) 스페이드

Spain [spein] *Spain*

㉺ 스페인 (수도 Madrid)

Can you speak ***Spanish***?
당신은 스페인 말을 할 줄 압니까?

That is a ***Spanish*** ship.
저 것은 스페인 배입니다.

spare [spɛər] *spare*

① ㉻ 여분의, 예비의

He paints pictures in his ***spare*** time.

그는 여가 시간에는 그림을 그려요.

② ㉺ 절약하다, 아끼다

Spare the rod and spoil the child.
(속담) 매를 아끼면 자식 망친다.

③ (시간 · 돈 따위를)할애하다, 나누어 주다

I have no time to ***spare***.
나는 틈이 없어요.

⁑ speak [spi:k] *speak*

① ㉺㉷ 이야기하다, 말하다

② 이야기를 하다, 수근거리다

He can ***speak*** English.
그는 영어로 말할 수 있습니다.

What is he ***speaking*** about?
그는 무슨 이야기를 하고 있지 ?

③ 연설하다 (☞ speech 연설)

He ***spoke*** on "Democracy".
그는 민주주의에 관하여 연설했습니다.

♣ **so to speak** 말하자면
speak to ~에게 이야기하다

◆ speak는 한 마디건 두 마디건 말하는 자체를 의미하고, say는 생각을 말로 발표하는 것을 뜻한다. 따라서 어린아이들도 한두 살이 되면 speak는 할 수 있으나, say는 할 수 없다.

* **special** [spéʃəl] *special*

㉿ **특별한** (반 general 일반적인)

You are ***special***. 넌 특별하다.

This is a ***special*** case.
이번에는 특별한 경우예요.

specially [spéʃəli] *specially*

㈜ **특별히, 임시로** (☞ especially)

speech [spiːtʃ] *speech*

① 명 **연설** (☞ speak 이야기하다)

The ***speech*** was very touching.
그 연설은 정말 감동적이었어요.

② **말, 말투**

We can' t express our thoughts without ***speech***.

말 없이는 생각을 표현할 수 없어요.

speed [spiːd] *speed*

① 명 **속력, 속도**

More haste, less ***speed***.
(속담) 급할수록 천천히 하라.

He works with amazing ***speed***.
그는 놀라운 속도로 일해요.

② 자타 **서두르다, 급히 가다**

The yellow car ***sped*** along the street.
노란색 차가 거리를 질주했다.

* **spell** [spel] *spell*

타 **(낱말을) 철자하다, …의 철자를 쓰다**

How do you ***spell*** your name?
당신 이름의 철자를 어떻게 씁니까?

He is ***spelling*** "CAT" on the blackboard.
그는 칠판에 "CAT"라고 쓰고 있습니다.

spelling [spéliŋ] *spelling*

명 (낱말의) 철자(법)

Is this ***spelling*** correct?
이 철자가 맞아요?

⁑spend [spend] *spend*

① 타 (돈 따위를)소비하다, 써 버리다

She ***spends*** much money on clothes.
그녀는 옷을 사는 데 많은 돈을 써요.

② (시간을)보내다

I ***spend*** my Sundays reading.
나는 일요일에 독서로 보냅니다.

spider [spáidər] *spider*

명 〖곤충〗 거미

spill [spil] *spill* 타자 엎지르다, 흘리다

It is no use crying over ***spilt*** milk.
(속담) 엎지른 물은 다시 담을 수 없다

What did you ***spill*** on the carpet?
카펫 위에 무엇을 엎질렀나요?

spinach [spínitʃ, spínidʒ] *spinach*

㉠ 〖식물〗 **시금치**

spirit [spírit] *spirit*

① ㉠ **정신** (㉥ body 육체)

You must understand the ***spirit*** of the law.
당신은 법의 정신을 이해해야 해요.

② **활기, 생기, 용기**

He is a man of ***spirit***.
그는 활동가입니다.

splash [splæʃ] *splash*

① ㉡㉢ **(물 · 흙탕물을) 튀기다, 텀벙하는 소리를 내다**

The dirty water ***splashed*** her dress.
흙탕물이 그녀의 옷에 튀었다.

The rain ***splashed*** against the window.
비가 후두둑후두둑 창으로 들이쳤다.

② 명 튀기기, 튀기는 소리[물]

spoke [spouk] *spoke*

타자 **speak**(이야기 하다)의 과거

spoon [spu:n] *spoon* 명 숟가락, 스푼

Can you get me a ***spoon***?
스푼 하나만 줄래?

* **sport** [spɔ:*r*t] *sport*

명 운동, 경기, 스포츠

I like ***sports***.
나는 운동을 좋아해.

Volleyball is my favorite ***sport***.
배구는 내가 제일 좋아하는 운동입니다.

⁑ **spring** [spriŋ] *spring*

명 봄
(☞ summer 여름, autumn · fall 가을, winter 겨울)

Spring is coming.
봄이 오고 있습니다.

Spring is the first season of the year.
봄은 1년 중 맨 처음 계절입니다.

* **square** [skwɛər] *square*

① 형 **정방형의, 네모꼴의,** 〖수학〗 **제곱의**

The ***square*** of 2 is 4
2의 제곱은 4입니다.

② 명 **정사각형**
(☞ circle 원, triangle 삼각형)

This table is ***square***.
이 탁자는 정사각형이다.

The pupil is drawing a ***square*** on the paper.
그 학생은 종이에 정사각형을 그리고 있어요.

③ **(네모난)광장**

squirrel [skwə́ːrəl] *squirrel*

명 〖동물〗 **다람쥐**

Squirrel have bushy tails.
다람쥐는 꼬리에 털이 많아요.

staff [stæf, stɑːf] *staff*

① ㉺ 지팡이, 막대

② 직원, 부원, 스태프

stage [steidʒ] *stage*

① ㉺ 무대, 스테이지

She appeared on the ***stage***.
그녀가 무대 위에 모습을 드러냈습니다.

② 단계, 시기

stain [stein] *stain*

① ㉺ 얼룩, 때, 착색, 염료

② ㉶㉷ 더럽히다, 더러워지다, 물들(이)다

The coffee ***stained*** my shirt brown.
커피가 내 셔츠를 갈색으로 얼룩지게 했어요.

* **stair** [stɛər] *stair*

㉺ (층계의) 한 단,(특히 옥내의) 계단

Go up the ***stairs***.

계단을 올라가라.

Go down the ***stairs***.
계단을 내려가라.

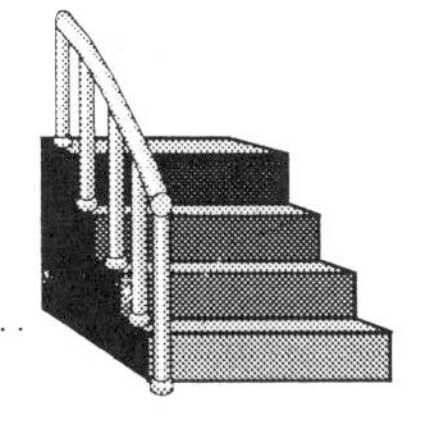

⁑ stamp [stæmp] *stamp*

① 명 우표, 인지

Put a ***stamp*** on the letter.
편지에 우표를 붙여라.

② 스탬프, 소인, 도장

③ 타자 스탬프를 찍다, 우표를 붙이다

Don' t forget to ***stamp*** the envelope.
잊지 말고 봉투에 우표를 붙이세요.

⁑ stand [stænd] *stand*

① 자타 서다, 서 있다 (반 sit 앉다), 세우다

Please ***stand*** up.
기립해 주십시오.

The egg will not ***stand*** on either edge.
달걀은 길이로 세울 수 없어요.

② …에 자리 잡다, 있다, 위치하다

Our college ***stands*** on the hill.
우리 대학은 언덕 위에 우뚝 솟아 있습니다.

③ 명 관람석

star [stɑːr] *star*

① 명 별

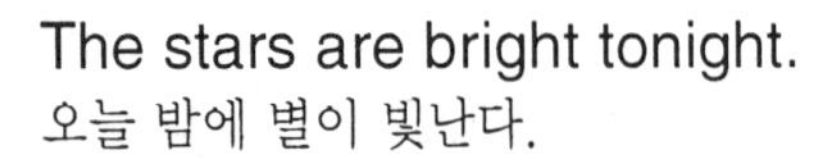

The stars are bright tonight.
오늘 밤에 별이 빛난다.

② 인기 배우, 스타, 거물

Linda' s sister is a movie ***star***.
린다의 언니는 인기 영화배우예요.

start [stɑːrt] *start*

① 자타 출발하다, 떠나다
(반 arrive 도착하다)

The train will ***start*** right away.
기차는 곧 출발할 거예요.

② 시작되다 (동 begin), 시작하다

The movie has ***started***.
영화가 시작됐어.

The dictionary ***starts*** with the letter A.
사전은 A에서 시작돼요.

③ 명 시초, 개시, 출발 (반 arrival 도착)

The movie was interesting from ***start*** to finish.
그 영화는 처음부터 끝까지 재미있었어요.

**** station** [stéiʃən] *station*

① 명 (철도의) 정거장, 역

I get off at the next ***station***.
나는 다음 정거장에서 내린다.

② (관청따위의) 서, 국

a police ***station*** 경찰서

*** stay** [stei] *stay*

① 자 머무르다, 체류하다

Stay there!
거기 그대로 있어!

He ***stayed*** home all day.
그 사람은 하루 종일 집에 있었어요.

② 명 머무름, 체류

During my ***stay*** in London, I went to the British Museum.
런던에 머무는 동안 대영 박물관에 갔어요.

♣ **stay away(from)** 떨어져 있다
stay up 일어나 있다

steak [steik] *steak*

명 두툼하게 썰어낸 고기 조각, 불고기

* **steal** [sti:l] *steal*

① 타자 훔치다, 〖야구〗 도루하다

A thief ***stole*** jewels.
도둑이 보석을 훔쳤다.

My wallet was ***stolen***.
내 지갑을 도둑맞았다

⁑ **steam** [sti:m] *steam* 명 김, 스팀, 증기

⁑ **step** [step] *step*

① 명 한걸음, 발걸음, 걸음걸이, 발소리

A dog knows his master by his

steps.
개는 발소리만 듣고 주인을 알아본다.

② (계단의) 단

a flight of 10 ***steps***
10단의 계단

③ [자] 걷다, 한걸음 내딛다
([동] walk)

Please ***step*** this way.
이쪽으로 오십시오

She ***stepped*** to the music.
그녀는 음악에 맞추어 스텝을 밟았다.

---

* **stick** [stik] *stick*

① [명] 막대기, 막대기 같은 물건, 곤봉

He wants the ***stick***.
그는 매를 좀 맞아야 되겠다.

② 지팡이, 단장

③ [자][타] 찌르다, 붙이다, 박히다

Stick it down there.
그것을 거기에 내려놓아라.

A needle ***sticks*** in my shirt.

바늘이 셔츠에 박혀 있어요.

still [stil] *still*

① 부 **아직도, (그래도) 여전히**

Are you ***still*** sleeping
아직도 자고 있니?

I shudder ***still*** now.
아직도 몸서리가 난다.

② **그래도 역시, 그럼에도 불구하고**

He is old, and ***still*** he is able.
그는 늙었지만 그래도 아직 유능하다.

③ **정지한, 움직이지 않는**

Still waters run deep.
(속담) 잔잔한 물이 깊다

stocking [stákiŋ] *stocking*

명 **긴 양말** (☞ sock 짧은 양말)

She bought two pairs of ***stockings***.
그녀는 스타킹 두 켤레를 샀다.

stole [stoul] *stole*

[타][자] **steal(훔치다)의 과거**

***stomach** [stʌ́mək] *stomach*

[명] 위, 복부

(☞ stomachache, backache 배앓이,)

****stone** [stoun] *stone* [명] 돌, 석재

This ***stone*** is heavy.
이 돌은 무겁다.

Billy kicked a ***stone*** by mistake.
빌리는 실수로 돌맹이를 찼어요.

stood [stud] *stood*

[자][타] **stand(서다)의 과거 · 과거분사**

****stop** [stɑp, stɔp] *stop*

① [자][타] 멈추다, 정지하다
([반] start 움직이다)

Stop! 멈춰라!

The clock has ***stopped***.

시계가 멈췄어요.

② ⓜ 멈춤, 정지, 정류장

Where is the nearest bus ***stop***?
가까운 버스 정류장이 어딘가요?

:store [stɔːr] *store*

① ⓜ 저장

We have a good ***store*** of food.
우리는 충분한 식량을 저장했어요.

② ⟪미⟫ 가게, 상점 (⟪영⟫ shop)

Where is the book ***store***?
서점이 어디에 있어요?

③ ⓣ 저장하다, 쌓아 두다

We ***stored*** food for the winter.
우리는 겨울 식량을 저장해 두었어요.

stork [stɔːrk] *stork* ⓜ 【조류】 황새

***storm** [stɔːrm] *storm* ⓜ 폭풍우

There is ***storm*** outside.
밖에는 폭풍이 몰아치고 있다.

story [stɔ́ːri] *story*

㉮ 이야기, 소설, 동화

Tell me a ***story***.
나에게 이야기 하나 해 줘.

It was an interesting ***story***.
재미있는 이야기였어요.

---

stove [stouv] *stove* ㉮ 난로

Take a seat near the ***stove***.
난로 가까이 앉으세요.

---

straight [streit] *straight*

① ㉯ 곧은, 똑바른 (㉲ direct), 솔직한

Your tie is not ***straight***.
네 타이는 비뚤어져 있다.

② ㉰ 똑바로, 직접적으로, 솔직하게

Stand up ***straight***.
똑바로 서.

Speak ***straight*** out and don't be afraid.
두려워하지 말고 솔직하게 이야기해라.

:strange [streindʒ] *strange*

㉨ **이상한, 기묘한, 낯선**

What`s that ***strange*** sound?
저 이상한 소리가 뭐지?

I had a ***strange*** dream last night.
어젯밤 나는 이상한 꿈을 꿨어요.

:stranger [stréindʒər] *stranger*

㉭ **낯선 사람, 외국인** (㉣ foreigner)

I feel shy before a ***stranger***.
모르는 사람 앞에서는 부끄러움을 탄다

She is a ***stranger*** to me.
그녀는 나를 모른다.

·strawberry [strɔ́:bèri] *strawberry*

㉭ 〖식물〗 **딸기**

Do you like ***strawberries***?
딸기 좋아하세요?

:street [stri:t] *street*

명 거리, 시가 (☞ avenue)

I met Dan on the ***street***.
나는 거리에서 댄을 만났습니다.

Take care when you cross the ***street***.
길을 건널 때는 조심하세요.

strength [streŋ(*k*)θ] *strength*

명 힘, 강함 (반 weakness 약함)

I have no ***strength*** left to walk farther.
더 이상 한발도 걸을 기운이 없다.

stress [stres] *stress*

① 명 압박감, 긴장

② 악센트, 강조

Stress the second syllable of the word.
그 단어의 제2 음절에 악센트를 두어라.

③ 타 강조하다, 강세를 주다

He ***stressed*** the need for careful decision.

그는 신중한 결정의 필요성을 강조했습니다.

stretch [stretʃ] *stretch*

① 타자 늘[어나]다, 펴다; 퍼지다, 뻗치다

She ***stretched*** out her hand for the hat.
그녀는 모자를 집으려고 손을 내밀었다.

Billy ***stretched*** after a long drive.
빌리는 오랜 운전 후에 기지개를 켰어요.

② 명 뻗침, 연속, 범위

⁑strike [straik] *strike*

① 타자 치다 (동 hit)

He ***struck*** me on the head.
그는 내 머리를 쳤다.

Then the church clock was ***striking*** ten.
그때 교회의 종은 10시를 치고 있었다.

② 부딪치다, 충돌하다

The lightning ***struck*** the barn.
벼락이 헛간에 떨어졌다

③ 명 타격, 맞히기

④ 〖야구〗 스트라이크

Three ***strikes*** and you`re out.
세 번 스트라이크면 너는 아웃이야.

string [striŋ] *string*

① 명 줄, 끈

Would you bring me a red ***string***?
빨간 끈을 갖다 주세요.

He tied up the box with a ***string***.
그는 끈으로 상자를 묶었어요.

② (악기의) 현

stripe [straip] *stripe* 명 줄무늬, 줄

Captain George loves ***stripes***.
조지선장은 줄무늬를 좋아해요.

⁑ **strong** [strɔ(ː)ŋ, strɑŋ] *strong*

① 형 힘센, 건강한 (반 weak 약한)

I am ***strong***.
나는 힘이 셉니다.

She is not feeling very ***strong***.
그녀는 몸이 좀 좋지 않습니다

② 단단한, 유능한

The window is made from very ***strong*** glass.
이 창문은 아주 단단한 유리로 만들었어요.

I am ***strong*** in mathematics.
나는 수학을 잘해요.

student [stjúːdənt] *student*

㉮ (대학 · 고교의) 학생
(☞ pupil 중학교 · 초등학교의 학생)

My elder sister is a ***student***.
나의 언니는 학생입니다.

study [stʌ́di] *study*

① ㉲㉺ 공부하다, 배우다 (☞ learn 배우다)

She ***studies*** economics.
그녀는 경제학을 공부하고 있습니다.

② 연구하다, 관찰하다

I need to ***study*** insects for biology class.

생물숙제로 곤충들을 관찰해야 해요.

③ 명 공부, 연구

The proper ***study*** of mankind is man.
인간의 참된 연구 대상은 인간이다

---

stuff [stʌf] *stuff*

① 명 **재료, 원료, 물질**

② 타 **채우다, 메워 넣다**

She ***stuffed*** her bag with books.
그녀는 가방을 책으로 가득 채웠어요.

What would you ***stuff*** this pillow with?
베갯속을 뭘로 채울래?

⁑ stupid [stjúːpid] *stupid*

형 **어리석은, 멍청한**
(동 foolish 반 clever 영리한)

What a ***stupid*** idea!
이 얼마나 어리석은 생각인가!

Don' t be ***stupid***.
어리석게 굴지 말아요.

style [stail] *style*

① 명 양식, …식

What ***style*** of house do you require?
당신은 어떤 양식의 집이 필요합니까?

② (의복 따위의) 형, 유행스타일

Your necktie is in ***style***.
너의 넥타이는 유행형이다.

♣ **in style** 유행을 따라
out of style 유행에 뒤떨어진

subject [sʌ́bdʒikt] *subject*

① 명 주제, 제목

That is an interesting ***subject*** for conversation.
그것은 회화로서는 재미있는 화제입니다.

② 〖문법〗 주어 (☞ object 목적어)

③ 학과, 과목

What ***subject*** does Mr. Brown teach?

브라운선생님은 어떤 과목을 가르치시나요?

suburb [sʌ́bəːrb] *suburb* ㉿ **교외**

He lives in the ***suburbs*** of London.
그는 런던 교외에서 살고 있어요.

* **subway** [sʌ́bwèi] *subway*

㉿ **지하철, 지하도**

Daddy takes a ***subway*** to work.
아빠는 지하철로 출퇴근하셔.

We will go there by ***subway***.
우리는 지하철로 그 곳에 갈 거예요.

◈ 미국의 지하철은 subway, 영국은 underground 혹은 the Tube라고 하고, 파리와 소련은 metro라 부른다.

* **succeed** [səksíːd] *succeed*

㉶ **성공하다, …을 물려 받다**
(☞ success 성공, 반 fail 실패하다)

I ***succeeded*** in passing the test.
나는 그 시험에 합격했다.

He ***succeeded*** his father as president of the company.
그는 아버지의 뒤를 이어 회사 사장이 되었어요.

success [səksés] *success* ⓜ 성공
(☞ succeed 성공하다, 반 failure 실패)

The meeting was a ***success***.
그 회의는 성공적이었다.

He had great ***success*** as a musician.
그는 음악가로 크게 성공했어요.

* **such** [sʌtʃ, (약) sətʃ] *such*

ⓗ 그와[이와] 같은, 이러한, 그러한

Don`t say ***such*** a thing.
그런 소리 하지 마.

He is ***such*** a scholar.
그는 대단한 학자입니다.

We have had ***such*** sport !
우리는 참 재미있었어요.

♣ **such as** 예컨대

* **sudden** [sʌ́dn] *sudden*

㉠ **돌연한, 뜻밖의** (㊐ suddenly 갑자기)

It was a ***sudden*** change of schedule.
예고 없이 예정을 바꾸었어요.

There was a ***sudden*** storm, and we all got wet.
갑자기 폭풍우가 몰아쳐서, 우리 모두 흠뻑 젖었어요.

suddenly [sʌ́dnli] *suddenly*

㉡ **돌연, 갑자기** (㊐ all of a sudden)

Suddenly there was a loud noise.
갑자기 큰 소리가 났다.

Suddenly the cat disappeared.
갑자기 고양이가 없어졌어요.

suffer [sʌ́fər] *suffer*

① 자타 **(병으로) 괴로워하다, 고통받다**

I often ***suffer*** from a bad stomachache.
나는 가끔 심한 위통으로 고통을 받아요.

② 병들다, 손해를 입다

They ***suffered*** great losses.
그들은 큰 손해를 입었다.

:sugar [ʃúgər] *sugar* ⓜ 설탕

I want one spoon of ***sugar*** in my coffee.
내 커피에 설탕 한 숟가락만 넣어주세요.

suit [suːt] *suit*

① ⓜ (신사복) 한 벌, 한 벌의 옷
(☞ clothes)

Father has on a new ***suit***.
아버지는 새로 맞춘 양복을 입고 계세요.

② ⓣ …에 알맞다, 어울리다

◆ 보통 남성복에서는 coat, trousers 또는 vest(조끼), 여성복에서는 jacket, skirt 및 때로는 blouse로 되어 있다

suitcase [súːtkèis] *suitcase.*

ⓜ 여행가방

sum [sʌm] *sum*

① 명 합계, 합, 총계

The ***sum*** of two and three is five.
2와 3의 합은 5.

② 산수(의 문제), 계산

He can do rapid ***sums*** in his head.
그는 재빠르게 계산할 수 있습니다.

⁑**summer** [sʌ́mər] *summer*

① 명 여름

It`s hot in ***summer***.
여름에는 덥다.

I want to go to the beach this ***summer***.
나는 올 여름 해변가에 가고 싶어요.

② 형 여름의

summit [sʌ́mit] *summit*

명 정상, 꼭대기, 절정 (동 top)

At last we climbed to the ***summit***

of the mountain.
마침내 우리는 그 산의 정상에 올랐습니다.

:sun [sʌn] *sun*

㊔ **태양, 해** (☞ the moon 달)

The ***sun*** is shining.
태양이 빛나고 있다.

Every morning the ***sun*** rises.
매일 아침 태양이 떠오릅니다.

***Sunday** [sʌ́ndi] *sunday*

㊔ **일요일** (Sun.으로 줄여 쓴다)

On ***Sunday***, we go to church.
일요일에 우리는 교회에 간다.

sunflower [sʌ́nflàuər] *sunflower*

㊔ 〖식물〗 **해바라기**

The ***sunflower*** has large, yellow flowers.
해바라기는 크고 노란 꽃을 갖고 있습니다.

sunglasses [sʌ́nglæ̀s] *sunglasses*

㊔ 선글라스, 색안경

Do you like my new ***sunglasses***?
새로 산 선글라스인데 괜찮니?

sunny [sʌ́ni] *sunny*

㊕ 양지바른, 유쾌한, 행복한 (☞ sun 해)

This is a ***sunny*** day.
오늘은 화창한 날입니다.

There are many ***sunny*** rooms in this building.
이 건물에는 햇볕이 잘 드는 방이 많아요.

sunrise [sʌ́nràiz] *sunrise*

㊔ 해돋이, 동틀녘, 새벽녘

They worked from ***sunrise*** to sunset.
그들은 동틀녘부터 해질녘까지 일해요.

sunset [sʌ́nsèt] *sunset* ㊔ 일몰, 해질녘

We watched the ***sunset***.
우리는 저녁놀을 봤어요.

sunshine [sʌ́nʃàin] *sunshine*

㊔ 햇빛, 양지

The children are playing in the ***sunshine***.
어린이들은 양지에서 놀고 있습니다.

---

* **supermarket** [súːpərmàːrkit]

supermarket ㊔ 슈퍼마켓

Where is the ***supermarket***?
슈퍼마켓은 어디에 있습니까?

My father runs a ***supermarket***.
아버지는 슈퍼마켓을 운영하세요

---

* **supper** [sʌ́pər] *supper*

㊔ 하루 중의 마지막 식사, 저녁 식사, 만찬

It`s time for ***supper***.
저녁 식사 시간이다.

I had ***supper*** already.
나는 벌써 저녁식사를 했어요.

◆ 낮에 dinner를 들었을 때의 간단한 저녁 식사

suppose [səpóuz] *suppose*

① 타 **추측하다, …라고 생각하다**
(동 guess)

I ***supposed*** she had to go.
나는 그녀가 가야 한다고 생각했다.

I ***suppose*** that you like here.
나는 네가 이곳을 좋아하리라 생각한다

② **만약 …이면, …하면 어떨까**
(동 imagine)

Suppose we wait till tomorrow.
내일까지 기다려보면 어떨까?

sure [ʃuər] *sure*

① 형 **틀림없는, 확실한** (동 certain)

I am ***sure*** of his coming.
그는 반드시 오리라고 생각해요.

I'm ***sure*** it will rain.
꼭 비가 올 것이다.

② 부 **확실히, 물론**

Can I borrow your eraser? - ***Sure***.
지우개 좀 빌릴 수 있을까? - 물론.

♣ **for sure** 틀림없이, 확실히
make sure of ~을 확인하다

surely [ʃúərli] *surely*

[부] **틀림없이, 꼭** ([동] certainly)

Surely you don't believe it!
설마 너는 그런 것을 믿지는 않겠지 !

Will you help me? - ***Surely***!
좀 도와주겠나? - 물론이지!

surgeon [sə́ːrdʒən] *surgeon*

[명] **외과 의사** (☞ physician 내과 의사)

⁑ **surprise** [sərpráiz] *surprise*

① [타] **놀라게 하다, 놀라다**

His appearance ***surprised*** me.
그의 차림새에 그만 놀랐어요.

What a ***surprise***!
놀랐는걸 !

② [명] **놀라움, 놀라운 일**

The news caused me much ***surprise***.

그 소식은 나를 깜짝 놀라게 했다.

surround [səráund] *surround*

㊉ **에워싸다, 포위하다**

England is ***surrounded*** by the sea on all sides.
영국은 사방이 바다로 둘러싸여 있어요.

The house is ***surrounded*** with walls.
그 집은 담으로 둘러싸여 있습니다.

survival [sərváivəl] *survival*

㊞ **생존, 잔존, 생존자**

swam [swæm] *swam*

㊉㊋ **swim(헤엄치다)의 과거**

swan [swɑn, swɔːn] *swan*

㊞ 【조류】 **백조**

A swan is ***swimming*** in the pond.
백조가 연못에서 헤엄치고 있어요.

sweat [swet] *sweat*

① 명 땀

A good ***sweat*** often cures a cold.
땀을 푹 흘리면 감기는 잘 낫는다.

② 자 땀나다, 땀을 흘리다

We ***sweat*** when it is hot.
우리는 더울 때는 땀을 흘립니다.

* **sweater** [swétər] *sweater* 명 스웨터

sweep [swiːp] *sweep*

① 타 쓸다, 청소하다

She ***swept*** the dirt off the floor.
그녀는 마루의 먼지를 쓸어냈다

It is your turn to ***sweep*** the street.
이제 네가 길을 청소할 차례야.

② 명 쓸기, 청소

⁑ **sweet** [swiːt] *sweet*

① 형 단 (☞ sour 신, 반 bitter 쓴)

I like my tea ***sweet***.

나는 홍차에 설탕을 많이 친 것을 좋아한다

② 향기가 좋은, 소리가 좋은

Roses smell ***sweet***.
장미꽃은 향기가 좋습니다.

③ 귀여운, 즐거운, 친절한

Home, ***sweet*** home.
즐거운 가정

swept [swept] *swept*

㉰ sweep(쓸다)의 과거 · 과거 분사

⁑**swim** [swim] *swim*

① ㉶㉰ 헤엄치다, 수영하다

I can ***swim*** to the other side of the river.
나는 강 건너까지 헤엄칠 수 있어요.

② ㉺ 헤엄, 수영

Let`s go ***swimming*** in the pool.
수영장에 수영하러 가자.

swimmer [swímər] *swimmer*

㉮ 헤엄치는 사람 (☞ swim 헤엄치다)

swimming [swímiŋ] *swimming*

㉮ 헤엄, 수영

I often go to the ***swimming*** pool in summer.
나는 여름에 자주 풀에 갑니다.

* **swing** [swiŋ] *swing*

① ㉧㉦ 흔들리다, 매달리다, 그네 타다

He ***swung*** the bag onto his back.
그는 자루를 등에 둘러멨다.

The door ***swung*** open.
문이 힘차게 열렸다.

② ㉮ 흔듦, 흔들림, 그네, 휘두름

He has a good ***swing***.
그는 좋은 스윙을 합니다.

Swiss [swis] *Swiss*

㉮㉯ 스위스 사람(의)

This watch is ***Swiss***-made.
이 시계는 스위스제입니다.

* **switch** [switʃ] *switch*

① 명 (전기의) 스위치

Where is the light ***switch***?
전등 스위치가 어디 있나요?

② 타 (전기의) 스위치를 넣다, 교환하다

Let's ***switch*** places.
자리를 교환하자.

Switch on (off) the light.
전등을 켜라(꺼라)

symbol [símbəl] *symbol*

명 상징, 부호, 기호

The rose is a ***symbol*** of England.
장미꽃은 영국의 상징입니다.

The dove is a ***symbol*** of peace.
비둘기는 평화의 상징이예요.

* **system** [sístəm] *system*

① 명 조직, 제도, 체계

We will study the solar ***system***

today.
오늘은 태양계에 대해 공부할 거예요.

② 방법, 방식

Do you know the operating ***system*** of this computer?
이 컴퓨터 운영 방식을 아세요?

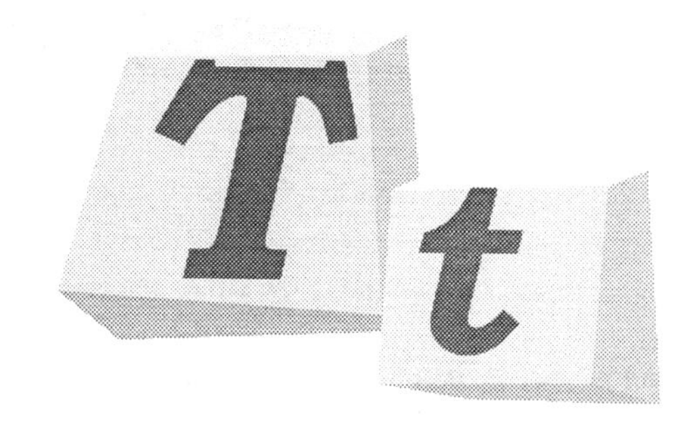

T

T t [tiː] *T t* 알파벳의 스무번째 문자

***table** [téibl] *table*

① 명 테이블, 식탁 (☞desk)

This is a ***table***.
이것은 탁자입니다.

② 표, 목록

Where is the ***table*** of contents?
목차가 어디 있어요?

table tennis [téibl tènis] *table tennis*

㉿ **탁구, 핑퐁** (동 ping-pong)

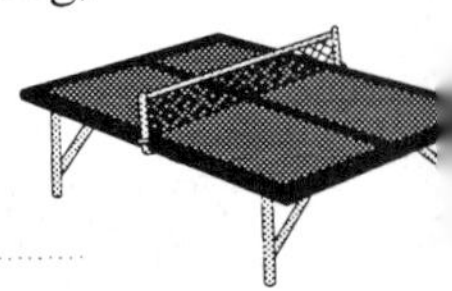

◆ ping-pong보다 table tennis가 정식적인 호칭

tag [tæg] *tag* 명 **꼬리표, 정가표**

tail [teil] *tail* 명 **꼬리** (반 head 머리)

My dog is wagging its ***tail***.
나의 개가 꼬리를 흔들고 있다.

A tiger has a long ***tail***.
호랑이는 긴 꼬리가 있어요.

T

take [teik] *take*

① 타 **손에 쥐다, 잡다, 붙들다** (동 catch)

He ***took*** me by the hand when we crossed the street.
그는 우리가 길을 건널 때 내 손을 잡았다.

② **먹다, 마시다** (동 eat, drink)

I ***take*** lunch at noon.
나는 정오에 점심을 먹어요.

③ (상 따위를) **획득하다** (동 win, get)

He ***took*** the second prize.
그는 2등상을 탔다.

④ (주는 것을) **받다**
(동 receive 반 give 주다)

He ***took*** money from the man.
그는 그 남자한테서 돈을 받았어요.

Take things as they are
사물을 있는 그대로 받아들여라

⑤ **가져가다** (동 carry, bring), **데리고 가다**

Don`t forget to ***take*** your jacket.
재킷 잊어버리지 말고 가지고 가.

⑥ **(탈것에) 타다** (동 get on)

I will ***take*** a bus.
버스를 타겠습니다.

♣ **take after** 닮다
take away 치우다
take care of ~을 돌봐주다
Take it easy! 진정해라, 서두르지 마라
take off (모자 따위를) 벗다
take out 꺼내다
take up 들어올리다, 집어들다

talk [tɔːk] *talk*

타자 …의 이야기를 하다, 지껄이다
(동 speak)

She ***talks*** too much.
그녀는 말을 너무 많이 해요.

Did you ***talk*** to your teacher?
선생님께 말씀 드렸니?

♣ **talk about(of)** ~에 대하여 이야기 하다
talk over ~에 대해 상의하다
talk with ~와 이야기하다

◆ speak와 거의 같은 뜻이지만 talk는 (마음을 터놓은) 소수의 사람들의 대화에 쓰인다.

tall [tɔːl] *tall*

형 키가 큰 (동 high 반 short 작은)

My dad is ***tall***, but I`m short.
우리 아빠는 키가 크시지만 저는 작아요.

He is 6 feet ***tall***.
그는 신장이 6피트예요.

tank [tæŋk] *tank*

① 명 (물 · 기름을 담아 두는) 탱크

② 전차

tape [teip] *tape*

① 명 납작한 끈, 테이프

Lisa ***taped*** a note on the door.
리사는 문에 쪽지를 붙여 놓았어요.

② (녹음) 테이프

Play the ***tape***.
테이프를 작동해라.

T

target [tá:rgit] *target* 명 목표, 목표물

The arrow hit the center of the ***target***.
화살이 목표물의 한가운데 맞았습니다.

taste [teist] *taste*

① 자타 …의 맛을 보다, 맛보다

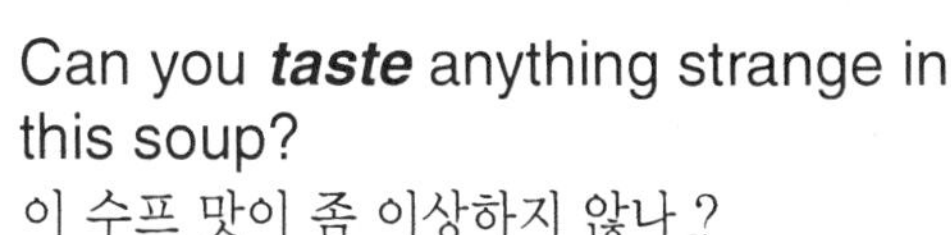

Can you ***taste*** anything strange in this soup?
이 수프 맛이 좀 이상하지 않나?

② 명 맛, 미각

Sugar has a sweet ***taste***.

설탕은 단맛을 가지고 있습니다.

taught [tɔːt] *taught*

㉺㉶ **teach(가르치다)의 과거 · 과거분사**

** **taxi** [tǽksi] *taxi* ㉸ **택시**

I will take a ***taxi***.
택시를 탈게요.

⁑ **tea** [tiː] *tea*

㉸ **차, 홍차**

Would you like some ***tea***?
차 드시겠습니까?

I' d like a cup of ***tea***.
차 한 잔 마셨으면 해요.

◆ 미국이나 영국에서 tea는 홍차(black tea)를 말한다

⁑ **teach** [tiːtʃ] *teach*

㉺㉶ **가르치다** (㉥ learn 배우다)

I`m ***teaching*** my younger brother the alphabet.

나는 내 동생에게 알파벳을 가르치고 있습니다.

He *teach* children to be honest.
그는 아이들에게 정직해야 한다고 가르칩니다.

◆ teach는 「가르치다」를 뜻하는 가장 일반적인 말이다. educate는 학교와 같은 정식교육 기관에서 가르치는 것을 의미한다. 한편 「길을 가르쳐주다」라고 할 때는 show나 tell을 사용한다.

T

teacher [tíːtʃər] *teacher*

명 **선생, 교사**

Mrs.Brown is my ***teacher***.
브라운 부인은 나의 선생님입니다.

◆ 화이트 선생님의 경우 Mr.[Miss] White로 쓰고 우리말 식으로 Teacher White, 또는 White teacher라고 하지 않는다. 부를 때도 그냥 Mr.[Miss] White! (선생님)로 부른다

team [tiːm] *team*

명 **(경기의) 팀, 조** (동 group)

What ***team*** are you on?
너는 어느 팀이니?

Our ***team*** is going to win the game.
우리 팀이 경기에서 이길 거예요.

teamwork [tí:mwə̀:rk] *teamwork*

㊔ **공동 작업, 팀워크**

tear [tiər] *tear* ㊔ **눈물**

Wipe away your ***tears***.
눈물 닦아.

Tears stood in her eyes.
그녀의 눈에 눈물이 글썽거렸다

teaspoon [tí:spù:n] *teaspoon*

㊔ **차숟가락**

teeth [ti:θ] *teeth* ㊔ **tooth(이)의 복수**

I clean my ***teeth*** every morning.
나는 매일 아침 이를 닦아요.

telegram [téləgræ̀m] *telegram*

명 (한 통의) 전보

How much does the ***telegram*** cost?
전보료는 얼마지요?

telephone [téləfòun] *telephone*

① 명 전화, 전화기

What`s your ***telephone*** number?
너의 집 전화 번호는 뭐니?

② 타자 전화를 걸다

Please, ***telephone*** me in a few minutes.
잠시 후에 내게 전화를 걸어 주세요.

telescope [téləskòup] *telescope*

명 망원경

television [téləvìʒən] *television*

명 텔레비젼, 텔레비젼 수상기

It' s time to turn off the ***television***.

텔레비젼을 끌 시간이예요.

We watched the Olympics on ***television***.
우리는 텔레비젼으로
올림픽을 보았습니다.

⁑ **tell** [tel] *tell*

① ㉺㉶ **이야기하다** (㊐ say), **알리다**

He ***told*** me a story.
그는 나에게 이야기를 들려주었어요.

I cannot ***tell*** how glad I was.
내가 얼마나 기뻤는지 말로 표현할 수 없어요.

② **명령하다**

Tell me your name.
이름을 대시오.

Tell them to be quiet.
그들에게 조용히 하라고 이르시오.

♣ **tell of** ~에 관해서 말하다
to tell the truth 사실대로 말하면

* **temperature**

[témpərətʃər] *temperature*

T

㊔ 온도, 체온, 기온

The nurse took my ***temperature***.
간호사는 나의 체온을 쟀어요.

Let me take your ***temperature***.
체온을 재 봅시다.

* **temple** [témpl] *temple* ㊔ 신전, 사원

* **ten** [ten] *ten* ㊔ 열, 10시, 10살

I have ***ten*** fingers.
나는 열 개의 손가락을 가지고 있다.

He is a child of ***ten***.
그는 열살 난 아이예요.

* **tennis** [ténis] *tennis* ㊔ 정구, 테니스

I like to play ***tennis***.
나는 테니스 치는 것을 좋아한다.

tent [tent] *tent* ㊔ 텐트, 천막

Sam is sleeping in a tent.
샘은 텐트 안에서 자고 있습니다.

We bought a new ***tent***.
우리는 새 텐트를 샀어요.

tenth [tenθ] *tenth*

㉑ 제10, 10번째, 10일
(10th라고 줄여 쓴다)

Today is October the ***tenth***.
오늘은 10월 10일입니다.

term [təːrm] *term*

① ㉑ 학기

The second ***term*** begins in September.
2학기는 9월에 시작합니다.

② 기간, 임기

The president served his ***term*** of office.
대통령은 임기를 마쳤습니다.

terminal [tə́ːrmənl] *terminal*

① ㉕ 끝의, 종점의, 학기말의

We got to the ***terminal*** station.
우리는 종착역에 닿았다.

The ***terminal*** examination is near

at hand.
학기말 시험이 다가왔습니다.

② 명 **종점, 종착역, 터미널**

test [test] *test*

① 명 **테스트, 시험, 고사**
(동 examination)

Test is on Friday.
시험이 금요일에 있다.

② 타 **시험하다, 테스트하다**

John has his hearing ***tested.***
존은 청력을 검사받고 있습니다.

textbook [tékstbùk] *textbook*

명 **교과서, 교재**

We use a ***textbook*** to study English.
영어를 배우기 위하여 교과서를 이용합니다.

Thames [temz] *Thames* 명 **템스 강**

⁑ **than** [ðæn, (약) ðən] *than*

① 접 …보다(도)

You are older ***than*** I.
너는 나보다 나이가 많다

I like reading better ***than*** watching TV.
나는 텔레비전 보는 것보다 책 읽는 것을 더 좋아해.

② …이외에

No other person can play the piano ***than*** you.
너 이외에는 피아노를 칠 사람이 없어.

⁑thank [θæŋk] *thank*

① 타 감사하다

Thank you very much.
정말 고마워.

Thank you for your letter.
보내주신편지 고맙습니다

② 명 감사

Thanks a lot. 대단히 고맙소

Thanksgiving Day

[θǽŋksgíviŋ dèi] *Thanksgiving Day*

㊔ **추수 감사절** (11월의 넷째 목요일)

We give thanks to God on ***Thanksgiving Day***.
우리는 추수 감사절에 하나님께 감사 드립니다.

⁑that [ðæt, (약) ðət, ðt] *that*

㊐ 저것은, 저것이, 그것은, 그것이

What`s that? - ***That`s*** a UFO.
저게 뭐야? - 그건 유에프오야.

Who is ***that*** ?
저분은 누구십니까?

To be or not to be; ***that*** is the question.
사느냐 죽느냐, 그것이 문제로다.

♣ **and that** 게다가, 그것도
That's all. 그게 전부야, 그뿐이야

⁑the [ðə〈자음 앞〉, ði〈모음 앞〉] *the*

㊎ 저, 그, 이, …이라는 것

Please shut ***the*** door.

T

그 문을 닫아 주십시오

What's ***the*** matter with you?
무슨 일이 있나요?

Paekdusan is ***the*** highest mountain in Korea.
백두산은 한국에서 제일 높은 산입니다.

The dog is a faithful animal.
개는 충실한 동물이예요.

their [(강) ðεər, (약) ðər] *their*

㉤ **그들의, 그녀들의, 그것들의**

Their house is in the tree.
그들의 집이 나무에 있어요.

Students put ***their*** books away.
학생들이 자기네 책을 치웠어요.

theirs [ðεərz] *theirs*

㉤ **그들[그녀들, 그것들]의 것**

Our house is brown and ***theirs*** is white.
우리 집을 갈색인데 그들의 집은 하얀색이예요.

These toys are ***theirs***.
이 장난감들은 그들의 것이예요.

them [(약) ðem, (약) ðem] *them*

㉠ **그들[그녀들, 그것들]을[에게]**

Mother gave ***them*** apples.
엄마가 그들에게 사과를 주셨어요.

The girls are my classmates, and so I know ***them*** very well.
그 소녀들은 나의 학급 친구입니다. 그래서 그들을 잘 알아요.

T

theme [θiːm] *theme* ㉡ **제목, 주제, 논지**

themselves [ðəmsélvz*themselves*

① ㉠ **《강조 용법》 그들 자신, 그들 스스로**

They did it ***themselves***.
그들 자신이 그것을 했어요.

② 《재귀 용법》

All of them hurt ***themselves*** except one.
그들은 한 사람을 제외하고는 전원이 부상당했습니다.

:then [ðen] *then*

① 부 **그 때에, 그 당시에** (동 at that time)
He came back just ***then***.
그는 바로 그때 돌아 왔어요.

② **그리고서, 그 다음에, 연후에**
Sunday comes first, ***then*** Monday.
일요일 다음에 월요일이 와요.

T

③ **그러면, 그렇다면**
Who ate all the cookies ***then***?
그렇다면 그 과자는 누가 다 먹었지?

♣ **just then** 바로 그 때
now and then 때때로, 이따금

:there [ðεər, ðər] *there*

① 부 **거기에, 거기서, 거기로**
(반 here 여기에)

In heaven, ***there*** is no sadness.
천국에는 슬픔이란 없다.

What were you doing ***there***?
너는 거기서 무엇 하고 있었니?

② …가 있다

There's an apple on the table.
테이블 위에 한 개의 사과가 있습니다.

There was born a baby to the couple.
부부에게 한 아기가 태어났어요.

therefore [ðέərfɔ̀ːr] *therefore*

㈜ **그러므로, 따라서**

"I think, ***therefore*** I exist."
"나는 생각한다, 그러므로 존재한다"

these [ðiːz] *these*

① ㈜ **이것들은, 이것들을[에게]**
(☞ those 저것들은, 저것들을[에게])

These are my brother's.
이것들은 동생의 것입니다.

② ㈜ **이것들의** (☞ those 저것들의)

I have never seen him ***these*** last five years.
지난 5년간 나는 그를 만나지 못했어요.

⁑they [(강) ðei, (약) ðe] *they*

① ㈹그들은[이], 그녀들은, 그것들은

They arrived at six.
그들은 6시에 도착했습니다.

② 사람들, 세상 사람들 (㊐ people)

They say he is a liar.
사람들은 그를 거짓말쟁이라고 말해요.

⁑thick [θik] *thick*

① ㊔ 두꺼운 (㊥ thin 얇은), 두께가 …인

How ***thick*** is the ice?
얼음 두께는 얼마나 되니?

② (숲 · 머리털 따위가) 진한, 무성한

The trees are ***thick*** with leaves.
나무들은 잎이 무성하다.

③ (사람이) 빽빽이 차 있는

The air was ***thick*** with smoke.
공기에는 연기가 가득 차 있었다.

④ ㊗ 두껍게, 진하게, 빽빽하게

Slice the bread ***thick***.

빵을 두껍게 썰어라.

* **thief** [θi:f] *thief* ㊔ **도둑, 절도**

Catch the ***thief***!
도둑을 잡아라!

⁑ **thin** [θin] *thin*

① ㊕ **얇은, 가는** (반 thick 두꺼운)

The ice seems too ***thin*** to skate on.
얼음이 너무 얇아 스케이트를 탈 수 없을 것 같아요.

② **여윈, 마른** (반 fat 살찐)

Billy is very ***thin***.
빌리는 매우 말랐어요.

③ **(털이) 성긴,**
(액체 · 기체가) 희박한, 묽은

He is ***thin*** on top.
그는 머리카락이 별로 많지 않다.

⁑ **thing** [θiŋ] *thing* ㊔ **물건, 것, 일**

These are my ***things***.

이것들은 내 물건이야.

Things went well.
만사가 잘 되어간다.

♣ **for one thing** 첫째로(는), 하나는

⁑ think [θiŋk] *think*

㉰㉶ **생각하다**

What do you ***think***?
너는 어떻게 생각하니?

I ***think*** so.
그렇게 생각해요.

* third [θəːrd] *third*

① ㉮ **제3, 세 번째, 3일** (3rd라고 줄여 쓴다)

I am sitting in the ***third*** seat.
나는 세 번째 자리에 앉아 있어.

② 3분의 1

I received the one ***third*** of an apple.
나는 3분의 1의 사과를 받았어요.

③ 【야구】 3루

thirst [θəːrst] *thirst*

① 명 목마름, 갈증

② 열망, 갈망

thirsty [θə́ːrsti] *thirsty*

① 형 목마른

Have you got any water?
I' m very ***thirsty***.
물 좀 있니? 목이 몹시 말라.

② …을 열망하다

He is ***thirsty*** for fame.
그는 명성을 열망하고 있습니다.

thirteen [θə̀ːrtíːn] *thirteen*

명 13, 열세 살

She is thirteen.
그녀는 열세 살이다.

this [ðis] *this*

대 이것은[을], 이 물건은[을],

이 사람은[을]

This is better than that.
이것이 저것보다 좋다

Who is ***this*** ?
이 사람은 누구지 ?

This is the best time.
지금이 가장 좋은 때야.

It was ***this*** big.
그것은 이 정도의 크기였어.

♣ **at this** 여기에 있어서
this month 이 달
this time 이번에는

◆ that보다 가까운 것을 가리킨다.

those [ðouz] *those*

㊍ 그것들은, 저것들은, 그것들을[에게], 저것들을[에게] (☞these 이것들은[을, 에게])

There are those who say so.
그렇게 말하는 사람들도 있다

Heaven helps those who help ***themselves***.

(속담) 하늘은 스스로 돕는 자를 돕는다.

though [ðou] *though*

① 접 **…라고는 하지만** (동 although)

Though he was tired, he worked hard.
그는 피로했지만 열심히 일했다

② **비록 …이지만** (동 even though)

He finished first ***though*** he began last.
그는 제일 마지막에 시작했지만, 제일 먼저 끝냈다.

③ 부 **그렇지만, 역시**

I wish you had told me, ***though***.
그렇다고는 하지만, 내게 이야기해 주었으면 좋았는데

* **thought** [θɔːt] *thought*

① 타자 **think (생각하다)의 과거 · 과거분사**

② 명 **생각, 사고(력)** (동 thinking)

I had no ***thought*** of offending you.
널 화나게 할 생각은 없었어.

thoughtful [θɔ́:tfəl] *thoughtful*

① 형 인정이 많은, 친절한

It was ***thoughtful*** of you to show me around.
친절하게 안내해 주셔서 감사합니다.

② 생각이 깊은

She was ***thoughtfu***
for a moment.
그녀는 잠시 생각에 잠겼

⁑thousand [θáuzənd] *thousand*

① 명 천

There are ***thousands*** of stars in the sky.
하늘에 수천 개의 별이 있어요

② 많은

She had ***thousands*** of things to do.
그녀는 할 일이 수없이 많았다.

◆ 천은 보통 a thousand이지만 강조 또는 정확

하게 말할 때는 one thousand라고 한다.

***three** [θriː] *three*

명 3, 세 살, 3시

Count to ***three***.
셋까지 세어라.

We need ***three*** baseball bats.
우리는 야구방망이 세 개가 필요해요.

threw [θruː] *threw*

타자 **throw(던지다)의 과거**

Mary ***threw*** back the ball.
메리는 공을 받아서 던졌다.

****through** [θruː] *through*

① 전 **…을 통하여, …을 꿰뚫고**

A fly came ***through*** the windows.
창문을 통해 파리가 들어왔어요.

② 《시간 · 장소》 **…동안 쭉, 걸쳐서, 두루**

He is famous ***through*** the world.
그는 전세계에 잘 알려져 있습니다.

from April 1st ***through*** 30th
4월 1일부터 30일까지

③ 《원인 · 동기 · 수단 · 이유》 **…을 통하여, …에 의하여, …때문에**

It was ***through*** you that he succeeded.
그가 성공한 것은 네 덕택이야.

⁑ throw [θrou] *throw*

① 타자 **던지다, 내던지다**

Don`t ***throw*** things.
물건을 던지지마.

② **(시선 · 광선을) 던지다, (의심 따위를) 두다**

She ***threw*** a hasty glance at him.
그녀는 흘끗 그에게 시선을 보냈다.

③ 명 **던짐, 던져서 닿는 거리, 투구**

Jim lives within a stone' s ***throw*** of the school.
짐은 학교에서 아주 가까운 곳에 살고 있습니다.

thumb [θʌm] *thumb* ㊔ 엄지손가락

Thumbs up! 잘했어!

thunder [θʌ́ndər] *thunder*

① ㊔ **우뢰, 천둥 소리, 우뢰 같은 소리**

We heard the ***thunder*** of Niagara Falls.
우리는 우뢰 같은 나이아가라 폭포 소리를 들었습니다.

② ㊅ **우뢰가 울리다, 천둥이 치다**

It ***thundered*** last night.
어제밤에 천둥이 쳤어.

* **Thursday**
[θə́ːrzdi, -dei] *Thursday*

㊔ **목요일** (Thur(s).로 줄여 쓴다)

Tomorrow is ***Thursday***.
내일은 목요일입니다.

** **ticket** [tíkit] *ticket* ㊔ **표, 승차권**

Do you have the ***ticket***?
너는 표를 가지고 있니?

I' d like three ***tickets***, please.
표 3장 주세요.

⁑tie [tai] *tie*

① ㉨㉩ **매다, 묶다**

She ***tied*** a bonnet on.
그녀는 모자를 쓰고 끈을 맸다.

② **(경기 · 선거 따위에서) 동점이 되다**

My dog ***tied*** yours in the race.
그 경주에서 내 개는 너의 개와 동점이 되었다.

③ ㉰ **넥타이** (㉲ necktie)

I like my ***tie***.
나는 내 넥타이가 맘에 들어.

④ 〖스포츠〗 **동점**

***tiger** [táigər] *tiger* ㉰ 〖동물〗 **호랑이**

Tigers have sharp teeth.
호랑이는 날카로운 이를 가지고 있어.

***tight** [tait] *tight*

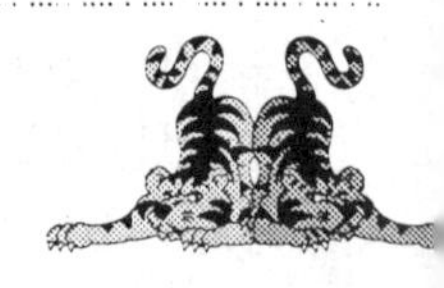

① 형 **단단한, 꼭 맞는, 꼭 끼어 답답한**
(반 loose 헐렁한)

The ring was ***tight*** on my finger.
반지가 손가락에 꽉 끼었어요.

② 부 **단단하게, 꽉**
(동 firmly 반 slack 느슨하게)

I have a ***tight*** schedule.
예정이 꽉 차 있다.

⁑till [til] *till*

① 전 **…까지 (줄곧)**
(동 until ☞ by … 까지는)

Wait till tomorrow.
내일까지 기다려.

The girl ran ***till*** she was out of breath.
소녀는 숨이 차도록 달렸다.

② 접 **(…할 때) 까지**

He did not come ***till*** late at night.
그는 밤이 늦어서야 겨우 왔다.

◆ till(…까지)은 어느 시간까지 동작이나 상태가 계속되고 있음을 나타내고, by(…까지는)

는 그 때까지는 끝남을 나타낸다.

⁑time [taim] *time*

① 명 때, 시간

What ***time*** is it?
– It`s three o`clock.
몇 시니? –세 시야.

Have a good ***time***!
즐겁게 지내!

② 시각, 때, 무렵

It's ***time*** for lunch.
점심 시간이야.

Now is the ***time*** to act.
지금이 행동을 할 때다.

③ 《보통 복수(times)로》 시대, 연대, 경기

in Roman ***times*** 로마 시대에

♣ **after a time** 한참 지나서
all the time 언제나
at a time 한번에 단숨에
any time 언제라도
at a same time 동시에
for a long time 오랫동안

for the first time 처음으로
have a good time 재미있게 보내다
on time 정시에, 시간대로
some time 언제가
time is up. 시간이 다 되었다

◆ 1회[한 번]은 once, 2회[두 번]은 twice로 쓰고, 3회[세 번] 이상은 … times로 쓴다.

tin [tin] *tin*

① 명 **주석, 양철**

② 타 《영》 **통조림으로 하다** (《미》 can)

* **tiny** [táini] *tiny*

형 **조그마한, 몹시 작은** (동 very little)

There' s a ***tiny*** flower.
저기 작은 꽃 한 송이가 있어요.

The baby' s fingers are very ***tiny***
그 아기의 손가락은 몹시 작아요.

* **tire** [táiər] *tire*

① 타자 **지치게 하다, 지치다**(~with)

② **싫증나게 하다, 싫증나다**

Walking soon ***tires*** me.
나는 걸으면 곧 피곤해져요

* **tired** [tάiərd] *tired*

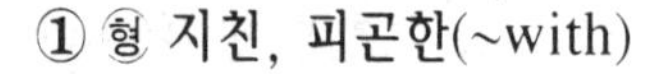

① 형 **지친, 피곤한**(~with)

I walked so fast that I ***tired*** her out.
내가 너무 빨리 걸었기 때문에 그녀는 지쳐버렸다.

② **싫증나다**

You will never ***tire*** of looking at the garden.
그 정원은 아무리 보아도 싫증나지 않을 거야.

title [táitl] *title*

① 명 **제목, 표제, 타이틀, (영화의) 자막**

What`s the book ***title***?
책 제목이 뭐야?

② **(경기의) 선수권**

a ***title*** match 선수권 시합

:to [tuː] *to*

① 전 《운동의 방향》 **…으로, …의 쪽에**
(반 from …부터)

France is ***to*** the east of our country.
프랑스는 우리나라의 동쪽(방)에 있다.

② 《도착》 **…까지**

Count from one ***to*** ten.
1에서 10까지 세어 보아라.

③ 《정도 · 범위》 **…까지**

They fought ***to*** the last.
그들은 최후까지 싸웠어요.

④ 《한도 · 결과 · 상태》
…에 이르기, …하게도

To my surprise, his plan succeeded.
놀랍게도 그의 계획은 성공이었어요.

⑤ 《시간》 **…까지** (동 till)

It is five minutes ***to*** seven.
7시 5분전이다.

⑥ 《대비》 **…에 비교하여, …에 대하여는**

The score was four ***to*** three.
득점은 4대3이었다

6 is ***to*** 2 as 12 is ***to*** 4.
6 : 2=12 : 4

♣ **~ enough to** ~하는데 충분한
have to ~하지 않으면 안된다
too ~ to ... 너무 ~하여서 ... 할 수 없다

toast [toust] *toast*

① 명 토스트, 구운 빵

Buttered toast is my favorite breakfast.
버터 바른 토스트는 내가 좋아하는 아침식사이다.

② 타자 (빵 따위를) 누렇게 굽다

tobacco [təbǽkou] *tobacco* 명 담배

today [tədèi] *today*

① 명 오늘, 오늘은, 지금은

toe [tou] *toe*

① 명 발가락 (반 finger 손가락)

My ***toes*** are cold.

내 발가락은 차갑다.

the big ***toe*** 엄지발가락

the little ***toe*** 새끼발가락

② **발끝, 앞부리**

Tony was wet from head to ***toe***.
토니는 머리부터 발끝까지 젖었어요.

⁑**together** [təgéðər] *together*

① 부 **함께, 더불어**

Let`s go ***together***.
우리 함께 가자.

They are playing ***together***.
그들은 함께 놀고 있다.

② **동시에, 일제히**

They all started running ***together***.
그들은 일제히 달리기 시작했어요.

toilet [tɔ́ilit] *toilet*

명 **화장실, 세면소, 변소**

told [tould] *told*

㊅㊆ **tell(말하다) 의 과거 · 과거 분사**

*** tomato** [təméitou] *tomato* ㊍ **토마토**

A ***tomato*** is red when it is ripe.
토마토는 익으면 빨갛다.

⁑ tomorrow [təmɔ́ːrou] *tomorrow*

㊍ **내일, (가까운) 장래**

See you ***tomorrow***.
내일 보자.

I hope it will be fine ***tomorrow***.
내일 날씨가 쾌청하면 좋으련만.

tone [toun] *tone*

㊍ **가락, 음색, 색조, 말투**

He spoke in an angry ***tone***.
그는 노기띤 어조로 말했다.

tongue [tʌŋ] *tongue* 《◆ 발음 주의》

① ㊍ **혀**

Stick out your ***tongue***.
네 혀를 내밀어 봐.

② **국어, 말** (동 language)

What is your mother ***tongue***?
모국어가 뭔가요?

tonight [tənáit] *tonight*

① 명 **오늘밤**

What`s on TV ***tonight***?
오늘밤 텔레비전에서 뭘 하니?

② 부 **오늘밤은**

I will go to bed early ***tonight***.
오늘밤엔 일찍 잘래요.

too [tuː] *too*

① 부 **…도 또한** (동 also), **역시**

Me ***too***. 나두

He went to London, ***too***.
그도 런던에 갔었다.

② **너무나, 지나치게 …하는**

I age ***too*** much. 난 너무 많이 먹었어

③ 매우, 대단히

I am ***too*** happy. 나는 아주 행복해요.

♣ **That's too bad.** 참 안됐습니다.

◆ 부정문에서는 either를 쓴다

took [tuk] *took*

㉺ **take(손에 쥐다)의 과거**

tool [tu:l] *tool* ㉺ 연장, 도구, 기구

Hammer is a kind of ***tool***.
망치는 도구의 일종이다.

tooth [tu:θ] *tooth*

㉺ 이, (톱 · 톱니바퀴 따위의) 이

I brush my ***teeth*** every morning.
나는 매일 아침 이를 닦아요.

I lost another ***tooth*** today.
오늘 이 하나가 더 빠졌어요.

toothbrush [tú:θbrʌ̀ʃ] *toothbrush*

명 칫솔

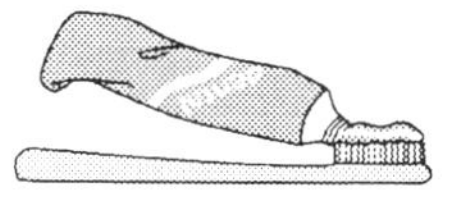

top [tɑp, tɔp] *top*

① 명 **꼭대기, 정상, 정점**
(반 foot, bottom 밑바닥)

A pine tree ***tops*** the hill.
언덕 꼭대기에 소나무가 한 그루 서 있다.

We reached the ***top*** of the mountain.
우리는 그 산의 꼭대기에 도착했습니다.

② 극치, 절정

She cried at the ***top*** of her voice.
그녀는 목청을 다하여 울었다.

③ 수위, 수석

He is at the ***top*** of his class.
그는 반에서 수석이다.

total [tóutl] *total*

① 형 **총계의, 모두의, 전체의** (동 whole)

The costs ***totaled*** $ 500.
비용은 모두 500달러가 되었다.

② 명 총계, 합계

If you add two to three, the ***total*** is five.
3에다 2를 더하면 합계는 5예요.

touch [tʌtʃ] *touch*

① 타 손대다, 접촉하다, 만지다

He ***touched*** his hand to his hat.
그는 모자에 손을 갖다 댔다, 가볍게 인사했습니다.

Don' t ***touch*** the glass.
유리에 손 대지 마세요.

② 다다르다, 이르다(동 reach)

Her hat almost ***touches*** the ceiling.
그녀의 모자는 천장에 거의 닿을 정도입니다.

③ 명 손을 댐, 접촉, 만짐

I have a ***touch*** of cold.
나는 감기 기운이 있어요.

tourist [túərist] *tourist*

명 관광객, 여행자

*toward(s)

[tɔːrd(z), təwɔ́ːrd(z)] *toward(s)*

① 전 《방향》 …쪽으로, …을 향하여

The boy walked ***toward*** the door.
그 소년은 문쪽으로 걸어갔습니다.

② 《시간 · 수량의 접근》 …에 가까이, …경

He came to see me ***toward*** evening.
그는 저녁무렵에 나를 찾아왔어요.

◈ toward는 그 방향으로 가는 것 뿐이며 to 처럼 「도착하다」라는 뜻은 없다.

towel

[táu(ə)l] *towel* 명 타월, 수건

Bring me a ***towel***.
수건 갖다 주세요.

**town

[taun] *town*

명 읍, 시, 도회지

I live in a small ***town***.
나는 작은 도시에 삽니다.

She went up to ***town***.

그녀는 도시로 올라왔어요.

◆ Village(마을)보다는 크지만 city(시) 보다는 작은 곳.

* **toy** [tɔi] *toy* ㊔ 장난감

Look at all these ***toys***.
이 모든 장난감들을 봐.

The child is playing with many ***toys***.
그 아이는 많은 장난감을 가지고 놀고 있어요.

toyshop [tɔ́iʃàp] *toyshop*

㊔ 장난감 가게

tractor [trǽktər] *tractor*

㊔ 견인차, 트랙터

trade [treid] *trade*

① ㊔ 직업, 일

He is a carpenter by ***trade***.
그의 직업은 목수입니다.

② 거래, 상업, 무역

International ***trade*** is growing better.
국제무역은 점차 호전되고 있습니다.

③ 타자 매매하다, 거래하다, 무역하다

Let`s ***trade*** toys.
장난감을 바꾸자.

trademark [tréidmὰːrk] *trademark*

명 (등록) 상표

traffic [trǽfik] *traffic* 명 교통, 왕래

There is heavy ***traffic*** on this road.
이 길은 교통량이 많아요.

train [trein] *train*

① 명 열차, 기차

Take the 7 o`clock ***train***.
7시 기차를 타세요.

② 타자 훈련하다, 양성하다, 연습하다

He is ***training*** for mountain-

climbing.
그는 등산 트레이닝을 하고 있어요.

These students are being ***trained*** as mechanics.
이 학생들은 수리공으로서 양성되고 있습니다.

trainer [tréinər] *trainer*

㊔ **훈련하는 사람, 트레이너**

⁑**travel** [trǽv(ə)l] *travel*

① ㊔ **여행** (㊐ tour, trip ⇨ tour), **여행기**

Do you like to ***travel***?
당신은 여행을 좋아합니까?

② ㊌ **여행하다**

His eyes ***traveled*** over the landscape.
그는 그 경치를 차례차례로 둘러보았다.

tray [trei] *tray* ㊔ **쟁반**

⁑**tree** [triː] *tree*

㊔ (살아 있는) 나무 (☞ wood 목재)

Birds are singing in the ***tree***.
새들이 나무에서 지저귀고 있습니다.

trial [tráiəl] *trial*

㊔ 시험, 시도, 시련, 고난, 재판

They ran a ***trial*** of the new car.
그들은 새차를 시운전해 보았습니다.

He stood his ***trial*** for theft.
그는 절도 혐의로 재판을 받았습니다.

triangle [tráiæ̀ŋgl] *triangle*

㊔ 삼각형, 〖악기〗 트라이앵글

trick [trik] *trick*

① ㊔ 재주, 요술, 계략, (영화의) 트릭

He is teaching his dog several ***tricks***.
그는 개에게 몇 가지 재주를 가르치고 있습니다.

② 장난, 비열한 짓

Boys like to play ***tricks*** on their

friends.
남자 아이들은 친구에게 장난치기를 좋아 한다.

trip [trip] *trip*

㉠ (짧은) 여행
(㉥ journey, travel ⇨ tour)

He made a ***trip*** around the world.
그는 세계 일주 여행을 하였습니다.

They went on a ***trip*** to Florida.
그들은 플로리다로 여행을 갔어요.

trophy [tróufi] *trophy* ㉠ 상패, 기념품

trouble [trʌ́bl] *trouble*

① ㉠ 곤란, 고생, 걱정

What`s your ***trouble***?
무엇이 문제야?

I am in ***trouble***.
난 큰일났다.

♣ **be in trouble** 곤란한 처지에 있다
get into trouble 난처하게 되다

trousers [tráuzərz] *trousers* ⓜ 바지

Tom has a pair of new ***trousers***.
톰은 새 바지를 한 벌 가지고 있습니다.

* **truck** [trʌk] *truck* ⓜ **화물자동차, 트럭**

My uncle is a ***truck*** driver.
나의 삼촌은 트럭 운전수이다.

⁑ **true** [truː] *true*

① ⓗ **정말의, 진실한** (ⓑ false 거짓의)

It`s ***true***. I saw a flying saucer.
진짜야. 난 비행접시를 봤어.

② **충실한, 성실한**

They were ***true*** to their king.
그들은 자신들의 왕에게 충실하였습니다.

trumpet [trʌ́mpit] *trumpet*

ⓜ 〖악기〗 **나팔, 트럼펫**

Judy likes to play the ***trumpet***.
주디는 트럼펫 연주를 좋아해요.

trunk [trʌŋk] *trunk*

① ⓜ (나무의) 줄기 (☞ branch 가지)

The ***trunk*** of this tree is fifteen feet around.
아 나무 줄기의 둘레는 15피트입니다.

② (코끼리의) 코

The elephant picks up food with its long ***trunk***.
코끼리는 긴 코로 먹이를 줍습니다.

③ (여행용의) 트렁크

truth [tru:θ] *truth*

ⓜ 진리, 진실, 사실

Truth is beauty.
진실은 아름다움이다

There is no ***truth*** in his statement.
그의 이야기에는 진실성이 없어요.

:try [trai] *try*

① ⓣⓘ 해보다, 노력하다

Try something easier.
좀 더 쉬운 것을 해보아라
He ***tried*** his skill at cooking.
그는 요리 솜씨를 시험해 보았다

② ㊔ **시도, 노력, 해보기**

Let's have a ***try*** at it.
그것을 한번 해보자

tub [tʌb] *tub* ㊔ **통, 물통**

tube [t(j)uːb] *tube*

㊔ **관, 튜브**

This is a ***tube*** of red paint.
이것은 빨간 그림 물감이 든 튜브입니다.

* **Tuesday** [t(j)úːzdi, -dei] *Tuesday*

㊔ **화요일** (Tues.으로 줄여 쓴다)

I have a piano lesson
on ***Tuesday***.
나는 화요일에 피아노 레슨을 받아요.

What are you going to do on
Tuesday?
화요일에 뭐 할 거예요?

tulip [t(j)úːlip] *tulip* ⓜ **튤립**

Can you draw a ***tulip***?
튤립을 그릴 수 있어요?

tuna [túːnə] *tuna* ⓜ **참치, 참치 살**

tunnel [tʌ́nl] *tunnel* ⓜ **굴, 터널**

We have to go through the ***tunnel***.
우리는 그 터널을 꼭 지나가야 해요.

An express train came out of the ***tunnel***.
급행열차가 터널로부터 나왔어요.

⁑**turn** [təːrn] *turn*

① ⓣⓙ **돌리다, 바꾸다, 변하다**

Turn left at the next corner.
다음 모퉁이에서 왼쪽으로 도세요.

Warm weather ***turns*** milk.
날씨가 더우면 우유가 변질된다.

It's just ***turned*** half past two.
막 2시 반이 지났어요.

② 명 회전, 변화, 모퉁이, 차례

My ***turn*** will soon come.
내 차례가 곧 돌아올 거야.

♣ **turn around** 회전하다, 돌아보다
turn away 외면하다
turn on(out)
(전등, 가스 따위) 켜다(끄다)
turn over 넘기다, 뒤집다

turtle [tə́:rtl] *turtle*

명 【동물】 거북 (특히 바다거북)

TV [tí:ví:] *TV*

명 텔레비전 (television을 줄여 쓴말)

twelfth [twelfθ] *twelfth*

명 제12, 12번째, 12일 (12th로 줄여 쓴다)

December is the ***twelfth*** month of the year.

12월은 1년의 12번째 달입니다.

twelve [twelv] *twelve*

① 명 12, 12세, 12시

One dozen is ***twelve***.
한 다스는 열두 개입니다.

A year has ***twelve*** months.
1년에는 12개월이 있습니다.

② 형 12의

twentieth [twéntiiθ] *twentieth*

명 제20, 20번째, 20일 (20th로 줄여 쓴다)

twenty [twénti] *twenty*

명 20, 20세,

Close your eyes and count to ***twenty***.
눈을 감고 20까지 세어라.

⁑**twice** [twais] *twice* 부 두 번

We meet ***twice*** a week.
우리는 일 주일에 두 번 만난다.

I clean my teeth ***twice*** a day.
나는 하루에 두 번 이를 닦습니다.

◆ 한 번은 once, 세[네, 다섯]번은 three [four, five...] times라고 한다.

twig [twig] *twig* 명 잔가지 (☞ branch)

A little ***twig*** broke off the tree.
조그만 가지 하나가 나무에서 떨어졌어요.

twin [twin] *twin*

① 명 쌍둥이의 한 사람, 쌍둥이

They are ***twins***. 그들은 쌍둥이다.

② 형 쌍둥이의, 쌍을 이루는

twist [twist] *twist*

① 타자 꼬다

She ***twisted*** cotton all day long.
그녀는 하루종일 무명실을 꼬았습니다.

② 비틀어 돌리다

He ***twisted*** my arm.
그는 내 팔을 비틀었어요.

③ 명 꼬임, 뒤틀림, 꼰실, 밧줄

* **two** [tuː] *two*

명 2, 두 살, 두 시

A bicycle has ***two*** wheels.
자전거에는 바퀴가 두 개 있습니다.

Two and ***two*** make four.
2 더하기 2는 4가 됩니다.

* **type** [taip] *type*

① 명 형, 양식, 유형

She's not my ***type***.
그녀는 내게 어울리지 않아요.

② 전형, 본보기

He is the perfect ***type*** of English gentleman.
그는 영국신사의 전형입니다.

typist [táipist] *typist*

명 타이피스트, 타자수

tyre [táiər] *tyre* 명 타이어

U, u [juː] *U, u* 알파벳의 스물한번째 문자

UFO [júːèfóu, júːfou] *UFO*

명 비행접시, 유에프오

ugly [ʌ́gli] *ugly*

형 보기 흉한, 추한, 못생긴
(반 beautiful 아름다운, handsome 잘생긴)

She looks ***ugly***.
그녀는 얼굴이 못 생겼어요.

The situation is getting ***ugly***.

사태가 악화 일로에 있습니다.

*** umbrella** [ʌmbrélə] *umbrella*

㉻ 우산

I forgot my ***umbrella***.
우산을 깜박 잊어버렸네.

Would you put up your ***umbrella***?
우산을 펴시겠어요?

UN, U.N [júːén] *U.N*

㉻ **국제연합**
(the United Nations를 줄여 쓴 말)

**** uncle** [ʌ́ŋkl] *uncle*

㉻ **아저씨** (☞ aunt 아주머니)

Sam is my favorite ***uncle***.
샘은 내가 제일 좋아하는 삼촌이다.

My ***uncle*** is a farmer.
내 삼촌은 농부입니다.

under [ʌ́ndər] *under*

① 전 …의 밑에 (반 over …의 위에), …이하

Admission is free for children ***under*** five.
5세 미만의 아이들은 무료 입장입니다.

② …의 아래에, …에 따라서

The cat is ***under*** the table.
고양이가 테이블 아래에 있어요.

We are studying English ***under*** Mr. Jones.
우리는 존스선생님께 영어를 배우고 있어요.

⁑ understand

[ʌ̀ndərstǽnd] *understand*

타자 이해하다, 알다

Do you ***understand***?
이해가 돼?

Now I ***understand***.
아, 알았다

Do animals ***understand***?
동물들은 지능이 있을까?

understood [ʌ̀ndərstúd] *understood*

[타][자] **understand**(이해하다)의 과거 · 과거 분사

underwater [ʌ̀ndərwɔ́:tər] *underwater*

① [형] 수중의

② [명] 수중, 심해

underwear [ʌ́ndərwɛ̀ər] *underwear*

U

[명] 속옷, 내의

UNESCO [ju:néskou] *UNESCO*

[명] 국제 연합 교육 과학 문화 기구, 유네스코 (the United Nations Educational, Scientific, and Cultural Organization을 줄여서 쓴 말)

unhappy [ʌ̀nhǽpi] *unhappy*

[형] 불행한, 불운한 ([반] happy 행복한)

He felt ***unhappy*** to see the accident.

그는 사고를 보고 참혹한 생각이 들었다.

When she is ***unhappy***, she often cries.
그녀는 슬플 때 가끔 울어요.

uniform [júːnəfɔ̀ːrm] *uniform*

명 **제복, 유니폼**

Wear your ***uniform***.
제복을 입어라.

basketball ***uniform.***
농구 유니폼

U

union [júːnjən] *union*

① 명 **결합, 연합, 단체**

Union is strength.
(속담) 단결은 힘이다.

② **연방, 조합, 노동조합**

The United States of America is formed by the ***union*** of fifty states.
미 합중국은 50개주로 연합 구성 되어 있습니다.

Union Jack
[júːnjən dʒǽk] *Union Jack*

명 영국 국기

unite [juːnáit] *unite*

타자 결합시키다, 하나로 하다

She ***unites*** beauty and intelligence.
그녀는 용모와 재질을 겸비한 여성입니다.

Oil will not ***unite*** with water.
기름은 물과 섞이지 않아요.

United States of America
[juːnáitid stéits əvː əmérikə]
United States of America

명 아메리카 합주국, 미국
(수도 Washington,D.C.)

Mike is looking at a map of the ***United States of America***.
마이크는 미국 지도를 보고 있어요.

universal [jùːnəvə́ːrsəl] *universal*

㊌ **우주의, 세계의, 전반적인**

universal gravitation
만유 인력

a ***universal*** language
만국 공통어

Poverty is a ***universal*** problem.
가난은 세계적인 문제입니다.

university [jùːnəvə́ːrsəti] *university*

㊎ **종합 대학교** (☞ college 단과대학)

My elder sister goes to the ***university***.
나의 언니는 대학교에 다닙니다.

There is a ***university*** near my house.
우리 집 근처에 대학교가 있어요.

* **unless** [ənlés] *unless*

㊐ **만일 …이 아니면** (동 if … not)

I shall not go ***unless*** the weather is fine.
나는 날씨가 좋지 않으면 안 가겠습니다

He says nothing ***unless*** a mere 'Yes' or 'No'.
그는 「예」라든가 「아니오」라는 말 이외에는 아무 말도 하지 않아요.

⁑until [əntíl] *until*

㉲㉳ …까지 (㉬ till)

I'll wait here ***until*** you come back.
네가 돌아올 때까지 여기서 기다릴거야.

Not ***until*** yesterday did I know the fact.
어제야 비로소 그 사실을 알았어요.

⁑up [ʌp] *up*

① ㉮ **위로** (㉭ down 아래로)

The mercury went ***up*** to 100 ° F.
수은주는 화씨 100도로 올랐다.

The moon is ***up***.
달이 떴다.

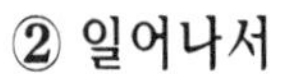
② 일어나서

He was ***up*** on his knees.

그는 몸을 일으켜 무릎을 꿇었어요.

③ …의 쪽에[으로], 가까이로

He went ***up*** to London.
그는 런던에 갔어요.

④ (속도, 목소리 따위가) 더 커져서, 더 올라가서, 더 성숙하게

Keep your voice ***up***.
목소리를 높이세요.

upon [(강)əpάn, (약) əpən] *upon*

㉠ …의 위에 (㉢ on)

There is not a bench to sit ***upon***.
앉을 수 있는 벤치가 없다.

A cat is lying ***upon*** the roof.
고양이가 지붕 위에 누워 있어요.

♣ **once upon a time** 옛날 옛적에

◆ on과 upon은 서로 구별없이 쓰이는 경우가 많으나, on쪽이 보통이고 upon은 좀 의미가 강한 느낌이 있다. 동사와 함께 쓰이는 경우 문장 끝에서는 upon을 더 많이 쓴다.

upside [ʌ́psàid] *upside* ⓜ **위쪽**

I turned the glass ***upside*** down on the table.
나는 테이블 위에 컵을 거꾸로 놓았어요.

upstairs [ʌ́pstɛ́ərz] *upstairs*

ⓑⓗ **위층에, 위층으로**
(ⓑ downstairs 아래층에)

My room is ***upstairs***.
내 방은 이층에 있습니다.

The children went ***upstairs*** at 9.
아이들은 9시에 위층으로 올라갔어요.

us [ʌs, (약) əs] *us*

ⓓ **우리들을[에게]**
(☞ we 우리들은, our 우리들의)

He blamed ***us***.
그는 우리를 책망했습니다.

He teaches ***us*** English.
그는 우리들에게 영어를 가르치고 있어요.

Let ***us*** be free.

우리를 자유롭게 해달라

U.S.(A.), US(A) [ju:es] *U.S.(A.)*

명 아메리카 합중국
(United States (of America)를 줄여 쓴 말)

⁑use [ju:z] *use*

① 타 사용하다, 쓰다

May I ***use*** your telephone ?
전화를 써도 되겠습니까?

A hammer is ***used*** for knocking in nails.
망치는 못을 박는데 쓰입니다.

When did you ***use*** up your old sketch pad?
너는 언제 스케치북을 다 써버렸니?

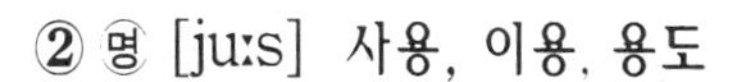

② 명 [ju:s] 사용, 이용, 용도

The dictionary is in daily ***use***.
이 사전을 상용하고 있어요.

♣ **be in use** 쓰이고 있다
be of use 소용이 되다, 쓸모있다
be out of use 필요없게 되다

make use of ~을 이용하다

useful [júːsfəl] *useful*

㉮ **쓸모 있는, 유용한**

(☞ use 쓰다, 반 useless 쓸모 없는)

That was a very ***useful*** meeting.
그것은 매우 유익한 모임이었어요.

Bees are very ***useful*** to us.
꿀벌은 우리에게 매우 유익해요.

It was a very ***useful*** speech for young people.
그것은 젊은이들에게 매우 유익한 강연이었습니다.

U

* usual [júːʒuəl] *usual*

㉮ **평소의, 보통의**

He arrived later than ***usual***.
그는 여느때보다 늦게 도착했습니다.

What I get you? The ***usual***?
무얼 드시겠습니까? 늘 하시던 걸로 할까요?

♣ **as usual** 평소와 같이

than usual 평소보다도 더

* **usually** [júːʒuəli] *usually*

㊀ **언제나, 보통**

We ***usually*** get up at seven.
우리는 보통 7시에 일어나요.

On Saturday night, I ***usually*** go to bed late.
나는 토요일 밤은 언제나 늦게 자요.

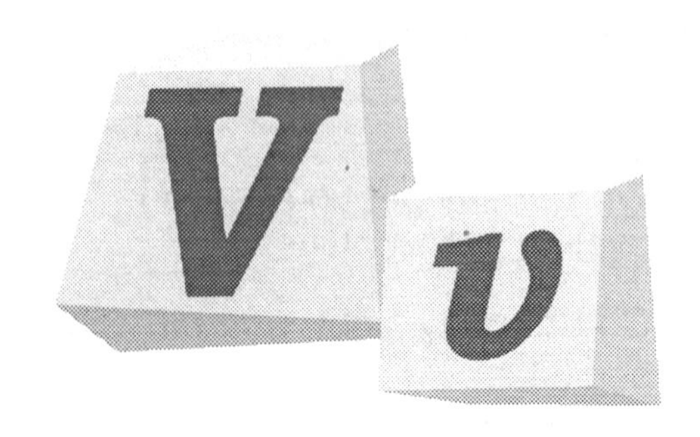

V v [viː] *V v* 알파벳의 스물두번째 문자

V

vacation [veikéiʃən] *vacation*

명 휴가, 휴일 (동 holiday)

He is away on a ***vacation***.
그는 휴가를 얻어 여행중입니다

School children are on ***vacation*** now.
초등 학교 아동들은 방학중예요.

valley [vǽli] *valley*

명 골짜기, 계곡

the Mississippi ***valley***
미시시피강 유역.

Do not look down the ***valley***.
계곡 아래를 내려다보지 마세요.

valuable [vǽlju(ə)bl] *valuable*

① 형 값비싼, 귀중한

These are very ***valuable***.
이것들은 매우 귀중한 것입니다.

This picture is ***valuable***.
이 그림은 값비싸요.

② 명 귀중품

vase [veis, veiz, vaːz] *vase* 명 꽃병

Put the flowers in the ***vase***.
꽃병에 꽃을 꽂으세요.

* **vegetable** [védʒ(ə)təbl] *vegetable*

명 야채

Eat your ***vegetabl***
야채를 먹으세요.

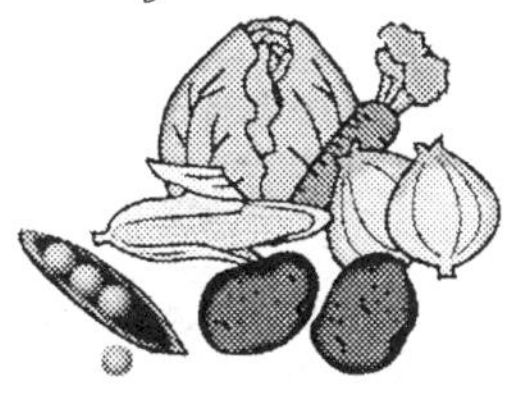

We grow ***vegetables*** in our farm.
우리들은 농장에서 야채를 재배합니다.

veil [veil] *veil*

① ㉦ **베일, 덮개, 장막**

She wore a ***veil***.
그녀는 베일을 쓰고 있었어요.

② ㉫ **(머리 · 얼굴을) 베일로 덮다, 숨기다**

The mist ***veiled*** the hills.
안개가 산들을 가렸다.

verb [vəːrb] *verb*

㉦ 〖문법〗 **동사**

⁑**very** [véri] *very*

㉥ **대단히, 매우, 그다지**(…은 아니다)

He works ***very*** hard.
그는 매우 열심히 일합니다.

Thank you ***very*** much.
대단히 고맙습니다.

She does not sing ***very*** well.

그녀는 노래를 그리 잘하지 못해요.

Very good. Let's go out.
좋다. 밖으로 나가자

◆ 서술적 용법의 과거 분사를 수식할 때는 보통 much를 쓰지만, pleased, tired, surprised에서는 very를 쓴다. I am very tired. 나는 몹시 피곤하다

victory [víktəri] *victory* ⓜ **승리, 전승**

The ***victory*** is ours.
승리는 우리 것이다.

Our game ended in ***victory***.
그 게임에서 우리 편이 이겼어요.

* **video** [vídiou] *video*

ⓜ **영상, 비디오 리코더**

We bought a ***video*** last week.
우리는 지난 주에 비디오를 샀습니다.

* **village** [vílidʒ] *village* ⓜ **마을, 농촌**

He was born in a farm ***village***.
그는 농촌에서 태어났습니다.

We will visit a country ***village***

next month.
우리는 다음 달에 농촌 마을을 방문할 거예요.

viola [vióulə] *viola* 명 〖악기〗 **비올라**

* **violin** [vàiəín] *violin*

명 〖악기〗 **바이올린**

I would like to play the ***violin***.
나는 바이올린을 연주하고 싶어요.

Can you play the ***violin***?
바이올린을 켤 줄 아나요?

vision [víʒən] *vision*

① 명 **시력** (동 sight) **시야**

Our ***visions*** met.
우리의 시선이 마주쳤다.

She was a ***vision*** in that dress.
그 옷을 입은 그녀는 굉장히 아름다왔습니다.

I must wear glasses for my poor ***vision***.
나는 시력이 나빠서 안경을 써야 했어요.

② 환영, 환상

An angel appeared to me in a ***vision***.
천사가 환영이 되어 내 앞에 나타났다.

⁑visit [vízit] *visit*

① 타자 **방문하다** (동 call on)

Father ***visited*** my uncle in the hospital.
아버지는 입원중인 숙부님 문병을 가셨다.

② **구경하러 가다, 보러 가다**

Many foreigners ***visit*** the temple every day.
많은 외국인이 매일 그 절을 구경하러 옵니다.

③ 명 **방문, 위로, 구경**

I was on a ***visit*** to my cousins.
나는 사촌들 집에 머물고 있었다.

visitor [vízitər] *visitor*

명 **방문자, 관광객, 참관자**

We are expecting a ***visitor*** later

today.

오늘 늦게 우리 집에 손님이 오시기로 했습니다.

voice [vɔis] *voice*

㊢ **목소리**

What a loud ***voice***!
정말 큰 목소리네!

Tony was surprised by Judy's ***voice***.
토니는 주디의 목소리 때문에 놀랐어요.

volcano [valkéinou] *volcano*

㊢ **화산**

Hawaii has many ***volcanoes***.
하와이에는 화산이 많아요.

Have you ever seen an active ***volcano***?
활화산을 본 일이 있어요?

volleyball [válibɔ̀:l] *volleyball*

㊢ **배구, 발리볼**

Do you want to play ***volleyball***?
배구하지 않을래?

* **vote** [vout] *vote*

① 타자 **투표하다**

The resolution was ***voted*** by a two-thirds majority.
결의안은 3분의 2의 다수로 채택되었다.

② 명 **투표, 표결, (개개의)표**

an open ***vote*** 기명 투표

a secret ***vote*** 무기명 투표

He was elected captain my ***vote***.
그는 투표에 의해 주장으로 선출되었어요.

voyage [vɔ́iidʒ] *voyage*

① 명 (배 · 비행기 따위의) **항해, 항행**

They made a ***voyage*** round the world.
그들은 세계 일주 항해를 떠났습니다.

I wish you a happy ***voyage***.
무사한 항해를 하시기 바랍니다.

② ㉶ 항해하다, 항행하다

They are ***voyaging*** across the Pacific Ocean.
그들은 태평양을 항해 중입니다.

VTR [ví:tì:á:r] *VTR*

㉭ **videotape recorder**
(비디오테이프 녹화 장치)를 줄여 쓴 말

W w [dʌ́bljù(ː)] *W w*

알파벳 스물세번째 문자

Wag [wæg] *wag*

㉺㉸ (꼬리 따위를) 흔들다

The dog ***wags*** his tail.
강아지가 꼬리를 흔들어요.

He walks with his body ***wagging***.
그는 몸을 흔들며 걷습니다.

wagon [wǽgən] *wagon*

W

① 명 (4륜) 대형 짐수레

The ***wagon*** is full of vegetables.
그 짐수레는 야채로 가득 차 있어요.

② 지붕이 없는 화차 (동 truck)

waist [weist] *waist*

명 허리, (옷의) 허리 (치수)

Her ***waist*** is slender.
그녀의 허리는 가늘어요.

She has no ***waist***.
그녀의 허리는 절구통이예요.

:wait [weit] *wait*

W

① 타자 기다리다, 대기하다

Wait for a moment.
잠깐 기다려.

I'm sorry to have kept you ***waiting*** long.
오래 기다리게 해서 죄송합니다

② …의 시중을 들다

She will ***wait*** on table.

그녀가 식사 시중을 들 거예요.

waiter [wéitər] *waiter*

명 사환, 시중드는 남자
(☞ waitress 여급사)

A ***waiter*** came to the table to take our order.
종업원이 우리 주문을 받으러 탁자 근처로 왔어요.

waiting room
[wéitiŋ rù:m] *waiting room*

명 (역 · 병원의) 대기실, 대합실

waitress [wéitris] *waitress*

명 웨이트리스 (☞ waiter 사환)

* **wake** [weik] *wake*

자타 깨다 (☞ get up 일어나다)

Wake up. 일어나.

The flowers ***wake*** in the spring.
꽃은 봄에 되살아나요.

Suddenly he ***woke*** from sleep.
갑자기 그는 잠에서 깨어났다.

:walk [wɔːk] *walk*

① ㉶ 걷다, 산책하다

We often ***walk*** in the park after lunch.
우리는 점심 식사후 자주 공원을 산책해요.

We ***walked*** the afternoon away along the wharf.
부두를 걸으며 오후 시간을 보냈습니다.

② ㊔ 걷기, 걷는 거리, 산책

The church is ten minutes' ***walk*** from my house.
그 교회는 우리집에서 걸어서 10분 거리에 있어요.

:wall [wɔːl] *wall* ㊔ 벽, 담

There is a clock on the ***wall***.
벽에 시계가 있다.

Someone is hiding behind the ***wall***.
누군가 벽 뒤에 숨어 있어요.

⁑want [wɔ(ː)nt, wɑnt] *want*

① ㉺ **원하다, …하고 싶다**

I ***want*** a pet.
나는 애완동물을 갖고 싶어.

I always ***want*** something new.
나는 언제나 새로운 그 무엇을 원해요.

② **…을 필요로 하다** (㊐ need)

Your watch ***wants*** repairing.
네 시계는 수리해야겠다.

③ ㊔ **부족, 결핍**

He got ill for ***want*** of sleep.
그는 수면 부족 때문에 병이 났어요.

⁑war [wɔːr] *war*

㊔ **전쟁** (㊥ peace 평화)

Two countries are at ***war***.
두 나라가 전쟁중이다.

war and peace 전쟁과 평화

◆ war는 국가간의 대규모, 장기간의 전쟁을 말하고 battle은 특정 지역에서의 조직적이

고 단기적인 전투를 말한다.

⁑**warm** [wɔːrm] *warm*

① 형 **따뜻한** (☞ mild), **인정이 있는**

Yesterday was cool, today is warm.
어제는 시원했는데 오늘은 따뜻하네.

② 타자 **따뜻하게 하다, 따뜻해지다**

The sick room has ***warmed*** up.
병실이 따뜻해졌다.

warn [wɔːrn] *warn*

타 **경고하다, 주의를 주다**

Yes, I have been ***warned***.
네, 이미 주의를 받았어요.

He ***warned*** me that the beast was very dangerous.
그는 나에게 그 짐승이 매우 위험하다는 것을 알려 주었어요.

was [wɑz, (약) wəz, wɔz] *was*

① 자 **be동사 am, is의 과거**

He ***was*** my old friend.
그는 나의 오랜 친구였다.

② 조 …하고 있었다

The letter ***was*** written in English.
그 편지는 영어로 쓰여 있었어요.

⁑wash [wɑʃ, wɔ(ː)ʃ] *wash*

타자 씻다, 세탁하다, 빨다

Wash your hands before dinner.
저녁 먹기 전에 손 씻어라.

Wash yourself with soap.
비누로 몸을 씻으세요.

Washington [wɑ́ʃiŋtən] *Washington*

① 명 **George ~ 조지 워싱톤 (1732~99)**
(미국의 초대 대통령, 1789~97)

② **워싱톤** (미국의 수도)
(D.C는 District of Columbia를 줄여 쓴 말)

Washington, D.C. is the capital of the U.S.A.
워싱턴은 미국의 수도이다.

③ 워싱톤 주
(Wash.라고 줄여 쓴다, 미국 북서부의 주)

wasn't [wάznt] *wasn't*

was not의 단축형

* waste [weist] *waste*

① 타자 **낭비하다, 헤프게 쓰다**

Don`t ***waste*** time.
시간을 낭비하지 말아라.

Waste not, want not.
(속담) 낭비 없으면 부족 없다.

② 명 **낭비, 폐기물, 쓰레기**

It's a ***waste*** of time to do such a thing.
그런 짓을 하는 것은 시간의 낭비예요.

③ 형 **황폐한, 불모의, 쓸모없는**

The land lies ***waste***.
그 땅은 황무지인 채로 있어요.

⁑ watch [watʃ, wɔːtʃ] *watch*

① 명 **회중 시계** (☞ clock 탁상시계)

I' m not wearing a ***watch***.
나는 시계를 안 찼어.

His ***watch*** said five minutes past nine.
그의 시계는 9시 5분을 가리켰다.

② **경계, 망봄, 주의**

③ 타자 **망보다, 주시하다** (☞ look)

He ***watched*** to see what would happen.
그는 무슨 일이 일어날지 지켜보았다.

I ***watch*** television every evening.
나는 매일 저녁 TV를 봐요.

◆ watch는 손목시계나 휴대할 수 있는 회중 시계를 말하고, clock은 고정시켜 두는 괘종시계나 탁상시계를 뜻한다.

watchman [wátʃmən] *watchman*

명 **지키는 사람, 경비원**

⁑ **water** [wɔ́ːtər] *water*

① 명 **물**

Turn off the ***water***.
물을 잠궈라.

The ship is making ***water***.
배에 물이 스며들어 와요.

② **수중, 바다, 호수**

Still ***waters*** run deep.
(속담) 잔잔히 흐르는 강물은 깊다, 유능한 사람은 그 재주를 숨긴다

③ ㊉㊋ **물을 주다, 물을 뿌리다**

This milk is ***watered*** down.
이 우유는 물로 묽게 되어 있어요.

W

waterfall [wɔ́ːtərfɔ̀ːl] *waterfall*

㊔ **폭포(수)**

We found a beautiful ***waterfall*** in the valley.
우리는 계곡에 아름다운 폭포가 있는 것을 보았어요.

watermelon
[wɔ́ːtərmèlən] *watermelon* ㊔ **수박**

I like ***watermelon***.
나는 수박을 좋아해요.

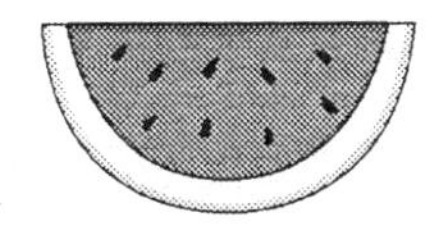

wave [weiv] *wave*

① 명 **물결, 파도**

The ***waves*** are very high today.
오늘은 파도가 높아요.

② 타자 **물결이 일다, 흔들리다**

The strong wind ***waved*** the branches.
강풍이 나뭇가지를 흔들었어요.

His hair ***waves*** naturally.
그의 머리는 원래 고수 머리이다

⁑**way** [wei] *way*

명 **길** (☞ path), **거리**
(road(통로), path(오솔길), street(가로) 따위의 총칭)

Please tell me the ***way*** to the library
도서관으로 가는 길을 가르쳐 주세요.

② **방법, 방식** (동 means)

What`s the best ***way*** to get there?
거기에 가는 제일 좋은 방법이 무엇이지?

③ **방향** (동 direction)

This ***way***, please.
이 길로 가 주십시오.

:we [wiː (약) wi] *we*

대 **우리들은(이)**
(☞ our 우리들의, us우리들을[에게])

We are friends.
우리는 친구다.

We respect the old.
사람들은 노인들을 공경합니다.

:weak [wiːk] *weak*

① 형 **약한, 병약한** (반 strong)

I am not ***weak***, I am strong.
나는 약하지 않다, 나는 강하다.

② **(능력 따위가) 뒤떨어진, 서툰**

He is ***weak*** in grammar.
그는 문법에 약하다.

③ (액체가) 묽은, 싱거운

* **wealth** [welθ] *wealth*

명 부 (동 riches), 재산, 풍부

a man of ***wealth*** 재산가.

weapon [wépən] *weapon*

명 무기, 총

Tears are a woman's ***weapon***.
눈물은 여자의 무기다.

⁑ **wear** [wɛər] *wear*

① 타 입고 있다, 몸에 지니고 있다
(동 put on)

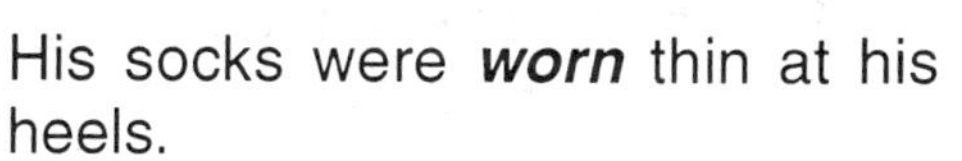

His socks were ***worn*** thin at his heels.
그의 양말은 발꿈치가 닳아 얇아졌어요.

Anna is ***wearing*** her new dress.
애나는 새옷을 입고 있습니다.

② 써서 닳게 하다, 해지게 하다

Constant dropping ***wears*** the stone.
(속담) 빗방울이 바위를 뚫는다.

③ ㉑ **사용에 견디다, 오래가다**

He is ***wearing*** well.
그는 나이에 비해 젊어 보여요.

There is much ***wear*** in this shoes.
이 구두는 아주 오래 가요.

◆ wear는 「입고 있는」 상태, put on은 「입는」 동작을 나타내는 것이 보통이다.

⁑**weather** [wéðər] *weather*

㉳ **일기, 날씨** (☞ climate 기후)

How is the ***weather***?
날씨가 어때?

This is good ***weather***.
오늘은 좋은 날씨입니다.

web [web] *web* ㉳ **거미집**

wedding [wédiŋ] *wedding*

㉳ **결혼식** (☞ marriage 결혼)

*** Wednesday** [wénzdi] *Wednesday*

명 **수요일** (Wed. 또는 W.로 줄여 쓴다)

I have piano lessons on ***Wednesday***.
나는 수요일에 피아노 레슨을 받습니다.

The class trip to the museum is next ***Wednesday***.
학급의 박물관 견학은 다음주 수요일이예요.

**** week** [wi:k] *week* 명 주, 7일간

There are seven days in a ***week***.
일 주일은 7일로 되어 있다.

What day of the ***week*** is today?
오늘이 무슨 요일이죠?

weekday [wí:kdèi] *weekday*

명 **평일** (일요일 이외의 날)

We go to school on ***weekdays***.
우리들은 평일에 학교에 갑니다.

weekend [wí:kènd] *weekend*

① 명 주말
(토요일 또는 금요일 저녁부터 월요일 아침까지의 시간)

I spent my ***weekend*** at the hot spring.
나는 주말을 온천에서 지냈어요.

② 형 주말의

weep [wiːp] *weep*

타자 **울다** (동 cry), **슬퍼하다**

She ***wept*** for her dead mother.
그녀는 돌아가신 어머니를 생각하고 울었습니다.

* **weight** [weit] *weight*

명 **무게, 중량** (☞ weight 무게가 나가다)

What is your ***weight***?
당신 체중은 얼마입니까?

It is 10 pounds in ***weight***.
그것은 무게가 10파운드입니다.

⁑welcome [wélkəm] *welcome*

① ⓗ **환영받는**

A ***welcome*** meeting will be held this evening.
오늘 저녁 환영회가 베풀어질 거예요.

② ⓣ **환영하다, 기꺼이 받아들이다**

You are ***welcome*** to use our telephone.
마음대로 전화를 쓰십시오.

He was warmly ***welcomed***.
그는 따뜻한 환영을 받았다.

③ ⓖ **잘 오셨소**

Welcome to Korea!
한국에 오신 것을 환영합니다.

④ ⓜ **환영, 환대**

⁑well[1] [wel] *well*

① ⓑ **잘, 훌륭하게, 충분히**

Well begun is half done.
(속담) 시작이 좋으면 반은 끝난 것과 같다, 시작이 반.

② 형 건강한, 튼튼한 (반 ill 병든)

I am quite ***well***.
나는 아주 건강하다.

③ 감 그러면, 자

Well, ***well***, that's true.
그래, 그래, 그렇지.

Well, perhaps you are right.
글쎄, 아마 네 말이 옳겠지.

♣ **as well** 마찬가지로
~ as well as ... …와 마찬가지로 ~도
get well 병이 낫다

well² [wel] *well* 명 우물

We drew water from the ***well***.
우리는 우물에서 물을 퍼 올렸다.

well-known [wélnóun] *well-known*

형 유명한, 잘 알려진 (동 famous)

Michael Jackson is a ***well-known*** singer.
마이클 잭슨은 유명한 가수예요.

Western movies are ***well-known***

to Korean boys and girls.
서부영화는 한국의 소년 소녀에게 잘 알려져 있어요.

went [went] *went*

㉶ go(가다)의 과거

were [wəːr, (약) wər] *were*

① ㉶ are(…이다, …있다)의 과거

If I ***were*** a bird, I would fly to you.
내가 새라면 너한테 날아갈 수 있을 것을.

② …하고 있었다

They ***were*** watching TV.
그들은 TV를 보고 있었어요.

W

⁑ **west** [west] *west*

㉺ 서, 서부
(☞ western 서쪽의, 반 east 동)

The sun sets in the ***west***.
해는 서쪽으로 집니다.

Los Angeles is in the ***west*** of America.

로스앤젤레스는 미국 서부에 있습니다.

:wet [wet] *wet*

① 형 **젖은** (반 dry 마른), **습한**

I got ***wet*** to the skin.
나는 흠뻑 젖었어요.

The streets are ***wet*** with the morning rain.
거리는 아침 비로 젖어 있다.

② **비가 잘 오는, 비내리는** (동 rainy)

We have the ***wet*** season in June.
6월은 장마철이에요.

whale [(h)weil] *whale* 명 【동물】 **고래**

Whales are mammals.
고래는 포유 동물입니다.

:what
[(h)wɑt, (약) (h)wʌt, (h)wət] *what*

① 대 **무엇, 어떤것, 무슨 일**

What's this? 이게 뭐야?

What is his name ?

그의 이름은 무엇입니까?

What's the time? 몇 시입니까?

What is the matter with you?
무슨 일입니까?

What can I do for you?
내가 도울 일이 있을까?

What do you think of that film?
그 영화를 어떻게 생각해?

② 감 무엇!

What he has suffered!
그는 얼마나 고통스러웠을까!

What! Do you really mean it?
어, 너 그 말이 진심이냐?

◆ What is he? 에서 what은 사람의 직업이나 지위를 물을 때 쓰고 Who is he? 로 who를 쓰면 사람의 이름을 묻는 표현이 된다. 또 직접 직업을 물을 때는 What are you?가 아니고 What (kind of work) do you do?로 한다.

wheat [(h)wiːt] *wheat*

명 **밀** (☞ flour 밀가루, barley 보리)

Flour is made from ***wheat***.
밀가루는 밀로 만들어집니다.

* **wheel** [(h)wiːl] *wheel*

① 명 바퀴

Cars have four ***wheels***.
자동차는 바퀴가 네 개이다.

The ***wheel*** has come off.
바퀴가 빠졌어요.

② (자동차의) 핸들 (☞ handle)

⁑ **when** [hwen] *when*

부 언제, …하는 그 때 (동 and then)

When did you see her last?
그녀와 마지막으로 만난 것이 언제냐?

When are they to arrive ?
그들은 언제 도착할 예정이냐?

When he goes out, he takes his dog with him.
그는 외출할 때면 언제나 개를 데리고 나간다.

Sunday is ***when*** I am not so busy.

일요일은 비교적 한가하다.

:where [(h)wɛər] *where*

[부] 어디에, 어디로, 어디서

Where are you going ?
어디로 가니 ?

Where do you live ?
어디에 사니?

Where there's a will, there's a way.
(속담) 뜻이 있는 곳에 길이 있다.

Where are you from?
고향은 어디야?

I will go ***where*** you go.
나는 네가 가는 곳이라면 어디든지 따라가겠어.

***whether** [(h)wéðər] *whether*

[접] …인가 아닌가[인지 아닌지]
(☞ if …인지 아닌지)

Whether he comes or not, I'll go.
그가 오든 말든 나는 가겠다.

I wonder ***whether*** this picture is his work.
나는 이 그림이 그의 작품인지 아닌지 알 수 없어요.

:which [(h)witʃ] *which*

㉣ **어느 쪽[것]** (☞ what)

Which do you like better, tea or coffee ?
홍차와 커피 중 어느 것을 더 좋아하느냐 ?

She made a doll ***which*** had blue eyes.
그녀는 푸른 눈의 인형을 만들었다

Which way shall we go ?
어느 쪽 길로 갈까 ?

·while [(h)wail] *while*

① ㉨ **…하는 동안(에)** (☞ during)

He stayed at home all the ***while***.
그는 내내 집에 있었다.

We took a walk and sang the ***while***.
우리는 산책하며 노래불렀다.

② 그런데, 한편

He is standing up, ***while*** she is sitting.
그는 서 있으나 그녀는 앉아 있습니다.

whistle [hwísl] *whistle*

① 명 호각, 휘파람, 경적

Can you ***whistle***?
휘파람 불 수 있어요?

② 자타 휘파람을 불다

:white [(h)wait] *white*

① 형 흰

We are expecting a ***white*** Christmas this year.
올해 우리는 화이트 크리스마스를 기대하고 있어요.

Grandfather has ***white*** hair.
할아버지의 머리는 희다.

② 창백한

Her face went ***white*** with fear.
공포로 그녀의 얼굴이 창백해졌어요.

③ 명 백인, 백색

:**who** [huː, (약) hu] *who* 대 누구(누가)

Who told you so?
누가 그래?

Who do you mean?
누구를 말하는 거냐?

Who are you waiting for?
누구를 기다리느냐?

Any person ***who*** wants to can go.
가고 싶은 사람은 누구나 갈 수 있습니다.

I met Tom, ***who*** talked about you.
톰을 만났더니 그가 네 얘기를 했어.

·**whole** [houl] *whole*

① 형 **전체의, 전…**

He loved her with his ***whole*** heart.
그는 온 마음으로 그녀를 사랑했어요.

He slept through the ***whole*** night.
그는 꼬빡 하룻밤을 잤다.

② 명 전체, 전부 (반 part 부분)

Nature is a ***whole***.
자연은 하나의 통일체입니다.

whom [hu:m (약) hum] *whom*

대 **누구를, 누구에게**

Whom did you see ?
누구를 만났습니까 ?

Tell me ***whom*** you met yesterday?
어제 누구와 만났는지 말해다오.

You may ask ***whom*** you please.
좋은 사람에게 물어보아도 좋습니다.

whose [hu:z] *whose* 대 누구의

Whose is this?
이것은 누구의 것입니까?

The lady ***whose*** hair is black is Miss White.
머리가 검은 여인은 화이트 양입니다.

:why [(h)wai] *why* 부 왜, 어째서

Why did you do so ?
왜 그랬지?

I don't see ***why***.
난 까닭을 모르겠어.

Why not ?
어째서 안된다는 거야?

Tell me the reason ***why*** he was dismissed.
왜 그가 해고되었는지 그 이유를 말해 주세요.

Why, I've been asleep.
이런, 내가 잠이 들었었구나

:wide [waid] *wide*

① [형] **(폭이) 넓은** ([반] narrow 좁은)

This road is ***wide***.
이 길은 넓습니다.

② [부] **넓게, 활짝, 완전히**

·wife [waif] *wife*

[명] **처, 아내** ([반] husband 남편)

His ***wife*** is very beautiful.
그의 아내는 매우 아름답습니다.

wild [waild] *wild*

① 형 (동 · 식물이) 야생의

They hunted ***wild*** animals for food.
그들은 식량을 위해 야생 동물을 사냥했습니다.

② 난폭한, 거친

He is a ***wild*** fellow.
그는 난폭해요.

③ (날씨 따위가) 거친, 험한, 거센

The wind is ***wild*** today.
오늘은 바람이 거칠어요.

will [wil] *will*

① 조 …일[할] 것이다

He ***will*** come here.
그는 여기 올 거예요.

We ***will*** arrive soon.
우리는 곧 도착할 거예요.

② …하겠다, … 할 작정이다

I ***will*** see you to the station.
역까지 바래다 주겠다.

I'***ll*** certainly go and see him.
나는 꼭 그를 찾아 볼 생각이다

③ [명] **의지, 결의**

Where there's a ***will***, there's a way.
(속담) 뜻이 있는 곳에 길이 있다

What is your ***will*** ?
소망이 무엇입니까 ?

win [win] *win*

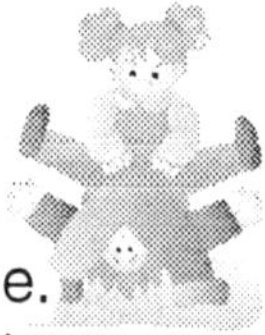

① [타][자] **이기다** ([반] lose 지다)

Our team will ***win*** the game.
우리 팀은 그 게임에서 이길 거예요.

② **(상명에 따위를) 얻다**

She ***won*** fame as a pianist.
그녀는 피아니스트로 명성을 얻었습니다.

:wind[1] [wind] *wind*

[명] **바람** (☞ windy 바람이 부는)

The ***wind*** is blowing.
바람이 불고 있습니다.

Suddenly a high ***wind*** was blowing.
갑자기 강풍이 불어 닥쳤어요.

wind² [waind] *wind*

① ㊎ **(시계 따위를) 감다, 돌리다**

Mother ***wound*** the string into a ball.
어머니는 실을 감아 뭉치로 만들었어요.

② ㊂ **(길 · 강 따위가) 굽이치다, 휘다, 굽다**

The river ***winds*** in and out.
그 강은 꾸불꾸불 굽이치며 흐른다

The morning-glory ***winds*** around a bamboo pole.
나팔꽃이 대나무장대에 친친 감겨 있다.

⁑ **window** [wíndou] *window*

㊐ **창문, 창**

Open the window.
창문을 열어라.

Will you ***close*** the window?
창문 좀 닫아줄래?

windy [wíndi] *windy*

㉻ **바람이 있는, 바람이 부는**
(☞ rainy 비가 오는, cloudy 흐린)

It' s ***windy*** today.
오늘은 바람이 불어요.

wine [wain] *wine* ㉹ 포도주, 술

㉹ **포도주, 술**

Wine is made from grapes.
포도주는 포도로 만들어집니다.

wing [wiŋ] *wing*

㉹ **날개** (☞ feather 깃)

Large birds have very large ***wings***.
큰 새들은 날개가 정말 커요.

The bird will spread its two ***wings*** and fly away.
그 새는 두 날개를 펴고 멀리 날아 갈 거예

요.

wink [wiŋk] *wink*

① [자] 눈을 깜박거리다, 눈짓하다

② [명] 눈을 깜박거림, 윙크, 눈짓

She gave me a ***wink*** as a signal.
그녀가 내게 신호로 눈짓을 했어요.

winner [wínər] *winner*

[명] 승리자, 수상자

The ***winner*** got a prize.
그 우승자는 상품을 탔어요.

:winner

⁑winter [wíntər] *winter* [명] 겨울

In ***winter*** we get a lot of snow.
겨울에는 눈이 많이 옵니다.

Winter is the last season of the year.
겨울은 1년의 마지막 계절입니다.

wipe [waip] *wipe* [타] 닦다, 훔치다

He ***wiped*** his hands on the towel.

그는 수건으로 손을 닦았다.

Would you ***wipe***
the floor, please?
마루 좀 닦아 줄래요?

wire [wáiər] *wire*

① 명 전신, 전보

Mother ***wired*** me to come back.
어머니는 나에게 돌아오라는 전보를 보내왔다.

He ***wired*** for me to come back at once.
그는 나에게 전보로 당장 돌아오라고 했습니다.

② 전선, 철사, 케이블

Someone is on the ***wire*** for you.
당신에게 전화가 왔어요.

wisdom [wízdəm] *wisdom*

명 **지혜** (☞ wise 현명한)

He is a man of ***wisdom***.
그는 현명한 사람이예요.

He had the ***wisdom*** to resign his post.
그가 사직한 것은 현명했다

wise [waiz] *wise*

㉮ 현명한, 슬기로운 (㉯ foolish 어리석은)

It was ***wise*** of you to refuse his offer.
네가 그의 제안을 거절한 것은 현명했다.

She is a ***wise*** woman.
그 여자분은 현명해요.

◆ wise는 지식경험이 풍부하며 사물을 바로 판단하는 능력이 있다는 의미로 쓰이며, clever는 머리는 좋지만 교활하다의 뜻을 수반할 때가 있다. bright는 아이 등의 머리가 좋다고 할 때 쓰인다.

* **wish** [wiʃ] *wish*

① 타 바라다 (동 want, desire, hope)

I ***wish*** that it would not rain.
비가 안 오면 좋겠는데.

He ***wished*** me well.
그는 나의 행운을 빌어주었다

② 명 **소원, 소망, 기원**

I will grant you three ***wishes***.
너의 소원 세 가지를 들어주겠다.

You shall have your ***wish***.
원하는 것을 주겠어.

wit [wit] *wit* 명 기지, 재치, 지혜

witch [witʃ] *witch*

명 마녀, (여자)요술쟁이

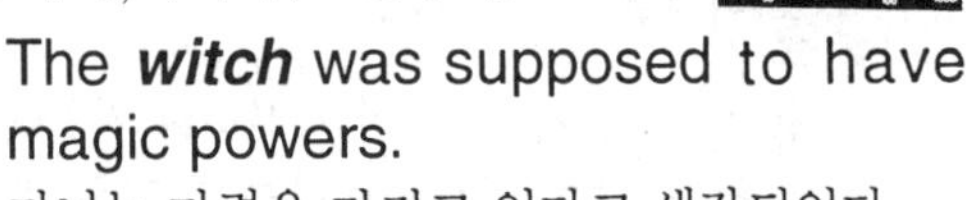

The ***witch*** was supposed to have magic powers.
마녀는 마력을 가지고 있다고 생각되었다.

⁑**with** [wið, wiθ] *with*

① 전 **…와 함께** (반 without …없이)

Will you have dinner ***with*** me ?
저와 함께 식사를 하시지 않겠습니까 ?

② 《기구 · 수단 · 재료》 **…으로, …을 써서**

I have no pen to write ***with***.
나는 쓸 펜이 없어요.

We see ***with*** our eyes.

우리들은 눈으로 봅니다.

③ …을 가지고, …을 가진

He always carries an umbrella ***with*** him.
그는 항상 우산을 가지고 다닙니다.

④ 《적대》 …와, …을 상대로

Don' t quarrel ***with*** him.
그와 싸우지 마세요.

⑤ 《원인》 …때문에, …로

She jumped up ***with*** joy.
그녀는 기뻐서 팔짝팔짝 뛰었다.

⑥ 《상태 · 상황》 …을 하면서로, …한 채로

Don' t speak ***with*** your mouth full.
입 안 가득 음식을 물고 이야기하지마세요.

⑦ …에 대해서는, …에 관해서는

What is the matter ***with*** you ?
어떻게 된 노릇입니까 ?

I feel ***with*** you.
나는 너와 동감이야.

within [wiðín] *within*

① 전 …의 안에, …이내에[의]

He hid ***within*** the woods.
그는 숲 속에 숨어 있었어요.

② 부 안쪽에, 안에, 안으로

It is green without and yellow ***within***.
그것은 겉은 녹색이고 안은 황색이다.

* **without** [wiðáut] *without*

전 …없이, 이 없으면 (반 with …와 함께)

We can`t live ***without*** air.
우리는 공기 없이 살 수 없어요.

Grandma can' t read ***without*** glasses.
할머니는 안경없이 책을 읽으실 수 없어요.

woke [wouk] *woke*

자타 wake(깨다)의 과거의 하나

I ***woke*** up at seven this morning.
나는 오늘 아침 7시에 일어났어요.

wolf [wulf] *wolf* 《◆ 발음 주의》

명 〖동물〗 이리, 늑대

Watch out for the ***wolf***.
늑대를 조심해라.

The ***wolf*** dressed up like grandma.
늑대는 할머니처럼 옷을 입었어요.

woman [wúmən] *woman*

명 여자, 부인, 여성 (반 man 남자)

Do you know the ***woman***?
너는 그 여자를 아니?

The ***woman*** held her baby.
그 여자 분은 아기를 안고 있었어요.

won[1] [wʌn] *won*

타자 **win**(이기다)의 과거 · 과거분사

Our team ***won*** the game.
우리 팀은 그 게임에서 이겼어요.

won[2] [wɑn, wɔn] *won*

명 **원** (한국의 화폐 단위, 기호는 ₩)

wonder [wʌ́ndər] *wonder*

① 타자 과연 …일까

I ***wonder*** when she will come.
그녀가 언제 올지 궁금하다.

② 명 경이, 놀라운 것

No ***wonder*** he failed.
그가 실패한 것은 당연하다.

:wonderful [wʌ́ndərfəl] *wonderful*

① 형 놀라운, 이상한

I will tell you a ***wonderful*** story.
놀라운 이야기를 하나 해줄께.

② 훌륭한, 굉장한 (동 excellent)

We had a ***wonderful*** time at the zoo.
우리는 동물원에서 멋진 시간을 보냈어요.

:wood [wud] *wood*

① 명 나무, 목재 (☞ wooden 나무의)

This furniture is made of ***wood***.
이 가구는 나무로 만들어졌다.

Wood is used for making paper.
나무는 종이를 만드는데 사용됩니다.

② **숲, 삼림** (동 forest)

There is a ***woods*** near the school.
학교 가까이에 숲이 있어요.

◆ 일반적으로 wood는 forest보다 작은 것을 가리킨다

woodcutter [wúdkʌ̀tər] *woodcutter*

명 나무꾼, 목판 조각가

wool [wul] *wool* 명 양실, 털실, 모직물

I wear clothes made of ***wool*** in winter.
나는 겨울에는 털실로 만든 옷을 입어요.

⁑ **word** [wəːrd] *word*

① 명 **낱말, 단어**

What`s this ***word***?
이 단어는 무슨 뜻이지?

The dictionary is full of ***words***.
이 사전은 단어들로 가득 차 있어요.

② **말, 간단한 대화, 의견**

I had a ***word*** with her.
나는 그녀와 잠깐 얘기를 했어요.

:work [wəːrk] *work*

① ㉮㉯ **일하다, 공부하다**

I ***worked*** hard for the test.
나는 시험을 위해 열심히 공부했다.

② **근무하다, 종사[경영]하다**

We ***work*** 35 hours a week.
우리들은 1주에 35시간 일합니다.

③ ㉢ **일, 업무, 공부** (☞ job)

What time do you go to your ***work***?
몇 시에 일하러 가느냐?

:world [wəːrld] *world*

① ㉢ **세계, 지구**

This is a map of the ***world***.

이것이 세계 지도이다.

② **세상, 세상 사람들**

I want to know more about the ***world***.

세상 일을 좀 더 많이 알고 싶어요.

worm [wəːrm] *worm* [명] **벌레, 지렁이**

I don' t like ***worms***.

나는 벌레가 싫어요.

* **worry** [wə́ːrri] *worry*

① [자][타] **…을 근심하다,, 걱정을 끼치다**

Don`t ***worry***.

걱정하지 마.

There's nothing to ***worry*** about.

아무 걱정거리가 없다.

② [명] **근심, 걱정거리**

She has many ***worries***.

그녀는 걱정거리가 많아요.

worse [wəːrs] *worse*

① [형] **더 나쁜** ([반] better 더 좋은)

This is even ***worse*** than that.
이것은 저것보다도 더 나쁘다.

The things are getting ***worse*** and worse.
사태는 점점 악화되어 가고 있다.

② [부] **더 나쁘게, 더 심하게**

She sings ***worse*** than ever.
그녀의 노래는 전보다 더 서툴러요.

They are ***worse*** off than before.
그들은 이전보다도 지내기가 어려워졌다.

worst [wəːrst] *worst*

① [형] **가장 나쁜** ([반] best 가장 좋은)

She is the ***worst*** typist in the office.
그녀는 회사에서 가장 서투른 타자수입니다.

② [명] **최악의 것[경우]**

The ***worst*** is yet to come.
최악의 사태가 오는 것은 지금부터야.

③ [부] **가장 나쁘게, 몹시, 가장 심하게**

He played ***worst***.

그가 제일 연주가 서툴렀어요.

* **worth** [wəːrθ] *worth*

① 명 **가치**

We bought a dollar's ***worth*** of peanuts.
우리는 1달러어치의 땅콩을 샀어요.

② 형 **…의 가치가 있는, …을 할 만한**

It is not ***worth*** a straw.
그것은 한 푼의 가치도 없다.

It is ***worth*** while to visit the old city.
그 옛 도시는 가 볼 가치가 있어요.

would [wud, (약) wəd] *would*

조 **…하겠다, …하겠는데**

I thought he ***would*** do it at once.
나는 그가 그것을 곧 할 것이라고 생각했다.

I said I ***would*** try.
나는 해보겠다고 말했다

I ***would*** do it for myself if I were you.

내가 너라면 내가 직접 그것을 할텐데.

♣ **would like to** ~하고 싶다

wound [waund] *wound*

[타자] **wind(감다)의 과거 · 과거분사**

* **wrap** [ræp] *wrap* [타] 싸다, 두르다

She ***wrapped*** the box carefully.
그녀는 상자를 조심스럽게 쌌습니다.

I ***wrapped*** the baby in a towel.
나는 아기를 타월로 감쌌어요.

wrist [rist] *wrist* [명] 손목

The child wears a wristwatch on his ***wrist***.
그 아이는 손목에 손목시계를 차고 있어요.

⁑ **write** [rait] *write*

① [타자] **(글씨 · 문장 · 원고 따위를) 쓰다**

Clara can ***write*** a letter in English.
클라라는 영어로 편지를 쓸 줄 안다.

She is ***writing*** on white paper.
그녀는 흰 종이에 쓰고 있다.

② **편지를 쓰다**

He ***writes*** home once a month.
그는 한 달에 한 번 집에 편지를 씁니다.

writer [ráitər] *writer*

[명] **쓰는 사람, 작가, 저자** ([동] author)

He is famous as a ***writer*** of fairy stories.
그는 동화작가로 유명합니다.

⁑**wrong** [rɔːŋ, raŋ] *wrong*

① [형] **나쁜, 옳지 못한** ([반] right 옳은)

It is ***wrong*** to tell a lie.
거짓말하는 것은 나쁘다

Have I done anything ***wrong***?
내가 무슨 잘못이라도 했습니까?

② **그릇된, 거꾸로의**

This is the ***wrong*** side of the cloth.
이것은 천의 안쪽입니다.

③ 고장난, 탈난

My watch is ***wrong***.
내 시계는 고장났어요.

wrote [rout] *wrote*

㉺㉲ **write(쓰다)의 과거**

X x [eks] 𝒳 𝓍 알파벳의 스물네번째 문자

Xmas [krísməs] *Xmas*

㉮ 크리스마스 (☞ Christmas)

Merry ***Xmas***!
메리 크리스마스!

X-ray [éksrèi] *X-ray*

㉮ 엑스선, 뢴트겐선

xylophone

X

[záiləfòun, zíl-] *xylophone*

㊔ 【악기】실로폰, 목금

I can play the ***xylophone***.
나는 실로폰을 칠 수 있어요.

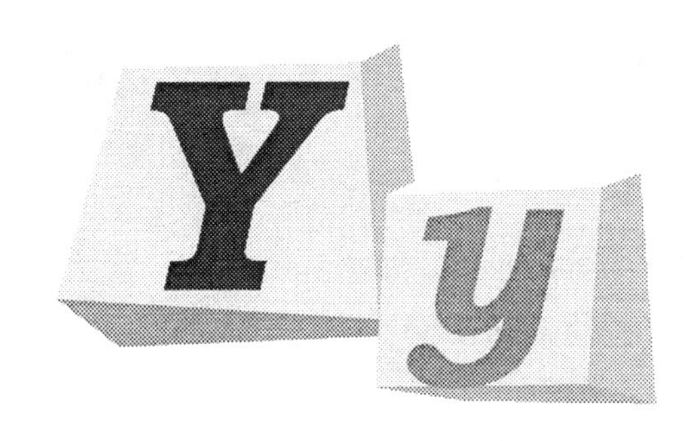

Y y [wɑi] *Yy*

알파벳의 스물다섯번째 문자

yacht [jɑt, jɔt] *yacht* ㉠ 요트

A ***yacht*** is sailing on the sea.
요트가 바다 위를 달리고 있어요.

We had a ***yacht*** race yesterday.
우리는 어제 요트 경기를 가졌습니다.

yard[1] [jɑːrd] *yard* ㉠ 울안, 마당

Children play in the ***yard***.

아이들이 마당에서 놀고 있어요.

yard² [jaːrd] *yard*

㊔ 야드 (길이의 단위로 3피트, 약 91cm)

yawn [jɔːn] *yawn*

① ㉶ **하품을 하다**

He ***yawned*** good night.
그는 하품을 하면서 잘 자라고 말했다.

A wide gorge ***yawned*** beneath our feet.
우리 발밑에는 넓은 협곡이 딱 입을 벌리고 있었다.

② ㊔ **하품**

⁑**year** [jiər, jəːr] *year*

① ㊔ **해**

Happy New ***Year***!
새해 복 많이 받으세요!

this ***year*** 금년, 올해

last ***year*** 작년, 지난해

next ***year*** 내년

② 살, 나이, 학년

Next ***year***, I`ll be ten.
내년에 난 열 살이 돼.

:yellow [jélou] *yellow* [명][형] **노랑[노란]**

Anna is wearing a ***yellow*** dress.
애나는 노란 드레스를 입고 있어요.

The leaves ***yellow*** in the fall.
나뭇잎은 가을에 노랗게 물든다.

:yes [jes] *yes*

[부] **예, 그렇습니다** ([반] no 아닙니다)

Yes, I can. 예, 난 할 수 있어요.

Do you understand? - ***Yes***, I do.
알겠어요? – 예, 알겠습니다

Didn't he come? - ***Yes***, he did.
그는 오지 않았습니까?
– 아니오, 그는 왔습니다.

This is a very interesting book.
- ***Yes***, it is.
이 책은 아주 재미있다 – 응, 정말 그래

I didn't say that. - ***Yes***, you did.

나는 그런 말 하지 않았어.
– 아니, 네가 말했어.

◆ 의문문의 형식이 어떻든 간에 대답이 긍정이면 언제나 yes 로 답한다.

⁑ yesterday [jéstərdi] *yesterday*

㉠㉡ **어제** (☞ tomorrow 내일)

What did you do ***yesterday***?
너 어제 뭐 했니?

I saw Mr. Brown ***yesterday***.
나는 어제 브라운선생님을 봤어요.

⁑ yet [jet] *yet*

① ㉡ **아직 (…아니다)**

I have never talked to him ***yet***.
나는 아직까지 한 번도 그와 말을 해본 일이 없어요.

Y

He has not come ***yet***.
그는 아직 오지 않았다.

② **아직도, 여전히** (㊐ still)

The chances are ***yet*** for you.
형편이 아직은 너에게 유리해.

He has ***yet*** much to do.
그는 아직도 할 일이 많아요.

③ ㉶ 그런데도, 그럼에도 불구하고

He is rich, but ***yet*** modest.
그는 부자지만 겸손하다

I feel sleepy, and ***yet*** I must read through the book.
졸리지만 그래도 나는 이 책을 다 읽어야 해요.

⁑you [juː, (약) ju, jə] *you*

㉹ **너는[네게], 너희들은[너희들이]**

You are a good student.
자네는 훌륭한 학생이야.

I'll give ***you*** this book.
너에게 이 책을 주겠다

You must attend the meeting today.
너희들은 오늘 그 모임에 참석해야만 해.

⁑young [jʌŋ] *young*

① ㉻ 젊은, 연하의

(☞ youth 젊음, 반 old 늙은)

My mother looks ***young*** for her age.
나의 어머니는 나이에 비해 젊어 보이신다.

② **초기의, 미숙한**

He is ***young*** at the work.
그는 그 일에 익숙치 못하다.

: your [juər, jɔːr, (약) jəːr] *your*

㊥ **너(희들)의, 당신(들)의**
(☞ you 너는[너희들은])

We enjoyed ***your*** last visit.
요전에는 방문해 주셔서 기뻤습니다

I am glad ***your*** telling me the truth.
네가 진실을 말해 주니 기쁘다.

Y

: yours [juərz, jɔːrz] *yours*

㊥ **너(희들)의 것**
(☞ mine 나의것, his 그의것, hers 그녀의 것)

This book is ***yours***.

이 책은 너의 것입니다

It is ***yours*** to help her.
그녀를 돕는 것은 네가 할 일이다

* **yourself**
[juərsélf, jər-, jɔːr-] *yourself*

① [대] 《강조 용법》 **네 자신**

Do it ***yourself***.
그것은 자기가 하도록 해라.

② 《재귀 용법》 **너 자신을[에게]**

Help ***yourself*** to the dishes.
음식을 드시지요.

* **yourselves** [juərsélvz] *yourselves*

[대] **너희들 자신** (yourself의 복수)

Take care not to hurt ***yourselves***.
너희들 다치지 않도록 조심해라

youth [juːθ] *youth*

① [명] **젊음** (☞ young 젊은)

He always has all the appearance

Y

of extreme ***youth***.
그는 언제나 굉장히 젊게 보입니다.

② 청년 시대

She studied music in Italy in her ***youth***.
그녀는 젊었을 때 이탈리아에서 음악을 공부하였습니다.

you've [juːv, (약) juv, jəv] *you've*

you have 의 단축형

Y.W.C.A *Y.W.C.A*

기독교 여자 청년회
(Young Woman's Christian Association 의 어리글자를 딴말)

Z z [ziː, zed] *Z z*

알파벳의 스물여섯 번째문자

zebra [zíːbrə] *zebra* ⓜ 〖동물〗 얼룩말

The ***zebra*** is one kind of horse that lives in Africa.
얼룩말은 아프리카에 살고 있는 말의 일종입니다.

:zero [zí(ə)rou] *zero* ⓜ 영, 제로

The score is five to ***zero*** in our

favor.
5대0으로 우리가 이기고 있어요.

Our hopes were reduced to ***zero***.
우리의 희망은 무산되었다.

Zeus [zju:s] *Zeus*

㉠ 《그리스 신화》 제우스
(올림포스 산의 주신, 로마신화에서는 Jupiter)

Zeus is the greatest of the Greek gods.
제우스는 그리스 신 중에서 가장 위대한 신입니다.

zipper [zípər] *zipper* ㉠ 지퍼

Your ***zipper*** is open.
네 지퍼가 열렸다.

zone [zoun] *zone*

㉠ 지대, (온대 · 열대 따위의) 대

a demilitarized ***zone***
비무장 지대

a residence ***zone*** 주택 지구

Z

a business ***zone*** 상업 지구.

zoo [zuː] *zoo* ㊔ 동물원

There are lots of animals in the ***zoo***.
동물원에는 많은 동물들이 있다.

We went to the ***zoo*** yesterday.
우리는 어제 동물원에 갔었어요.

zoo-keeper [zúːkìːpər] *zoo-keeper*

㊔ 사육사

We watched the ***zoo-keeper*** feeding the lions.
우리는 사육사가 사자에게 먹이를 주는 것을 지켜 보았어요.

Z

부록

인칭대명사

인칭대명사는 1인칭, 2인칭, 3인칭이 있습니다. 1인칭에는 나를 가리키는 I, 우리를 가리키는 WE가 있고, 2인칭에는 너 또는 너희들을 가리키는 YOU가 있습니다. 3인칭에는 1인칭과 2인칭 이외의 사람, 즉 그를 가리키는 HE, 그녀를 가리키는 SHE, 그것을 가리키는 IT등이 있습니다.
또 인칭대명사는 인칭의 수, 격, 성에 따라 변화형을 가집니다.

인칭 대명사의 격 변화

수	인칭		주격 (은, 이)	소유격 (의)	목적격 (을)	소유대명사 (의 것)
단수	1인칭	나	I	my	me	mine
	2인칭	너	You	your	you	yours
	3인칭	그	he	his	him	his
		그녀	she	her	her	hers
		그것	it	its	it	-
복수	1인칭	우리	we	our	us	ours
	2인칭	너희들	you	your	you	yours
	3인칭	그들	they	their	them	theirs

인칭에 따른 BE동사의 변화

시제	인칭	단수	복수
현재	1인칭	I am	We are
	2인칭	You are	You are
	3인칭	He / She / It } is	They are
과거	1인칭	I was	We were
	2인칭	You were	You were
	3인칭	He / She / It } was	They were

명사의 복수 변화 ABCDEFGHIJKLMNO

명사는 a pen, an apple 과 같이 셀 수 있는 명사와 water, milk 등과 같이 셀 수 없는 명사로 나누어진다. 셀 수 있는 명사는 복수형으로 만들 수 있으며, 수를 나타내는 수식어를 붙일 수도 있다. 그러나 셀 수 없는 명사는 항상 단수형으로 쓰여진다.

1. 규칙 변화

단수 명사를 복수형으로 만드는 데는 보통 다음 5가지 방법이 있다.

1. 단수형에 -s를 붙인다.	
book (책) cup (컵) desk (책상)	books cups desks
2. [자음+o]로 끝나는 것은 -es를 붙인다.	
potato (감자) tomato (토마토)	potatoes tomatoes
3. s, ss, sh, ch, x, z로 끝나는 것은 -es를 붙인다.	
bus (버스) class (학급) dish (접시) watch (손목시계) box (상자)	buses classes dishes watches boxes
4. [자음+y]로 끝나는 것은 y를 i로 고치고 -es를 붙인다.	
baby (아기) lady (숙녀) story (이야기)	babies ladies stories
* [모음+y]로 끝나는 것은 -s를 붙인다.	
boy (소년) toy (소년)	boys toys

5. **f, fe**로 끝나는 것은 **f**를 **v**로 고치고 **-es**를 붙인다.	
leaf (잎)	leaves
knife (칼)	knives
wolf (늑대)	wolves

2. 불규칙 변화

명사의 불규칙 변화는 모음이 변하는 것과 어미에 -en 또는 -ren을 붙이거나 단수, 복수가 동일하게 쓰여지는 것이 있다.

1 모음이 변하는 것	
foot (발)	feet
man (남자)	men
tooth (이)	teeth
mouse (쥐)	mics
2. 어미에 **-en** 또는 **-ren**을 붙이는 것	
ox (황소)	oxen
child (어린이)	children
3. 단수, 복수가 같은 것	
sheep (양)	sheep
fish (물고기)	fish
deer (사슴)	deer

동사의 현재 진행형

「지금 ~하고 있다」와 같이 현재 진행 중인 일을 나타내는 것을 현재 진행형 이라고 한다. 현재 진행 중인 일은 「be동사 + 동사원형 + -ing.」의 형으로 나타난다.

주어 + 동사	주어+be동사+동사원형+-ing
I study. 〈현재형〉 (나는 공부한다.)	I am studying. 〈현재 진행형〉 (나는 공부하는 중이다.)

❖ 진행형의 be 동사

주어	be동사	-ing 형
I	am	
You	are	
He	is	
She	is	studying now.
We	are	
You	are	
They	are	

❖ -ing 형을 만드는 방법

동사의 -ing형을 현재분사라고 한다. 현재 분사를 만드는 방법에는 다음 3가지가 있으므로 외워 두도록한다.

◘ 대부분의 동사는 어미에 그대로 -ing를 붙인다.

현재형	진행형
go 가다	go + -ing → going
eat 먹다	eat + -ing → eating
help 돕다	help + -ing → helping
read 읽다	read + -ing → reading

◘ 동사의 어미가 「단모음+자음」일 때는 그 자음을 겹치고 -ing를 붙인다..

현재형	진행형
run 달리다	run+n+ -ing → running
stop 멈추다	stop+p+ -ing → stopping
swim 헤엄치다	swim+m+ -ing → swimming

◘ 동사의 어미가 e로 끝날 때는 e를 빼고 -ing를 붙인다.

현재형	진행형
come 오다	com + -ing → coming
write 쓰다	writ + -ing → writing
make 만들다	mak + -ing → making

do 동사의 변화

인칭	단수	복수
1인칭	I do	We do
1인칭	You do	You do
1인칭	He(She, It) dose	They do

규칙동사와 불규칙동사

1. 규칙변화

원형	과거	과거분사
1. 동사의 어미에 -ed를 붙인다.		
help(돕다)	helped	helped
walk(걷다)	walked	walked
2. 동사의 어미가 e로 끝나면 -d만 붙인다.		
hope(바라다)	hoped	hoped
live(살다)	lived	lived
3. 자음+y로 끝나는 것은 y를 i로 고치고 -ed를 붙인다.		
cry(울다)	cried	cried
study(공부하다)	studied	studied
4. 단모음+단자음으로 끝나는 것은 자음을 하나 더 쓰고 -ed를 붙인다.		
stop(멈추다)	stopped	stopped
drop(떨어뜨리다)	dropped	dropped

2. 불규칙변화

구 분	원형(발음)	과 거	과거분사
A-A-A형 (원형=과거=과거분사)	cut 자르다	cut	cut
	read 읽다	read	read
A-B-B형 (과거=과거분사)	buy 사다	bought	bought
	catch 잡다	caught	caught
	feel 느끼다	felt	felt
	say 말하다	said	said
A-B-A형	become 되다	became	become
	come 오다	came	come
	run 달리다	ran	run
A-B-C형	be 이다	was, were	been
	give 주다	gave	given
	go 가다	went	gone

형용사, 부사의 비교급과 최상급

1. 규칙형

비교급은 원급의 어미에 -er이나 원급의 앞에 more를 붙이고, 최상급은 원급의 어미에 -est나 원급의 앞에 most를 붙인다.

원급	비교급	최상급
big 큰	bigger	biggest
difficult 어려운	more difficult	most difficult
fast 빠른	faster	fastest
long 긴	longer	longest
small 작은	smaller	smallest
tall 키가 큰	taller	tallest

2. 불규칙형

원급	비교급	최상급
bad 나쁜	worse	worst
ill 병든	worse	worst
good 좋은	better	best
well 잘	better	best
late 늦은	later	latest
little 적은	less	least
many 많은 수	more	most
much 많은 양	more	most
old 나이 든	older	oldest

불규칙 동사

ABCDEFGHIJKLMNO

원급	비교급	최상급
am 이다	was	been
are 이다	were	been
awake 깨다	awoke	awoke
be(am, is, are) 이다	was, were	been
bear 낳다, 기르다	bore	born
beat 때리다	beat	beaten
become 되다	become	become
begin 시작하다	began	begu
bet 내기하다	betted	betted
bind 묶다	bound	bound
blow 불다	blew	blown
break 깨뜨리다	broke	broked
bring 가져오다	brought	brought
build 짓다	built	built
burn 태우다	burned	burned
buy 사다	bought	bought
can 할 수 있다	could	-
catch 잡다	caught	caught
choose 선택하다	chose	chosen
come 오다	came	come
cut 자르다	cut	cut
deal 다루다	dealt	dealt
do, does 하다	did	done
draw 당기다	drew	drawn

원급	비교급	최상급
drink 마시다	drank	drunk
eat 먹다	ate	eaten
fall 떨어지다	fell	fallen
feed 먹이다	fed	fed
feel 느끼다	felt	felt
fight 싸우다	fought	fought
find 발견하다	found	found
fly 날다	flew	flown
forget 잊다	forgot	forgoten
forgive 용서하다	forgave	forgiven
get 얻다	got	got
give 주다	gave	gaven
go 가다	went	gone
grow 자라다	grew	grown
have, has 가지다	had	had
hear 듣다	heard	heard
hit 치다	hit	hit
hold 지니다	held	held
hurt 해치다	hurt	hurt
keep 지키다	kept	kept
know 알다	knew	known
lay 놓다	laid	laid
lead 이끌다	led	led
leave 떠나다	left	left
lend 빌려주다	lent	lent
let 하게하다	let	let

원급	비교급	최상급
lie 가로 눕다	lay	lain
lie 거짓말하다	lied	lied
lose 잃다	lost	lost
make 만들다	made	made
may 인지도 모른다	might	-
mean 의미하다	meant	meannt
meet 만나다	met	met
put 놓다	put	put
read 읽다	read	read
ride 타다	rode	ridden
ring 울리다	rang	rung
rise 일어서다	rose	risen
run 달리다	ran	run
say 말하다	said	said
see 보다	saw	seen
send 보내다	sent	sent
set 놓다	set	set
shake 흔들다	shook	shaken
shall 할 것이다	should	-
shine 빛나다	shone	shone
shoot 쏘다	shot	shot
show 보이다	showed	shown
sing 노래하다	sang	sung
sit 앉다	sat	sat
sleep 자다	slept	slept
slide 미끄러지다	slid	slid

원급	비교급	최상급
smell (냄새) 맡다	smelt	smelt
speak 말하다	spoke	spoken
spell 철자하다	spelt	spelt
spend 소비하다	spent	spent
spread 펴다	spread	spread
spring 뛰다	sprang	sprung
stand 일어서다	stood	stood
steal 훔치다	stole	stolen
strike 때리다	stuck	struck
sweat 땀 흘리다	sweat	sweat
swell 부풀다	swelled	swollen
swim 헤엄치다	swam	swum
swing 흔들다	swung	swung
take 붙잡다	took	taken
teach 가르치다	taught	taught
tell 말하다	told	told
think 생각하다	thought	thought
throw 던지다	threw	thrown
wake 깨다	waked	waked
wear 입다	wore	worn
wet 적시다	wet	wet
will 할 것이다	would	-
win 이기다	won	won
write 쓰다	wrote	written

초등 새영어사전

1998년 2월 10일 초판 인쇄
2021년 1월 20일 15쇄 발행

편저자 : 편집부
발행자 : 유건희
발행처 : 삼성서판

등　록 : 제300-2002-153호
등록일 : 1992. 10. 9
주　소 : 서울 종로구 창신동 457-33
전　화 : 763-1258, 764-1258

* 잘못된 책은 교환해 드립니다

정가 13,000원

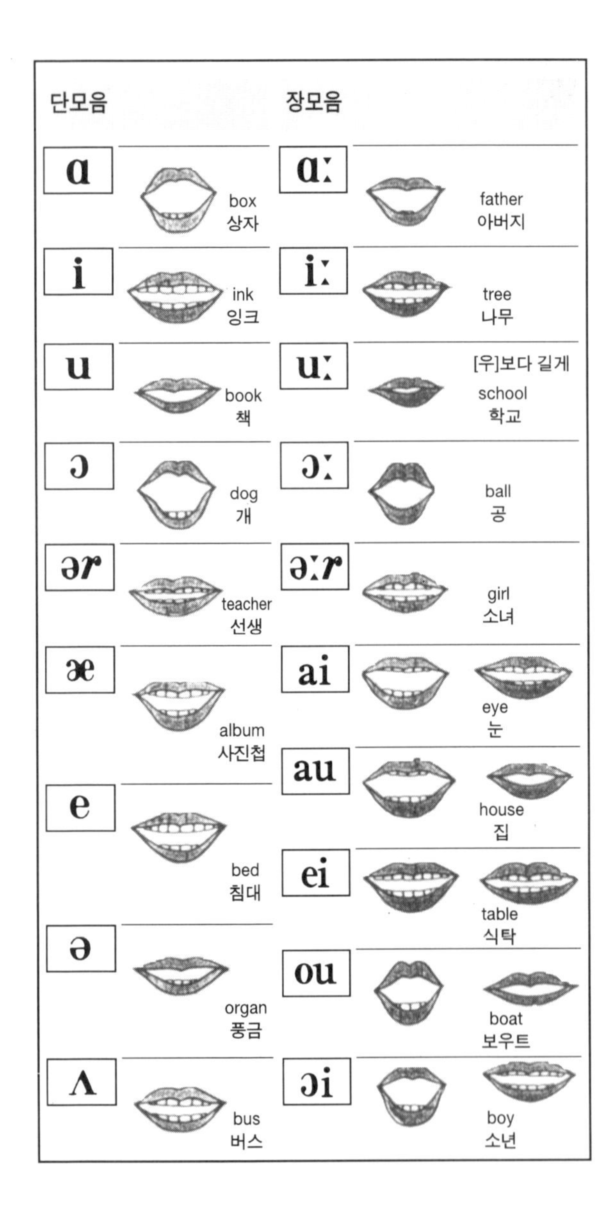

단모음
장모음
ɑ
box
상자
ɑː
father
아버지
i
ink
잉크
iː
tree
나무
u
book
책
uː
[우]보다 길게
school
학교
ɔ
dog
개
ɔː
ball
공
ər
teacher
선생
əːr
girl
소녀
æ
album
사진첩
ai
eye
눈
au
house
집
e
bed
침대
ei
table
식탁
ə
organ
풍금
ou
boat
보우트
ʌ
bus
버스
ɔi
boy
소년